Concours
Assistant territorial socio-éducatif

ADMIS FONCTION PUBLIQUE

Concours
Assistant territorial socio-éducatif

Tout-en-un

Fabienne Geninasca
Attachée territoriale principale
Formatrice au CNFPT et à l'IGPDE

Céline Tatat
Formatrice et enseignante
Membre de jurys de concours

Vuibert

ISSN : 2114-9305
ISBN : 978-2-311-20426-1

Crédit de la photographie de couverture : sturti/gettyimages

Conception de la couverture : Les PAOistes
Conception de l'intérieur : Bleu T
Composition : Michelle Bourgeois

Avant-propos

Chers candidats,

Cet ouvrage vous est destiné. Il a pour objectif de vous proposer un accompagnement méthodologique tout au long de votre préparation. Il est nécessaire de s'entraîner régulièrement afin de pouvoir rentrer dans le cadre attendu des exigences des épreuves. Pour ce concours, les correcteurs et examinateurs cherchent à vérifier votre capacité d'analyse, de rédaction, de formulation. On attend que vous fassiez preuve de la hauteur nécessaire pour appréhender un environnement de travail élargi, qui prend en compte des dispositifs, des évolutions réglementaires et des partenaires. Votre action s'inscrit dans le contexte de la mise en œuvre des politiques publiques, dont les collectivités territoriales se font le relais. Vous devez montrer que vous êtes prêts à exercer vos fonctions au sein d'une institution. Il faut bien avoir en tête les missions dévolues à votre cadre d'emplois. On cherche à mesurer surtout votre capacité à relier votre pratique professionnelle quotidienne aux nécessités institutionnelles. On attend de vous une posture professionnelle ancrée dans la conscience active des réalités et obligations territoriales, institutionnelles.

La préparation au concours est une démarche longue, et parfois semée d'embûches ! Il arrive d'osciller entre l'enthousiasme et le découragement, aussi il faut bien comprendre ce que l'on attend de vous : un positionnement clair et du travail, qui finit toujours par payer. Votre motivation et votre ténacité seront déterminantes. Alors, nous vous souhaitons bon courage !

Les auteurs

Sommaire

Votre concours, votre métier

1. Le cadre d'emplois

Le cadre d'emplois des assistants territoriaux socio-éducatifs est composé de deux grades :

- **assistant socio-éducatif ;**
- **assistant socio-éducatif principal.**

L'accès au grade d'assistant socio-éducatif se fait par concours externe sur titres tandis que l'accès au grade d'assistant socio-éducatif principal se fait en interne, par voie d'avancement de grade et de promotion.

Le cadre d'emplois des assistants territoriaux socio-éducatifs est classé en **catégorie B**, ce qui signifie que vous serez considéré comme cadre intermédiaire si vous êtes titulaire de l'un de ces deux grades.

Il relève de la **filière médico-sociale**, et plus généralement du **secteur social**.

2. Le métier

L'obtention du concours d'assistant territorial socio-éducatif vous permettra de postuler dans la **fonction publique territoriale**, la plupart du temps au sein d'un **conseil départemental**, mais aussi dans les centres communaux d'action sociale, les maisons départementales des personnes handicapées, etc.

Il existe une grande diversité de métiers dans la fonction publique territoriale. En tant que **travailleur social**, vous pourrez être chargé de projet emploi, référent unique d'insertion, accompagnateur RSA, conseiller en emploi et insertion, animateur ou responsable de relais assistantes maternelles, animateur en accueil petite enfance, etc.

Pour plus de précision, vous pouvez consulter le **répertoire des métiers** disponible sur le site du Centre national de la fonction publique territoriale **www.cnfpt.fr**

3. Le concours

A. Les conditions pour avoir la qualité de fonctionnaire

Ces conditions sont au nombre de cinq :

– posséder la nationalité française ou celle de l'un des autres États membres de la Communauté européenne ou d'un autre État partie à l'accord sur l'Espace économique européen ;

– jouir de vos droits civiques dans l'État dont vous êtes ressortissant ;
– ne pas avoir subi de condamnation incompatible avec l'exercice des fonctions ;
– être en position régulière au regard des obligations de service national de l'État dont vous êtes ressortissant[1] ;
– remplir les conditions d'aptitude physique exigées pour l'exercice des fonctions.

B. Les conditions d'inscription au concours

Le concours d'assistant territorial socio-éducatif est un **concours externe sur titres.**

Il est ouvert aux titulaires de l'un des diplômes d'État suivants :
– assistant de service social ;
– éducateur spécialisé ;
– conseiller en économie sociale et familiale.

D'autres diplômes permettent également de s'inscrire au concours. Consultez à ce sujet le décret n° 2007-196 du 13 février 2007 modifié relatif aux équivalences de diplôme sur le site www.legifrance.gouv.fr

Vous devez vous inscrire au concours auprès du **centre de gestion** de votre choix.

C. Les épreuves du concours

Le concours d'assistant territorial socio-éducatif est organisé dans trois spécialités :

- **assistant de service social ;**
- **conseiller en éducation sociale et familiale ;**
- **éducateur spécialisé.**

a. Dans la spécialité « assistant de service social »

Pour les **assistants de service social,** le concours ne comporte qu'**une seule épreuve orale d'admission**. Il s'agit d'un entretien de 20 minutes, dont 5 minutes d'exposé de votre parcours de formation et votre projet professionnel.

b. Dans les spécialités « conseiller en éducation sociale et familiale » et « éducateur spécialisé »

Pour les **éducateurs spécialisés** et les **conseillers en économie sociale et familiale**, le concours prévoit une **épreuve écrite d'admissibilité**. Il s'agit de la rédaction d'un rapport avec solutions opérationnelles. L'épreuve dure 3 heures et est affectée d'un coefficient 1. Si vous êtes admissible, vous passerez aussi une **épreuve orale d'admission** qui suit le même format que celle des assistants de service social. Elle est dotée d'un coefficient 2.

À NOTER

Pour information, vous bénéficiez d'une double correction de l'épreuve écrite. Ceci signifie que votre copie sera corrigée par deux correcteurs, qui harmoniseront les notes avant de les rendre au centre de gestion organisateur du concours.

1. Si vous êtes ressortissant de l'État français, vous devez avoir effectué la journée défense et citoyenneté (JDC).

4. Le recrutement après le concours

A. L'inscription sur la liste d'aptitude

Une fois admis, les lauréats seront inscrits sur la liste d'aptitude du centre de gestion. Cette inscription est valable un an (renouvelable sur demande deux fois) et, pendant ce temps, il vous appartient de faire les démarches de recherche de poste.

RAPPEL

Dans la fonction publique territoriale, les agents sont titulaires de leur grade, mais pas de leur poste.

B. La nomination et la titularisation

Une fois en poste, vous serez nommé **stagiaire** pendant un an. Durant ce temps, vous devrez suivre une formation d'intégration et de professionnalisation (10 jours), ce qui vous permettra, à l'issue de la période de stage, d'être nommé **titulaire** dans votre grade.

C. La rémunération

Votre traitement correspondra à la **grille indiciaire** prévue, et vous bénéficierez aussi d'un **régime indemnitaire**, dont le montant peut varier d'une collectivité à l'autre.

5. Le déroulement de la carrière

A. L'avancement de grade

Pour être promu **assistant socio-éducatif principal**, il faut justifier au 1er janvier de l'année de la promotion d'au moins **quatre années de service effectif dans le cadre d'emplois** (B) et être au **5e échelon de ce grade**. À partir de là, vous serez inscrit au **tableau d'avancement**.

B. Et ensuite ?

À terme, vous pourrez évoluer vers le grade de **conseiller socio-éducatif**, en catégorie A, par le biais d'un concours ou par voie de promotion interne.

Planning de révision

Les épreuves écrites du concours ont lieu à la fin du mois de septembre ou au début du mois d'octobre. Il faudra donc se préparer en amont, c'est-à-dire au moins **six mois à l'avance**. Idéalement, il faut se préparer simultanément à l'épreuve orale. Consultez régulièrement les magazines spécialisés (*ASH*, etc.), ainsi que la presse territoriale (*La Gazette des communes*, etc.). Cette démarche vous permettra de vous tenir informé de l'actualité et des évolutions juridiques, sociales et statutaires.

Période	Écrit	Oral
Avril	Appropriation de la méthodologie Entraînement à partir d'un sujet sans respecter la contrainte du temps	Lire la presse et faire des fiches sur les thèmes d'actualité
Mai	Entraînement à partir de deux sujets en temps limité	
Juin	Entraînement à partir de deux sujets en temps limité	
Juillet-août	Mise à profit de la période estivale pour faire le point sur les difficultés rencontrées et les lacunes à combler	
Septembre	Entraînement à partir de deux sujets en temps limité	

PARTIE 1

Épreuve d'admissibilité : rapport avec propositions opérationnelles à partir d'un dossier

Méthodologie et conseils

1. L'intitulé réglementaire

L'épreuve de rapport avec propositions est l'unique épreuve d'admissibilité du concours d'assistant territorial socio-éducatif. Elle est soumise aux candidats des spécialités « **éducation spécialisée** » et « **conseil en économie sociale et familiale** ». Les candidats inscrits dans la spécialité « assistant de service social » en sont dispensés.

L'intitulé réglementaire de l'épreuve est reproduit ci-après.

Décret n° 2013-646 du 18 juillet 2013 fixant les modalités d'organisation du concours pour le recrutement des assistants territoriaux socio-éducatifs (extrait)
Le concours sur titres avec épreuves de recrutement des assistants territoriaux socio-éducatifs est ouvert par spécialités. Il comporte les épreuves suivantes :
1° Une épreuve écrite d'admissibilité consistant en la rédaction d'un rapport, à partir des éléments d'un dossier dans la spécialité, assorti de propositions opérationnelles, portant sur une situation en relation avec les missions exercées par les membres du cadre d'emplois et notamment sur la déontologie de la profession (durée : 3 heures ; coefficient 1).

À NOTER

Vous trouverez en annexe une note de cadrage indicatif élaborée par les membres d'une cellule pédagogique nationale associant des représentants des centres de gestion de la fonction publique territoriale. Nous vous invitons à la lire attentivement.

2. Les deux parties du rapport

Le rapport comporte deux parties aux objectifs distincts.

- **La partie « synthèse » (10 points)**

Cette première partie est informative et objective. Elle se construit **uniquement** sur la base du dossier fourni. Celui-ci comporte une vingtaine de pages, aborde les problématiques territoriales actuelles et se situe dans la spécialité du candidat.

La partie « synthèse » du rapport a un volume global de 3 à 4 pages. Elle s'articule autour de deux sous-parties titrées et équilibrées. Les fautes d'orthographe et de syntaxe sont pénalisées.

Reportez-vous au cadrage des épreuves adopté par le centre de gestion dans lequel vous concourrez pour connaître le barème dédié à l'orthographe. Celui-ci peut en effet varier d'un centre de gestion à un autre. Le cadrage des épreuves est disponible sur le site Internet de votre centre de gestion (ex. : cdg59.fr).

À titre indicatif, le jury peut adopter le barème suivant :
- à partir de 11 fautes : -1 point ;
- présentation négligée : -1 point.

La partie « propositions opérationnelles » (10 points)

Cette seconde partie peut s'élaborer à partir de pistes fournies par le dossier mais est avant tout fondée sur des **apports personnels de culture professionnelle et territoriale**.

Les propositions opérationnelles visent à apprécier la capacité du candidat à présenter les conditions et les moyens de leur réalisation : mode de gestion du projet, moyens à mobiliser, contraintes, etc. Plus qu'une liste d'actions concrètes, il s'agit davantage de présenter une organisation possible en fonction d'une problématique précise.

ATTENTION L'écueil à éviter à tout prix : faire un scénario, c'est-à-dire inventer un contexte territorial.

Pour obtenir la moyenne, voire plus, la copie devra :
- respecter la forme (en-tête, introduction en trois étapes, plan matérialisé par des titres) ;
- reprendre les informations essentielles du dossier pour la partie synthèse ;
- formuler des propositions réalisables et personnelles pour la seconde partie ;
- proposer une architecture globale logique et cohérente (plan) ;
- être rédigée dans un style correct en respectant la règle de la reformulation ;
- être achevée.

3. La méthodologie de la partie « synthèse »

A. Lecture analytique et questionnement du sujet

Le nom de la collectivité fictive, le destinataire et le thème du rapport constitueront l'en-tête du rapport. Le repérage de la commande est bien sûr essentiel puisqu'elle sera le fil rouge du devoir. Généralement, elle est très claire et s'organise en deux temps : la commande de la synthèse puis la commande des propositions opérationnelles.

Exemple : Vous êtes assistant socio-éducatif au sein du département de Collter qui compte 50 000 habitants. Votre directeur vous demande de rédiger à son attention, exclusivement à l'aide des documents joints, un rapport sur l'insertion professionnelle des handicapés.
Dans un second temps, vous formulerez des propositions opérationnelles destinées à favoriser l'intégration professionnelle des handicapés dans le département de Collter.

B. Lecture de survol du dossier

Cette étape a pour objectif de distinguer les thèmes constitutifs du plan. Pour rappel, la partie « synthèse » comporte deux sous-parties, elles-mêmes subdivisées en deux sous-thèmes idéalement. Donc, l'option la plus efficace est de trouver d'emblée quatre axes que l'on regroupera ensuite logiquement.

ATTENTION

Si la lecture de repérage peut se limiter aux titres, sous-titres et caractères gras du dossier documentaire, elle doit parfois être plus « appuyée » : tout dépend du dossier et de sa forme.

C. La prise de notes ordonnée

En fonction des quatre thèmes détectés, on peut les classer sous forme de tableau pour y insérer ensuite les notes. Faute de temps, le candidat doit se limiter à l'essentiel. Voici un exemple de présentation à partir du sujet exposé précédemment (les thèmes proposés ci-dessous sont imaginaires, le tableau ne peut en aucun cas être « préfabriqué, il se construit en fonction du dossier) :

Les aspects juridiques	La nécessité d'un diagnostic territorial	Les solutions	Les freins
Notes	Notes	Notes	Notes

D. L'élaboration du plan

L'avantage de la prise de notes ordonnée est que le plan est déjà fait. Il s'agit donc de travailler les titres et de « coller » à la forme globale attendue. Si l'on suit notre exemple, on peut obtenir le plan suivant :

I. Favoriser l'insertion professionnelle des handicapés : respect d'un droit fondamental

A. Des aspects juridiques qui demandent un diagnostic territorial

B. La mise en œuvre soumise à des contraintes

E. L'élaboration de l'introduction

L'introduction doit susciter l'intérêt du correcteur.

Elle doit être intégralement rédigée au brouillon. Son volume global est d'une quinzaine de lignes. Privilégiez toutefois le fond plutôt que le volume.

L'introduction doit être structurée en trois parties.

- **La présentation du sujet**

Le correcteur n'a sous ses yeux ni le dossier ni le libellé du sujet, il faut donc lui fournir des informations contextuelles précises. Il s'agit de « planter le décor ».

■ **La formulation de la problématique**

Il s'agit de reformuler le sujet afin de faire apparaître le problème sous-jacent, qui devra être résolu. Autrement dit, il faut montrer que vous avez compris pourquoi on vous demande ce rapport. La problématique peut être formulée à la forme interrogative ou affirmative, du moment qu'elle est parfaitement claire.

■ **L'annonce du plan**

Puisque le rapport se compose de deux parties (une synthèse puis des propositions), cette binarité doit apparaître dans la présentation du plan. Il n'est pas utile d'annoncer les sous-parties, tout simplement pour éviter la redondance, car les titres des sous-parties sont ensuite apparents. L'annonce des sous-parties est donc facultative. Cette présentation a pour objectif de guider la lecture du rapport et de repérer les points clés du devoir, il faut donc que les différents éléments soient parfaitement lisibles, clairs.

Voici un exemple d'introduction à partir du sujet précédemment cité :

> Lors de leur manifestation annuelle, les handicapés cristallisent leur action autour de leurs difficultés quotidiennes d'accès aux bâtiments, aux services, à l'éducation, à la culture, etc. **Outre** ces domaines cruciaux, il en est un qui creuse encore plus le fossé des inégalités, c'est l'emploi. **En effet**, les études montrent que les handicapés en sont encore très éloignés, voire exclus.
>
> **C'est pourquoi**, les collectivités territoriales, notamment, se mobilisent pour que les personnes atteintes de handicap soient des citoyens à part entière et non pas entièrement à part. **Ainsi**, elles corrigent l'action locale en stimulant l'accès à l'emploi afin de mettre un terme à la marginalisation d'une partie de la population et donc de rétablir l'égalité des chances.
>
> **Dans un premier temps**, nous verrons comment les collectivités favorisent l'insertion professionnelle des handicapés tant d'un point de vue juridique que du point de vue de la mise en œuvre (I).
>
> **Dans un second temps**, nous formulerons des propositions opérationnelles pour que le département de Collter devienne un acteur engagé dans l'intégration professionnelle des handicapés (II).

4. La méthodologie de la partie « propositions opérationnelles »

L'objectif de cette partie est de proposer un déroulé organisationnel par rapport à une problématique précise.

A. La lecture du sujet

Le sujet doit être lu attentivement de façon à le circonscrire et à dégager une problématique.

La problématisation consiste à s'interroger sur un sujet pour faire émerger un ou plusieurs problèmes. Il ne s'agit donc pas d'apporter des solutions définitives mais plutôt de déclencher une série de questionnements relatifs à la question initiale. La priorité est donc de bien saisir les enjeux de tel ou tel sujet pour un assistant socio-éducatif. Il faut montrer son aptitude à comprendre, à analyser une question dans sa globalité technique, financière, administrative, juridique et organisationnelle.

B. Des pistes de thématiques à développer

D'abord, le candidat peut s'appuyer sur le dossier joint. Cependant, il ne faut pas en abuser puisque cette partie du devoir évalue sa capacité à construire des préconisations **personnelles**.

En fonction du champ du sujet, le candidat peut utiliser une boîte à outils exploitable quel que soit le sujet posé.

Le diagnostic

L'objectif est d'interroger pour recenser les besoins de la collectivité territoriale. C'est une étape clé car il permet de faire des choix stratégiques. C'est donc un outil d'aide à la décision puisqu'il permet de comprendre la réalité d'un territoire en faisant apparaître ses forces et ses faiblesses, et forcément d'identifier les domaines dans lesquels il faut agir. Il consiste à collecter des informations de tout type : les exigences réglementaires, l'impact social, les pratiques managériales, les comportements des agents et des usagers, etc. Il peut être réalisé par des groupes de travail qui se répartissent les différents thèmes.

La conduite du projet ou les acteurs du projet

Reprendre le contexte de la commande et annoncer l'objectif général à atteindre. Ce sont ces objectifs que l'on va ensuite traduire en actions concrètes.

Le **comité de pilotage** : c'est une instance décisionnelle. Il valide les choix stratégiques, veille au bon fonctionnement du projet et exprime les orientations politiques des collectivités. Il va impulser la dynamique à l'ensemble des acteurs. Il est constitué de l'autorité territoriale, d'un élu référent porteur du projet, du directeur général des services et d'un expert métier impliqué dans le projet.

Le **directeur de projet** ou le **porteur de projet** : c'est le référent qui assure le suivi, le contrôle et l'avancement du projet en faisant un point régulier avec le ou les chef(s) de projet. Il est aussi l'interlocuteur des élus et des partenaires extérieurs. Il assure, en outre, la sécurisation juridique et financière. C'est celui ou celle qui commande le rapport.

Le **chef de projet** : c'est de fait le rôle que doit assurer le candidat. Il a pour mission de conduire et de coordonner les différents acteurs et leurs travaux. Il organise les réunions et rend compte au directeur de projet de l'avancée du dossier. En résumé, il assure le bon fonctionnement des groupes projet (ou comité technique) dans les différentes directions.

Le **comité technique** ou **groupe projet** : il est animé par le chef de projet, c'est un groupe d'analyse et de propositions. Il se réunit régulièrement et prépare notamment les réunions avec le comité de pilotage. Il est constitué d'agents de « terrain ». C'est l'instance qui formule des propositions.

Les **groupes de travail** : ils suivent un volet particulier du projet. Chaque groupe à un référent.

Les aspects financiers

Le **budget** d'une collectivité s'articule autour des **dépenses de fonctionnement et d'investissement**. D'autres notions peuvent être utiles :

– le **plan pluriannuel d'investissement** (PPI) traduit une volonté politique d'investissement sur une période donnée. Outil de pilotage indispensable pour les élus, les cadres et les dirigeants financiers, il permet d'exprimer de manière exhaustive l'ensemble des projets et leur découpage dans le temps en tenant compte des délais de réalisation de chaque étape ;

– les **subventions** sont des aides financières publiques (État, région, département, Europe).

Les financeurs doivent faire partie du comité de pilotage.

La planification et les délais

Le projet nécessite la mise en place d'indicateurs de suivi qui garantissent le bon déroulement des actions et le respect des délais. Ne pas oublier que les élus se sont engagés auprès de la population.

Les outils de suivi

Ils sont utiles pour maîtriser les coûts et les délais. Ils aideront aussi à l'évaluation des propositions. Ils peuvent se concrétiser sous la forme de tableaux de bord.

Les préconisations

Elles regroupent les actions de terrain autour des aspects humains, financiers, techniques et matériels.

La recherche d'expériences dans d'autres collectivités

Elles permettent de connaître les projets d'autres collectivités, d'en tirer les enseignements et de les réadapter en fonction des particularismes du territoire.

La communication, la concertation et la participation des habitants

Elles permettent de faire passer le message auprès du public cible et des décideurs, et de mettre en œuvre la démocratie participative.

L'évaluation

Elle vise à mesurer l'impact de l'action, son efficacité, la manière dont elle a été conduite afin d'en assurer le suivi ou de la recadrer.

C. Un plan type pour la partie « propositions opérationnelles »

Les grands axes de ce plan ont l'avantage de fonctionner sur n'importe quel sujet. Cependant, il convient de les enrichir par les outils exposés précédemment.

II. Grand titre qui rappelle la commande et précise le contexte (notre département)

A. Titre de la sous-partie précisant la démarche qui va être suivie (pluri-partenariale, participative, etc.)

– l'**état des lieux** (la réglementation, les expériences d'autres collectivités, les enjeux, les orientations de l'État ou des autres partenaires)

– le **diagnostic** (le diagnostic dans notre département ; ne pas inventer de contexte mais préciser ce que l'on doit mesurer : atouts et faiblesses du territoire, pourquoi ?, comment ? ; la faisabilité du projet)

– les **objectifs généraux** (qui fait quoi ? qui est le porteur du projet, le chef de projet).

B. Titre de la sous-partie indiquant l'aspect opérationnel (un plan d'actions pour répondre à…)

– les **objectifs opérationnels** (le plan d'actions avec les moyens humains, matériels et financiers)

– la **planification des actions** (les délais, le suivi, les tableaux de bord)

– la **communication** (le public cible, les divers interlocuteurs, les décideurs)

– l'**évaluation** (l'impact des actions, l'efficacité, le réajustement, si besoin est). Il s'agit de décliner et de décrire concrètement les actions que vous voulez mettre en place pour répondre à l'objectif annoncé en II-A. **Pensez à proposer des actions en direction des usagers, mais aussi en direction des agents (en interne).**

5. La présentation de la copie

A. L'en-tête

Collectivité émettrice Le (date de l'épreuve)
(Ville de…
Service…)

Remarque : aucun nom de collectivité ni de service, existant ou fictif, autre que celui indiqué dans le sujet ne doit être utilisé sous peine d'annulation de la copie.

RAPPORT

à l'attention de Monsieur (ou Madame) le (la) … (destinataire)

exemple : à l'attention de Monsieur le Directeur de l'action sociale

Objet (thème du rapport)

Références : uniquement celles des principaux textes juridiques fondant le rapport
(cette mention est facultative)

B. L'architecture globale du rapport

Introduction
– présentation du thème du sujet ;
– formulation de la problématique ;
– annonce du plan.

I. Grand titre de la partie « synthèse »
Chapeau (facultatif)

A. Titre de la première sous-partie « état des lieux »
– Sous-thème 1
– Sous-thème 2

B. Titre de la seconde sous-partie « problèmes »
– Sous-thème 1
– Sous-thème 2

Transition

II. Grand titre de la partie « propositions opérationnelles »
Chapeau (facultatif)

A. Titre de la sous-partie
– État des lieux
– Diagnostic
– Objectifs généraux

B. Titre de la sous-partie
– Objectifs opérationnels
– Planification des actions
– Communication
– Évaluation

Conclusion (facultative)

C. L'anonymat

Ne signez pas le rapport, cela constituerait une rupture d'anonymat entraînant l'annulation de la copie. De même, ne paraphez aucune page.

RAPPEL Le barème peut pénaliser faiblement le non-respect des règles formelles de présentation du rapport.

6. Le découpage du temps

L'épreuve dure 3 heures. Prenez 1 h 30 pour analyser le dossier et décliner toutes les étapes méthodologiques. Au bout d'1 h 30, votre plan détaillé doit être prêt et vous devez commencer la rédaction de la copie.

Cette phase de rédaction dure aussi 1 h 30. Le rapport comporte quatre sous-parties, plus l'introduction. Il est nécessaire de prévoir 15 minutes de rédaction par sous-partie et pour l'introduction.

Chaque sous-partie devra avoir une longueur à peu près égale, c'est-à-dire environ 30 lignes (soit une page et demie, deux pages au maximum, par sous-partie).

La conclusion est facultative mais conseillée. Pour rééquilibrer les sous-parties, il est possible d'aborder dans la conclusion l'évaluation, l'aspect expérimental du projet proposé et la possibilité de l'étendre au territoire (intercommunalité, etc.). La longueur approximative de la conclusion est de 5 à 8 lignes.

La longueur préconisée pour la rédaction de la copie est 7 ou 8 pages.

Étapes		Durée	
1re tranche	Analyse de la commande et du sommaire, et élaboration de l'en-tête	10 à 15 minutes	1 h 30
	Lecture de survol et élaboration du plan	45 minutes	
	Prise de notes et affinage du plan	15 à 30 minutes	
2e tranche	Rédaction de l'introduction	15 minutes	1 h 30
	Rédaction des quatre sous-parties	1 heure	
	Rédaction de la conclusion	5 minutes	
	Relecture intégrale de la copie	10 minutes	

ASTUCE

Si vous avez peur de ne pas avoir le temps de relire intégralement votre copie à la fin de l'épreuve, vous pouvez relire votre copie au fur et à mesure de la rédaction, par exemple sous-partie par sous-partie.

7. La rédaction du rapport

La rédaction du rapport doit se faire directement sur la copie de concours, faute de temps. C'est donc à partir de la prise de notes que l'on va élaborer le discours.
Il faut privilégier une langue claire, neutre et utiliser un vocabulaire territorial et professionnel technique.

A. Quelques conseils de rédaction

- Le pronom « je » est à **proscrire** pour la partie « synthèse » mais peut se concevoir au début de la partie « propositions opérationnelles ». Il est préférable de choisir de « vrais » sujets comme le recruteur territorial, l'équipe, l'action publique, les travailleurs handicapés ou l'ergonomie du poste.

■ Le **pronom « on »** est à utiliser le plus rarement possible, de même que le pronom « nous ». L'emploi des tournures impersonnelles est envisageable : il s'avère que, il est nécessaire de, il serait judicieux de...

■ Le **présent** et le **passé composé** sont les temps les plus pertinents. Cependant, le futur et le conditionnel sont parfois nécessaires.

■ Les **mots de liaison** doivent apparaître nettement. Ce sont eux qui structurent le raisonnement : ils associent les idées, les enchaînent, créent un réseau de liens et de rapports entre les différents éléments. Ils sont d'autant plus essentiels qu'ils évitent l'accumulation d'idées sans relation apparente. Dans le même esprit, il faut renoncer aux passages listés : il s'agit à la fois d'une épreuve technique et professionnelle mais aussi rédactionnelle.

■ Les **titres** doivent être explicites, porteurs de sens. Leur fonction est de guider le lecteur donc si le titre est flou, le lecteur se perd. Il faut éviter les titres comme : « constats », « solutions ». Pour la partie « propositions », en particulier, exprimez vos titres à l'aide d'un infinitif.

La présentation doit être soignée, le devoir bien écrit et aéré.

À NOTER

Il est possible (et non obligatoire) de rédiger un chapeau, c'est-à-dire une petite phrase qui introduit ce dont il va être question dans les deux paragraphes suivants. Bien sûr, il ne s'agit pas de recopier les sous-titres !

B. Les mots de liaison

Relation	Mots de liaison
Addition	Et, de plus, puis, en outre, non seulement… mais encore
Alternative	Ou, soit… soit, soit… ou, tantôt… tantôt, ou… ou, ou bien, non seulement… mais encore, l'un… l'autre, d'un côté… de l'autre
But	Afin que, pour que, de peur que, en vue de, de façon à ce que
Cause	Car, en effet, effectivement, comme, par, parce que, puisque, attendu que, vu que, étant donné que, grâce à, par suite de, eu égard à, en raison de, du fait que, dans la mesure où, sous prétexte que
Classification, énumération	D'abord, tout d'abord, en premier lieu, premièrement, en deuxième lieu, deuxièmement, après, ensuite, de plus, quant à, en troisième lieu, puis, en dernier lieu, pour conclure, enfin
Comparaison	Comme, de même que, ainsi que, autant que, aussi… que, si… que, de la même façon que, semblablement, pareillement, plus que
Concession	Malgré, en dépit de, quoique, bien que, alors que, quel que soit, même si, ce n'est pas que, certes, bien sûr, évidemment, il est vrai que, toutefois
Conclusion	En conclusion, pour conclure, en guise de conclusion, en somme, bref, ainsi, donc, en résumé, en un mot, par conséquent, finalement, enfin, en définitive

Condition, supposition	Si, au cas où, à condition que, pourvu que, à moins que, en admettant que, pour peu que, à supposer que, en supposant que, dans l'hypothèse où, dans le cas où, probablement, sans doute, apparemment
Conséquence	Donc, aussi, partant, alors, ainsi, par conséquent, si bien que, d'où, en conséquence, conséquemment, par suite, c'est pourquoi, de sorte que, en sorte que, de façon que, de manière que, si bien que, tant et si bien que
Explication	Savoir, à savoir, c'est-à-dire, soit
Illustration	Par exemple, comme, ainsi, c'est ainsi que, c'est le cas de, notamment, entre autres, en particulier
Justification	Car, c'est-à-dire, en effet, parce que, puisque, en sorte que, ainsi, c'est ainsi que, non seulement… mais encore, du fait de
Liaison	Alors, ainsi, aussi, d'ailleurs, en fait, en effet, de surcroît, de même, également, puis, ensuite
Opposition	Mais, cependant, or, en revanche, alors que, pourtant, par contre, tandis que, néanmoins, au contraire, pour sa part, d'un autre côté, en dépit de, malgré, au lieu de
Restriction	Cependant, toutefois, néanmoins, pourtant, mis à part, ne… que, en dehors de, hormis, à défaut de, excepté, sauf, uniquement, simplement
Temps	Quand, lorsque, comme, avant que, après que, alors que, dès lors que, tandis que, depuis que, en même temps que, pendant que, au moment où

À retenir

NE PAS FAIRE	FAIRE
Un timbre incohérent	Lisez bien le sujet et utilisez les éléments fournis (nom de la collectivité fictive et destinataire) pour l'en-tête de la copie. Si vous créez un élément, c'est un signe distinctif qui entraînera votre **élimination**.
Une introduction lapidaire et sans construction interne	L'introduction, d'une quinzaine de lignes, doit présenter le sujet, formuler une problématique et annoncer le plan. Un raisonnement logique apparaît.
N'utiliser le « je » ni dans l'intro ni dans la synthèse mais possible dans les propositions opérationnelles	Préférez les « vrais » sujets : les collectivités, les agents, les équipes, les élus, etc.
Utiliser des titres flous	Utilisez des titres porteurs de sens qui servent de repères. Dans la partie « propositions opérationnelles », privilégiez les titres exprimés à l'aide d'un infinitif (démarche dynamique).
Passer brutalement de la partie I à la partie II, et finir la copie à la fin de la partie II	La transition est obligatoire. La conclusion ne l'est pas, mais elle est un plus.
Le rapport est une lettre administrative	Le rapport n'est pas une lettre administrative. N'écrivez donc ni « Monsieur » dans l'en-tête, ni « Je vais vous présenter ».
Pas de passages listés	Votre copie doit être **intégralement** rédigée. N'écrivez pas en style télégraphique, utilisez des mots de liaison : c'est une épreuve rédactionnelle et technique.
Rédiger intégralement le rapport au brouillon	Allez à l'**essentiel**, faites un tableau pour organiser votre prise de notes et rédigez au fur et à mesure sur la copie à rendre.
Travailler à l'aveugle	Surveillez régulièrement le temps et gardez 10 minutes pour vous relire (vérifiez notamment l'orthographe).Votre objectif incontournable est de **finir le rapport**.
Se laisser déborder par le dossier	Dirigez votre travail, calmez-vous, **prenez un petit temps de recul avant de vous lancer**. Une astuce : observez l'organisation du dossier. Elle révèle parfois un plan.
Rendre une copie négligée	Vous risquez d'être pénalisé (-0,5 point) et de contrarier le correcteur. **Aérez** le devoir grâce à des sauts de lignes et écrivez lisiblement.
Obéir à des schémas préfabriqués	N'appliquez pas de plan type mais **adaptez-le** au sujet. Obéissez non pas à des schémas préfabriqués mais à une méthode.
Faire apparaître des idées personnelles dans la partie « synthèse »	**Seuls les éléments du dossier doivent apparaître dans la partie « synthèse ».** La partie « propositions opérationnelles » est personnelle mais s'inspire aussi du dossier.
Recopier des phrases issues du dossier	Vous avez un **devoir de reformulation**. Exprimez-vous donc dans votre propre style mais réutilisez tout le vocabulaire pertinent : territorial et technique.

Annales corrigées

Plusieurs sujets corrigés sont proposés dans cette partie. Les corrigés ne sont pas tous présentés de la même manière, afin de privilégier des approches différentes.
Les corrigés des sujets n° 1 et 2 reprennent toutes les étapes méthodologiques. Les rapports sont présentés sous la forme de plans détaillés.
Les corrigés des sujets n° 3 et 4 sont rédigés en intégralité afin d'illustrer ce qui est attendu en termes de rédaction.
Le corrigé du sujet n° 5 est présenté sous la forme d'un plan détaillé.

Sujet n° 1

Spécialité « éducateur spécialisé », session 2016

Difficulté ✗✗✗	Durée 3 heures

REMARQUE Le corrigé de ce sujet reprend toutes les étapes méthodologiques, il n'est pas entièrement rédigé.

Sujet

Vous êtes assistant socio-éducatif au sein d'un centre communal d'action sociale de la commune de X.
Dans le cadre de la prévention de la radicalisation, la préfecture organise une réunion de coordination avec les différents services de la commune et du département.
Dans un premier temps, votre chef de service vous demande de rédiger à son attention, exclusivement à l'aide des documents joints, un rapport sur la question de la prévention de la radicalisation. (10 points)
Dans un deuxième temps, il vous demande d'établir des propositions d'actions pour renforcer l'implication du CCAS et le partenariat dans ce domaine sur le territoire de la commune. (10 points)

Liste des documents

Document 1 : « Plan d'action contre la radicalisation et le terrorisme » - Dossier de presse - 9 mai 2016 - 6 pages.

Document 2 : « Prévention de la radicalisation : l'État et les maires renforcent leur collaboration » - *Actualités sociales hebdomadaires* - n° 2962 - 27 mai 2016 - 1 page.

Document 3 : « Prévention de la radicalisation : cadre de référence du plan d'actions à annexer au contrat de ville » - *Instruction Ministérielle* - avril 2016 - 11 pages.

Document 4 : « Prévention : la coordination des services dans la lutte contre la radicalisation des jeunes » - *La Gazette* - 25 avril 2016 - 2 pages.

Document 5 : « Prévention de la radicalisation : ce qu'il faut retenir » - Ordre national des médecins - 2015 - 3 pages.

Document 6 : « Les élus doivent clarifier ce que sont la laïcité et un culte » - *Guide de prévention de la radicalisation* - octobre 2015 - 1 page.

Document 7 : « Le travail social, un atout maître pour la laïcité ? » - *La Gazette Santé-Social* - novembre 2015 - 2 pages.

Document n° 1

Introduction

Le Premier ministre réunit ce lundi 9 mai 2016 le Comité interministériel pour la prévention de la délinquance et de la radicalisation (CIPDR). Elargi pour la première fois en formation de prévention de la radicalisation, il marquera une nouvelle étape dans la lutte contre le terrorisme et la prévention de la radicalisation.

En effet, au cours des 4 années écoulées, le Gouvernement s'est donné les moyens juridiques et budgétaires de combattre le terrorisme. Depuis 2012, six lois structurantes pour la politique anti-terroriste ont été adoptées par le Parlement, la dernière étant dans sa phase ultime. Il s'agit de deux lois anti-terroristes (du 21 décembre 2012 et du 13 novembre 2014), de la loi de programmation militaire du 18 décembre 2013, de deux lois relatives aux techniques de renseignement (du 24 juillet et du 30 novembre 2015) et du projet de loi contre le crime organisé, le terrorisme et leur financement (printemps 2016).

Au-delà de l'action législative, des moyens sans précédents ont été dégagés. Au total, en 5 ans 15 300 postes auront été créés pour renforcer la sécurité des Français.

Un premier plan, comportant 22 mesures, avait été adopté en avril 2014. Des mesures complémentaires fortes, très importantes en termes de moyens, avaient été par ailleurs adoptées en janvier et novembre 2015, après les attentats majeurs commis dans notre pays. Ainsi, le numéro vert national, les états-majors de sécurité départementaux et les cellule de suivi et de prise en charge départementales, créés la même année, ont permis de structurer un dispositif de pilotage ainsi que de suivi des signalements. Au sein des cellules départementales de prise en charge, 1600 personnes font aujourd'hui l'objet d'un suivi, et 800 familles d'un accompagnement.

Face à un phénomène d'ampleur, qui concerne aujourd'hui plus de 2 000 personnes identifiées dans les filières syro-irakiennes et près de 9 300 personnes signalées pour radicalisation, il est à présent nécessaire de consolider une stratégie nationale de lutte contre le terrorisme qui mobilise tous les pans de l'action publique.

La stratégie nationale s'articulera autour d'un nouveau Plan d'action contre la radicalisation et le terrorisme (PART), qui se substitue dès le 9 mai à celui adopté en 2014. Ces actions s'articulent autour de sept axes, se répartissent en 80 mesures, dont 50 mesures nouvelles :

- détecter les trajectoires de radicalisation et les filières terroristes le plus tôt possible ;
- surveiller, entraver et neutraliser les filières terroristes ;
- combattre le terrorisme dans ses réseaux internationaux et dans ses sanctuaires ;
- densifier les dispositifs de prévention de la radicalisation pour assurer une prise en charge individualisée des publics ;
- développer la recherche appliquée en matière de contre discours et mobiliser l'islam de France ;
- mieux protéger les sites et les réseaux vulnérables ;
- savoir réagir à toute attaque terroriste et manifester la résilience de la Nation.

Liste des mesures

NB : afin de préserver la cohérence logique du plan, les mesures nouvelles, c'est-à-dire décidées ou appliquées pour la première fois en 2016, s'intercalent parmi les mesures déjà existantes qu'il convient de prolonger. Par souci de lisibilité, ces mesures nouvelles sont marquée d'un astérisque (*).

I. Détecter les trajectoires de radicalisation et les filières terroristes le plus tôt possible

1. Garantir le déploiement des prochaines tranches annuelles de renforcement et la diversification des moyens humains des services spécialisés de renseignement au service de la lutte anti-terroriste.

2. Approfondir le décloisonnement du fonctionnement des services de renseignement par la structuration du partage de toute l'information disponible sur les filières terroristes. Piloter la répartition du suivi des cibles radicalisées en fonction de leur niveau de dangerosité et faciliter la détection des signaux faibles, grâce à l'intégration des méthodes de renseignement.

3*. Créer, au sein de l'administration pénitentiaire, un service de renseignement de plein exercice appartenant au second cercle de la communauté du renseignement (art. L. 811-4 CSI).

4. Poursuivre l'élaboration et la mise en œuvre d'une doctrine d'évaluation et de prise en charge des personnes radicalisées en détention ; accroître les efforts de sensibilisation et de formation pour mieux détecter les signes de la radicalisation.

5*. Développer des programmes de prise en charge de personnes détenues après leur passage en unités dédiées.

6. Recruter de nouveaux surveillants et conseillers pénitentiaires d'insertion et de probation.

7. Renforcer l'aumônerie pénitentiaire musulmane afin d'endiguer la diffusion en milieu carcéral des discours extrémistes.

8. Poursuivre le plan de sécurisation des établissements pénitentiaires ; développer la vidéo-protection à leurs abords ; accroître les moyens technologiques de détection des substances et produits illicites ou dangereux.

9*. Adapter le cadre législatif des fouilles.

10. Pérenniser le dispositif national de recueil et de traitement des signalements.

11*. Créer une grille d'indicateurs de sortie de la radicalisation.

II. Surveiller, entraver et neutraliser les filières terroristes

12*. Recourir plus fréquemment à l'association de malfaiteurs criminelle pour mieux prendre en compte la dangerosité des individus concernés.

13*. Elargir la période de sûreté de 22 ans à 30 ans de réclusion et introduire la possibilité d'une perpétuité réelle pour des faits de terrorisme.

14*. Mieux protéger l'anonymat et, à cette fin, autoriser l'usage d'une identité d'emprunt, des témoins de crimes et délits constituant des actes de terrorisme.

15*. Développer et mettre en œuvre d'ici deux ans un Plan de mise à niveau technologique de la Plateforme nationale des interceptions judiciaires (PNIJ). Elle sera dotée de nouvelles fonctionnalités et capacités technologiques correspondant aux techniques spéciales applicables aux enquêtes terroristes, et les capacités de déchiffrement des communications cryptées seront augmentées.

16*. Démarrage du fonctionnement du FIJAIT à compter de juin 2016.

17. Poursuivre la politique d'entrave judiciaire et administrative à la liberté de déplacement des personnes dangereuses.

18*. Entrée en fonctionnement à titre expérimental du PNR français dès l'été 2016

19*. Créer également un PNR maritime pour sécuriser les flux de passagers sur les navires à passagers (mesure votée dans la proposition de loi pour « l'économie bleue »).

20. Appliquer aussi longtemps que nécessaire une politique de contrôle systématique aux frontières extérieures de l'Union à des fins de lutte anti-terroriste.

21. Maintenir, conformément à la faculté prévue à l'article 23 du Code frontières Schengen, des opérations de contrôle coordonnées aux frontières intérieures de l'Union (terrestres, portuaires et aéroportuaires) aussi longtemps que l'analyse du risque en matière de sécurité le justifiera.

22. Promouvoir au niveau européen la conception de documents d'identité et de voyage sécurisés.

23*. Déployer dès l'été 2016 un dispositif de contrôle et d'évaluation du comportement des personnes de retour après suspicion de participation ou tentative de participation aux filières djihadistes à l'étranger.

24*. Encadrer plus strictement l'utilisation des cartes de paiement prépayées rechargeables.

25*. Etendre les pouvoirs de Tracfin et des services des douanes pour lutter contre le financement du terrorisme.

26*. Créer une nouvelle infraction pénale visant à réprimer le trafic de biens culturels émanant de théâtres d'opérations de groupements terroristes.

27. Poursuivre la suspension de versements de prestations sociales aux personnes jusque-là éligibles ayant quitté le territoire français pour rejoindre des zones contrôlées par les djihadistes.

III. Combattre le terrorisme dans ses réseaux internationaux et dans ses sanctuaires

28. Renforcer les moyens consacrés à la Défense, par l'actualisation de la loi de programmation militaire en 2015, ainsi que par les mesures complémentaires décidées en 2016.

29. Affaiblir et détruire les capacités militaires des groupes djihadistes.

30. Renforcer les actions dans le cyberespace.

31. Mettre l'action diplomatique au service de la prévention de la radicalisation.

IV. Densifier les dispositifs de prévention de la radicalisation pour assurer une prise en charge individualisée des publics

32*. Doubler d'ici deux ans les capacités de prise en charge des personnes radicalisées ou en voie de radicalisation, et de leurs familles.

33*. Dégager 40 millions d'euros supplémentaires sur deux ans, de 2016 à 2018, afin de financer les mesures nouvelles de ce plan.

34*. Créer, au sein du secrétariat général du Comité interministériel de prévention de la délinquance et de la radicalisation (CIPDR), une cellule nationale de coordination et d'appui à l'action territoriale des préfets de département, des collectivités et des réseaux d'opérateurs associatifs. Augmenter les effectifs du Comité interministériel de prévention de la délinquance et de la radicalisation (CIPDR) et diversifier les profils recrutés.

35*. Proposer aux collectivités territoriales et aux grands réseaux d'opérateurs d'être représentés au sein du CIPDR.

36*. Diffuser sans délai par voie d'instruction à tous les services déconcentrés de l'Etat le nouveau guide interministériel de prévention de la radicalisation.

37*. Accroître le montant des ressources dédiées aux actions des Caisses d'allocations familiales (CAF) en soutien aux familles des personnes radicalisées.

38. Augmenter les capacités de prise en charge, parmi les personnes radicalisées, de celles qui connaissent des problématiques de santé mentale.

39*. Lancer une nouvelle phase du Plan de prévention et de suivi de la radicalisation interne à l'Education nationale (prévention – repérage – signalement – suivi)

40. Poursuivre le plan de contrôle de l'enseignement privé hors contrat et de l'instruction à domicile.

41*. Mobiliser les volets « citoyenneté » des projets éducatifs de territoire pour développer, en partenariat avec les communes et les associations, une offre d'activité périscolaires dédiée au développement de l'esprit critique, mais aussi de la capacité de jugement vis-à-vis des médias et des réseaux sociaux.

42*. Diffuser à chaque classe d'âge de jeunes, des modules de prévention de la radicalisation à l'occasion de la journée défense et citoyenneté (JDC).

43*. Eduquer aux médias et à l'information.

44. Renforcer la PJJ de 185 effectifs supplémentaires pour la mise en œuvre de ses missions de prise en charge de la radicalisation.

45*. Prévenir la radicalisation dans le champ sportif par le développement du contrôle des clubs et des éducateurs et la mise en jeu de « l'agrément sport » en cas de dérive avérée.

46*. Renforcer la complémentarité entre l'Etat et les conseils départementaux dans la protection des mineurs face au phénomène de radicalisation et accompagner les familles, en proposant un protocole opérationnel dans tous les départements.

47*. Inscrire avant la fin 2016 dans chaque Contrat de ville un Plan d'actions contre la radicalisation, contractualisé entre l'Etat et la collectivité.

48*. Inviter les maires et les préfets à développer un volet de prévention de la radicalisation au sein des Conseils locaux de sécurité et de prévention de la délinquance (CLSPD), partout où la situation l'exige.

49*. Renforcer la mobilisation de l'ensemble des acteurs, confronter les expériences et faciliter la diffusion des bonnes pratiques, en organisant une Rencontre nationale des collectivités territoriales autour des enjeux de la lutte contre la radicalisation et de la prise en charge des personnes radicalisées.

50*. Structurer des pôles régionaux et départementaux d'opérateurs de prise en charge, grâce à la mobilisation des grands réseaux associatifs.

51*. Constituer des équipes mobiles à l'échelle interrégionale pour apporter un appui dans la prise en charge des personnes radicalisées ou en voie de radicalisation.

52*. Créer d'ici fin 2017, dans chaque région, un centre de réinsertion et de citoyenneté dédié à l'accueil de personnes radicalisées ou en voie de radicalisation avec hébergement.

53. Renforcer la formation des acteurs en contact avec les publics susceptibles d'être ciblés par les mouvements radicaux ou comprenant des personnes radicalisées.

V. Développer la recherche appliquée en matière de contre discours et mobiliser l'islam de France

54*. Mettre en place un conseil scientifique permanent sur la radicalisation et le terrorisme, susceptible de coordonner un réseau de recherche et d'assurer le transfert de la recherche vers l'action opérationnelle

55*. Attribuer davantage de bourses universitaires aux ATER / Doctorants dont les travaux relèveraient de ce cadre.

56*. Fixer des objectifs de développement des recherches-actions en matière de radicalisation et d'analyse des phénomènes terroristes, en prévoyant l'attribution de certaines recherche-actions au niveau déconcentré (rectorats de région).

57*. Accompagner les initiatives et la mobilisation des institutions représentatives du culte musulman.

58. Poursuivre les actions de surveillance, de limitation et d'entrave contre la diffusion de la propagande extrémiste.

59*. Lutter contre l'enfermement algorithmique.

60*. Renforcer l'équipe de community managers du Service d'information du Gouvernement en y associant, par la voie de contrats de recherche-action des spécialistes et acteurs a Mesure

61*. Encourager les initiatives privées diffusant un discours critique des idéologies de la radicalisation ou un discours ouvert des connaissances sur l'Islam, dans un cadre méthodologique scientifiquement encadré. Soutenir financièrement ces initiatives par intervention du Fonds interministériel de prévention de la délinquance (FIPD).

62*. Associer les acteurs de l'Internet à l'élaboration du contre-discours, en ciblant spécifiquement les activités en ligne des organisations terroristes, et en apportant le concours des développeurs et experts des entreprises du numérique.ssociatifs de la prise en charge de la radicalisation.

63. Prendre en compte la situation particulière des femmes radicalisées dans l'élaboration des contre-discours.

VI. Mieux protéger les sites et les réseaux vulnérables

64. Maintenir l'engagement du nouveau « Contrat de Protection » des forces armées tant que la menace terroriste l'exigera.

65. Rénover les conditions d'emploi des armées lorsqu'elles interviennent sur le territoire national pour protéger la population.

66. Renforcer les capacités du réseau des hauts fonctionnaires de défense et de sécurité (HFDS).

67*. Opter pour un criblage à périodicité très resserrée des personnes appartenant aux professions réglementées ou disposant d'une autorisation d'accès en zone sensible.

68*. Compléter le dispositif de protection des sites nucléaires civils à travers la création d'un service à compétence nationale dédié : «le commandement spécialisé pour la sécurité du nucléaire (COSSEN) ».

69*. Unifier progressivement le dispositif d'enquêtes administratives d'accès aux autres sites sensibles (au sens de la législation du code de la défense sur les points d'importance vitale).

70*. Renforcer la sécurité des sites SEVESO contre les risques de malveillance.

71*. Investir dans la mise au point de technologies d'assistance à la protection des sites sensibles.

72*. Renforcer de la sécurité des transports ferroviaires, notamment des grandes gares et interconnexions.

73*. Renforcer la sûreté maritime par la mise en œuvre de méthodes déjà appliquées en matière de sûreté aérienne.

74. Maintenir un très haut niveau d'exigence en matière de sûreté aérienne, au regard de l'accroissement des risques.

75*. Déployer en deux ans (2016 et 2017) d'un Plan zonal de vidéoprotection de l'Ile-de-France (38 M€).

VII. Savoir réagir à toute attaque terroriste et manifester la résilience de la nation

76*. Renforcer la sensibilisation de la population à travers la refonte des sites gouvernementaux relatifs au risque terroriste et le lancement avant l'Euro 2016 d'une application gouvernementale pour smartphone, qui dispensera des informations utiles en cas d'attentat, et particulièrement des consignes de comportement dans et autour des zones touchées ou menacées.

77*. Réévaluer les doctrines d'emploi des forces d'intervention et prépositionner des éléments avancés de ces unités spécialisées dans un maillage territorial couvrant tout le territoire. Donner à l'ensemble des forces de sécurité régaliennes la possibilité juridique d'intervenir avec leur armement face à un « périple meurtrier ».

78. Redéfinir en permanence la place de la réserve, des polices municipales, des sociétés privées de sécurité et leur articulation dans le dispositif de réponse régalienne de l'Etat.

79*. Mettre en œuvre d'ici la fin de l'année, un plan concret en faveur des victimes.

80. Consolider les plans de continuité ministériels.

Document n° 2

Prévention de la radicalisation : l'Etat et les maires renforcent leur collaboration

Dans le prolongement du plan d'action contre la radicalisation et le terrorisme présenté dix jours auparavant (1), le Premier ministre, Manuel Valls, a signé le 19 mai une convention dans ce domaine avec le président de l'Association des maires de France et des présidents d'intercommunalité (AMF), François Baroin (2). Objectif : renforcer le partenariat entre l'Etat et les municipalités en matière de prévention de la radicalisation violente.

Formation des élus et de leurs agents

Le texte fixe notamment le cadre de la formation des maires, des élus et des agents publics communaux et intercommunaux dans ce domaine. En effet, ils *« sont nombreux à demander à être formés sur les problématiques relatives à la radicalisation car ils sont à la fois en première ligne face à son développement et les acteurs publics de première proximité en capacité de les détecter »*. La convention prévoit ainsi la possibilité, pour les élus et les personnels qui le souhaitent, de bénéficier de sessions d'information dispensées par le secrétariat général du comité interministériel de la prévention de la délinquance et de la radicalisation (SG-CIPDR). Elles pourront être réalisées dans les locaux de l'AMF.

Le texte prévoit également que les associations départementales de maires diffusent localement des informations aux maires et présidents d'intercommunalités. *« A cet égard, leurs assemblées générales et leurs sessions de formation pourraient constituer des moments de rassemblement et d'échanges adaptés pour informer les élus sur la prévention de la radicalisation. »* Elus et personnels peuvent encore s'informer *via* les kits de formation développés par le SG-CIPDR (3) ou le programme de sensibilisation en ligne proposé à l'ensemble des services de l'Etat *(voir ce numéro, page 14)*. En attendant le déploiement d'un plan de formation sur les valeurs républicaines et la laïcité pour les fonctionnaires et agents territoriaux *« dans le courant de l'année »*.

Détection et signalement des cas de radicalisation

Un des articles de la convention est consacré à la détection et au signalement des cas de radicalisation. L'AMF s'y engage à diffuser auprès de ses membres la grille d'indicateurs de basculement établie par le ministère de l'Intérieur (jointe à la convention). Le texte rappelle par ailleurs tout le dispositif mis en place par le gouvernement pour permettre aux professionnels (comme aux familles et aux proches) de faire un signalement aux autorités compétentes (numéro vert, formulaire en ligne...). L'AMF s'engage à diffuser ces informations auprès de ses adhérents, et à les inviter à les faire connaître de leurs administrés. Elle promet également de les encourager à organiser le signalement des situations de radicalisation détectées par les services communaux ou intercommunaux. *« Il s'agit de favoriser la mise en place de remontées d'informations par une voie hiérarchique adaptée et de confier aux services de l'Etat des informations utiles sur le phénomène de radicalisation observé sur son territoire. »*

Information des maires par les préfets

Au niveau départemental, c'est la cellule de suivi du préfet qui examine les situations de radicalisation qui relèvent d'une approche préventive. La convention indique que, avec l'accord du procureur de la République, le préfet peut informer le maire des situations de radicalisation concernant le territoire de sa commune. Elle prévoit également, sans entrer dans le détail, que les maires peuvent lui proposer un accompagnement de certaines personnes en voie de radicalisation et *« conduire des actions dans le cadre des dispositifs communaux et intercommunaux »*.

Enfin, sur la question des moyens, la convention indique que les communes qui portent les actions engagées par les cellules départementales pour l'accompagnement des jeunes et des familles concernés ou des projets de prévention primaire du phénomène de radicalisation sont éligibles au Fonds interministériel de prévention de la délinquance (FIPD). En complément, les municipalités sont encouragées à porter et à soutenir des actions préventives dans les champs de la citoyenneté, de l'éducation, de la médiation et de l'insertion sociale. *« Elles pourront solliciter les crédits de l'Etat dédiés à ces domaines d'intervention »*, indique la convention.

A noter : l'Etat et l'AMF se sont accordés sur la constitution d'un comité national de prévention de la radicalisation afin d'assurer la mise en œuvre et le suivi des dispositions prévues par la convention.

Olivier Songoro

(1) Voir ASH n° 2960 du 13-05-16, p. 12.
(2) Convention disponible sur www.amf.asso.fr.
(3) Téléchargeables sur www.prevention-delinquance.fr.

Document n° 3

Table des matières

Introduction :

Face à la radicalisation, la réponse de l'Etat est avant tout sécuritaire, la protection de nos concitoyens étant la première de nos responsabilités. Mais la réponse doit également être préventive et, en la matière, l'Etat ne peut pas agir seul. Le partenariat avec les collectivités territoriales et les associations est indispensable, dans le respect des compétences et des missions de chacun, et en sensibilisant la population.

Le comité interministériel pour l'égalité et la citoyenneté du 26 octobre 2015 a introduit une nouvelle mesure visant à promouvoir une action globale de prévention impliquant l'ensemble des institutions investies dans le champ des politiques sociales.

L'action publique en matière de prévention de la radicalisation doit mobiliser la politique de la ville dont la vocation est d'être innovante dans ses réponses face aux difficultés rencontrées par la population et par les jeunes en particulier.

La radicalisation n'est évidemment pas que l'affaire des quartiers de la politique de la ville. Mais il faut faire preuve de lucidité et reconnaître que certains d'entre eux sont très touchés par ce phénomène.

La politique de la ville est par essence une politique préventive, une politique de proximité à destination des plus fragiles, en particulier les jeunes en rupture. Or, des jeunes en quête de sens, aux parcours de vie parfois très compliqués, peuvent basculer dans la radicalisation.

Pour améliorer la réponse préventive en matière de radicalisation, il faut renforcer son ancrage local dans une logique partenariale. A ce titre, il convient de favoriser l'implication des collectivités locales, et en particulier des communes dans le cadre de ce volet des contrats de ville. Aussi, il a été demandé aux Préfets que chaque contrat de ville soit complété en 2016 par un plan d'actions sur la prévention de la radicalisation qui en constituera une annexe.

Cette annexe a vocation à définir un plan d'actions partenarial entre l'Etat, les collectivités territoriales et les associations engagées dans la politique de la ville. Ainsi, le pilotage territorial de la politique de prévention de la radicalisation appartient au préfet de département auquel les collectivités et les associations peuvent apporter leur concours, le cas échéant en bénéficiant du levier financier du FIPD et des crédits de la politique de ville.

La détection et le signalement des situations de radicalisation peuvent être opérés par les collectivités et des associations auprès des services préfectoraux suivant des processus internes. Celles-ci peuvent naturellement concevoir des actions de prévention primaire du phénomène. A cet effet, des formations peuvent être organisées pour les agents des collectivités et des acteurs de terrain, permettant de les outiller dans l'appréhension du phénomène.

Par ailleurs, les collectivités et les associations peuvent proposer des actions de prise en charge sociale ou psychologique des personnes en voie de radicalisation qui sont examinées par la cellule préfectorale de suivi et d'accompagnement des familles (prévention secondaire). Il revient ensuite à celle-ci de confier tout ou partie du suivi d'une personne à une collectivité ou une association dans le but de favoriser sa réinsertion. Des points de situation sont alors régulièrement organisés.

Le présent document s'attache à préciser le rôle des différents acteurs ainsi que leur articulation et à donner des conseils méthodologiques et pratiques pour élaborer cette annexe au contrat de ville. Il a été établi en lien avec les différents ministères concernés, des experts et des acteurs de terrain, qu'il convient de remercier pour leur contribution.

Comment définir la radicalisation ?

Ce terme est apparu récemment dans le champ des politiques publiques en France. Il désigne « le processus par lequel un individu ou un groupe adopte une forme violente d'action, directement liée à une idéologie extrémiste à contenu politique, social ou religieux qui conteste l'ordre établi sur le plan politique, social ou culturel »[1].

Ainsi, la radicalisation est à la conjonction d'une adhésion à une idéologie extrême et d'une velléité d'action violente.

Il ne faut pas confondre radicalisation et pratique rigoriste d'une religion mais il peut exister une porosité entre certains mouvements fondamentalistes et la radicalisation violente. Certains quartiers prioritaires connaissent depuis de nombreuses années une montée des pratiques fondamentalistes et du repli identitaire.

Aujourd'hui, la radicalisation prend de nouvelles formes et une toute autre ampleur en raison notamment du conflit syrien. On assiste, à l'ère d'Internet, à la fois à une certaine individualisation du processus de radicalisation et à une extension de la cible des jeunes concernés, même si la plupart du temps, il y a existence de contacts humains directs, nécessitant de s'intéresser à l'environnement des personnes en voie de radicalisation.

La prévention de la radicalisation

La prévention de ce phénomène nécessite d'intervenir bien en amont, afin d'éviter le basculement dans l'extrémisme et le terrorisme.

Il est possible de distinguer trois types de prévention :

- **La prévention primaire,** générale et collective, intervient en amont et mobilise des politiques publiques ou dispositifs qui n'ont pas pour finalité première de lutter contre la radicalisation mais qui peuvent utilement y concourir.

- **La prévention secondaire,** ciblée en direction des personnes repérées comme en voie ou en situation de radicalisation, permet un accompagnement individualisé dans la durée.

- **La prévention tertiaire,** correspondant à la prévention de la réitération, de la récidive, relève principalement de l'autorité judiciaire.

Ce cadre de référence porte sur les deux premiers types de prévention qu'il convient de conjuguer dans une logique partenariale afin de renforcer la réponse publique au phénomène de radicalisation.

La prévention de la radicalisation a été confortée par la résolution 2178 du Conseil de sécurité des Nations unies du 24 septembre 2014 sur la lutte contre le terrorisme, selon laquelle, « il faut s'attaquer à l'ensemble des causes du phénomène, ce qui exige notamment d'empêcher la radicalisation pouvant conduire au terrorisme, de juguler le recrutement, (...), de promouvoir la tolérance politique et religieuse, le développement économique et la cohésion et l'intégration sociales, et de faciliter la réintégration et la réinsertion ».

---

[1] Farhad KHOSROKHAVAR, *Radicalisation*, Editions de la Maison des Sciences de l'Homme, 2014, p 8.

Le dispositif de prévention de la radicalisation mis en place en France

Le Gouvernement a adopté en avril 2014 un plan de lutte contre la radicalisation violente et les filières terroristes articulant une dimension répressive et une dimension préventive.

Pour assurer le repérage des situations, une plate-forme téléphonique a été ouverte le 29 avril 2014 au sein du Ministère de l'intérieur, elle est accessible :

- par téléphone au 0 800 005 696 du lundi au vendredi, de 9h à 18h ;
- par internet sur www.stopdjihadisme.gouv.fr pour accéder à un formulaire en ligne.

Cette plate-forme, gérée par le Centre national d'assistance et de prévention de la radicalisation, offre une écoute, une information et une orientation, destinée principalement aux familles qui s'inquiètent et alertent les services du basculement d'un proche dans la radicalisation. Les signalements proviennent donc soit d'appels directs des familles soit de remontées des acteurs de terrain.

Après un filtrage réalisé par le service en charge du numéro vert, les signalements avérés sont adressés aux préfets. En lien avec les procureurs de la République, les Préfets ont mis en place des cellules de suivi partenariales mobilisant principalement les services de l'Etat, les collectivités territoriales, les caisses d'allocations familiales et des associations.

Les actions mises en œuvre en direction des jeunes et des familles concernés permettent une prise en charge psychologique et sociale. Des référents de parcours sont désignés pour assurer le suivi des jeunes et des familles. Des formations citoyennes, des chantiers éducatifs, des consultations thérapeutiques, des groupes de paroles sont proposés.

Vous vous référerez au guide interministériel sur la prévention de la radicalisation, disponible sur le site internet du SG-CIPDR (www.prevention-delinquance.interieur.gouv.fr). Il comprend des fiches pratiques décrivant les moyens de détection et de signalement, les modalités de coordination et d'animation territoriale, et les différents outils d'accompagnement psychologique, éducatif, social, professionnel placés à la disposition des préfets de département et des procureurs de la République, qui animent les cellules départementales de suivi de la radicalisation.

La prévention de la radicalisation dans le cadre des contrats de ville

Les contrats de ville signés en 2015 s'appuient sur trois piliers (cohésion sociale, cadre de vie/renouvellement urbain, développement économique/emploi,) et sur des axes transversaux (égalité femmes-hommes, jeunesse, lutte contre les discriminations, notamment).

Comme prévu par la circulaire d'orientation du Ministre de la ville, de la jeunesse et des sports du 21 janvier 2016, chaque contrat de ville sera complété en 2016 par un plan d'actions sur la prévention de la radicalisation, qui en constituera une annexe.

Les plans d'actions seront définis au regard de la taille des villes et agglomérations concernées, adaptés aux situations locales et en fonction du degré d'intensité du phénomène.

Le présent cadre de référence vise à donner aux acteurs locaux des éléments méthodologiques pour élaborer ces plans d'actions.

1 Mobilisation du partenariat

Compte tenu du caractère multifactoriel du phénomène, la réponse préventive doit s'inscrire dans une approche partenariale et pluridisciplinaire.

1.1 La gouvernance locale

La prévention de la radicalisation doit désormais s'intégrer pleinement dans le pilotage du contrat de ville.

Au niveau institutionnel, le comité de pilotage du contrat de ville est par essence l'instance stratégique de suivi du plan d'actions sur la prévention de la radicalisation. Dans un souci de cohérence, les conseils locaux ou intercommunaux de prévention de la délinquance en formation plénière, qui ont vocation à animer le volet prévention de la délinquance des contrats de ville, apparaissent également comme des instances appropriées pour traiter ce sujet.

Au niveau opérationnel et à l'échelle du contrat de ville, il appartient aux signataires du contrat de ville de constituer un groupe de travail - ci-après désigné « groupe opérationnel » composé des principaux partenaires concernés et de **désigner un référent pour le piloter, issu de services de la commune ou de l'intercommunalité** qui peut être le chef de projet politique de la ville, le coordonnateur du CLSPD ou toute autre personne en mesure d'assurer un rôle de coordination et d'animation sur ce sujet. Il convient d'adresser au Préfet de département le nom de ce référent pour faciliter le travail en réseau.

En fonction de la situation locale, ce groupe opérationnel peut prendre la forme d'un groupe de travail et d'échange d'informations à vocation thématique que les conseils locaux ou intercommunaux de prévention de la délinquance peuvent créer en leur sein.

Ce groupe opérationnel n'a nullement vocation à se substituer à la cellule départementale du Préfet qui pilote le dispositif au niveau départemental et au sein de laquelle ont lieu des échanges sur des situations individuelles de personnes radicalisées ou en voie de radicalisation et où sont proposées les actions d'accompagnement personnalisé. Le préfet est le pivot de la prévention de la radicalisation, avec lequel les collectivités territoriales ont vocation à développer des actions préventives et, le cas échéant, un accompagnement social de proximité.

Le rôle du groupe opérationnel instauré par le contrat de ville doit donc permettre, de manière complémentaire, de structurer une démarche locale de repérage de la radicalisation et de prise en charge individualisée qui peut être proposée à la cellule de suivi départementale.

1.2 La constitution d'un réseau de professionnels et de référents

Le partenariat de proximité s'organise autour du groupe opérationnel et doit permettre d'identifier des professionnels, qui devront nécessairement être formés pour être en mesure d'intervenir, chacun dans son domaine de compétence.

- Services de l'Etat

Par circulaire conjointe du Ministre de l'intérieur et du Ministre de la ville, de la jeunesse et des sports du 2 décembre 2015, **il est prévu que les délégués du Préfet soient mobilisés pour jouer un rôle d'interface entre le niveau local et les cellules de suivi départementales, auxquelles ils ont vocation à participer. Ils sont les**

interlocuteurs privilégiés du référent désigné par la collectivité et sont amenés à assurer un rôle d'appui auprès des acteurs locaux.

L'éducation nationale, et en particulier les chefs d'établissements du territoire, doivent être pleinement associés à l'élaboration du plan d'actions comme à sa mise en œuvre.

Ont également vocation à être sollicités les services de police, les forces de gendarmerie, le procureur de la République, les services de la justice et les agences régionales de santé.

➢ collectivités territoriales

Les services en charge de la jeunesse, de l'éducation, des familles, de la prévention de la délinquance des communes et intercommunalités signataires du contrat de ville doivent être associés aux travaux du groupe opérationnel.

Compte tenu de ses compétences en matière sociale et de protection de l'enfance, il est essentiel que le conseil départemental désigne un représentant pour faire partie du groupe opérationnel.

➢ Missions locales

Les missions locales, en raison de leur rôle dans l'insertion socioprofessionnelle des jeunes, seront associées au groupe opérationnel.

Leur implication dans la prévention de la radicalisation s'inscrit désormais dans le cadre d'une convention de partenariat entre l'Union nationale des missions locales, le conseil national des missions locales, le ministère de l'intérieur, le ministère du travail, de l'emploi, de la formation professionnelle et du dialogue social, le ministère de la ville, de la jeunesse et des sports.

Les directeurs des missions locales ont d'ores et déjà bénéficié d'une formation sur la prévention de la radicalisation.

➢ Associations

Il est recommandé d'impliquer les associations dans la prévention de la radicalisation, notamment celles qui œuvrent dans les champs de l'éducation, de la prévention, de la médiation sociale, du sport, de la santé et de la parentalité.

➢ Conseils citoyens

Les conseils citoyens, qui ont vocation à constituer des instances de dialogue avec les institutions et à être force de propositions, doivent être associés à ce plan d'actions et être sensibilisés à la prévention de la radicalisation.

➢ Bailleurs sociaux

Compte tenu de leur contact au quotidien avec la population, les bailleurs sociaux devront utilement être associés au groupe opérationnel.

2 Diagnostic et état des lieux du territoire

En ce qui concerne la méthode, il apparaît utile de distinguer le diagnostic de l'état des lieux.

2.1 Le diagnostic

Le diagnostic a vocation à décrire la situation du territoire en termes de dérives radicales afin, autant que possible, de mesurer l'importance du phénomène et son évolution, ce qui amène à rechercher les facteurs endogènes et/ou exogènes qui l'expliquent.

En fonction de l'interconnaissance des membres du groupe opérationnel et de la capacité de chacun des partenaires à l'échange d'informations, plusieurs éléments peuvent être pris en compte pour analyser le phénomène de radicalisation sur le territoire, en particulier :

- identification des lieux et moments sensibles en termes de radicalisation, ce qui paraît essentiel pour élaborer le diagnostic du territoire dans la mesure où dans la quasi-totalité des cas, la radicalisation s'opère par un contact humain et non par la seule fréquentation d'internet ;
- éventuelles dérives communautaristes, pratiques fondamentalistes, notamment dans le tissu associatif ;
- rapport femmes-hommes (égalité, mixité).

Ce diagnostic n'a pas vocation à donner lieu à une transcription écrite dans l'annexe au contrat de ville.

2.2 L'état des lieux

L'état des lieux consiste à recenser tous les acteurs et dispositifs susceptibles d'être mobilisés pour prévenir la radicalisation dans les champs éducatif, social, sanitaire, de l'insertion professionnelle, de la citoyenneté et de l'accès au droit, de la prévention de la délinquance :

- programme de réussite éducative ;
- dispositifs de médiation sociale (en particulier en milieu scolaire, dans les espaces publics et l'habitat social) ;
- équipes de prévention spécialisée ;
- centres sociaux ;
- réseau d'écoute, d'appui et d'accompagnement des parents ;
- point accueil écoute jeunes ;
- espace santé jeunes ;
- centres médico-psychologiques ;
- centres médico-psycho-pédagogiques ;
- maisons des adolescents ;
- missions locales ;
- école de la deuxième chance ;
- établissement pour l'insertion dans l'emploi ;
- maisons des jeunes et de la culture ;
- service civique ;
- maison de justice et du droit ;
- point d'accès au droit ;
- rappel à l'ordre ;
- conseil pour les droits et devoirs des familles.

Cette liste, non exhaustive, permet de mieux identifier les dispositifs susceptibles d'être mobilisés. Sur la forme, l'état des lieux peut être établi sur la base d'un tableau d'inventaire.

La question est de savoir si ces dispositifs, dès lors qu'ils bénéficient au territoire, prennent en compte l'enjeu de la prévention de la radicalisation.

Le plan d'actions résulte de la confrontation du diagnostic à l'état des lieux ; ses priorités sont dégagées à partir des besoins non couverts par les dispositifs existants, tels que recensés par l'état des lieux.

3 Plan d'actions

Le plan d'actions doit être adapté à l'analyse fine du phénomène sur le territoire.

3.1 Modalités de repérage

Il importe particulièrement de faire preuve de discernement et surtout d'éviter toute stigmatisation d'une pratique religieuse, une conversion n'étant pas en soi un indice de radicalisation. Il ne faut pas non plus interpréter toute crise d'adolescence comme les prémices d'une radicalisation.

Afin d'éviter ces écueils, il convient de s'appuyer sur un faisceau d'indices. A ce titre, il est recommandé de prendre connaissance du référentiel des indicateurs de basculement dans la radicalisation établi par le Secrétariat général du Comité interministériel de prévention de la délinquance dans le cadre d'un travail interministériel diffusé aux Préfectures en septembre 2015. Ce document est annexé au guide interministériel de prévention de la radicalisation qui est disponible sur le site du SG-CIPDR : www.prevention-delinquance.gouv.fr.

Une fois les situations identifiées au niveau local, il est nécessaire d'organiser les remontées d'informations aux autorités compétentes (préfecture, plate-forme téléphonique).

L'échange d'informations doit s'inscrire dans le respect des règles éthiques et déontologiques.

Cet échange, dès lors qu'il porte sur des faits ou informations confidentielles, est facilité dans le cadre juridiquement sécurisé offert par les groupes thématiques des CLSPD ou des CISPD.

En tout état de cause, un représentant de l'Etat désigné par le Préfet doit participer à cette instance et doit rendre compte de ses travaux à la cellule départementale.

3.2 Actions de formation et de sensibilisation

La formation apparaît comme une condition de compréhension du phénomène et comme un gage d'appropriation du dispositif. Il est impératif que les professionnels associés à la réponse publique bénéficient d'une formation sur la prévention de la radicalisation.

Plusieurs types de formation sont proposés :

- les formations organisées par le SG-CIPDR
- la formation en ligne du Ministère de l'intérieur
- des formations proposées par d'autres organismes, notamment des réseaux associatifs nationaux

En outre, un plan de formation sur les valeurs de la République et la laïcité porté par le CGET est déployé en 2016 et 2017. Il concerne l'ensemble des professionnels de terrain en relation directe avec les populations. Si son objectif ne vise pas directement la prévention de la radicalisation, il peut être mobilisé dans le cadre de la prévention primaire.

Par ailleurs, des actions de sensibilisation ont vocation à être menées au cœur des quartiers, notamment à destination des conseils citoyens et des associations de proximité. Elles pourront être organisées sur la base de la formation en ligne du Ministère de l'intérieur par le référent du groupe opérationnel et le délégué du Préfet, notamment.

3.3 Actions de prévention

La réponse publique, dans une logique pluridisciplinaire, se situe au confluent de différentes approches éducative, sociale, psychologique voire théologique.

3.3.1 Prévention primaire : actions collectives visant à éviter le basculement dans la radicalisation

La prévention primaire suppose d'agir sur tous les facteurs de risques (déscolarisation précoce, délinquance juvénile, détresse psychologique, notamment), en mobilisant les dispositifs existants (cf. guide interministériel sur la prévention de la radicalisation cité supra). Il peut s'agir de l'élaboration d'un contre-discours de terrain, en lien avec les acteurs associatifs engagés pour prévenir la radicalisation.

➢ Actions en direction des jeunes

Toutes les actions visant à promouvoir la citoyenneté, les valeurs de la République, le développement de l'esprit critique et à inscrire les jeunes dans les dispositifs d'insertion sociale et de professionnalisation ou dans le service civique, sont de nature à prévenir les dérives radicales quelles qu'elles soient. Elles ont vocation à être inscrites dans le plan d'actions, en lien avec les dispositifs portés par l'éducation nationale.

De même, il apparaît nécessaire d'investir davantage les quartiers dans les moments où les services publics sont en retrait, en soirée et le week-end mais aussi au mois d'août. Le renforcement de la présence des adultes doit permettre de lutter contre le repli identitaire et ne pas laisser place à des groupes communautaristes ou à des militants de la radicalisation. La question ne saurait se résumer à l'extension de l'ouverture de lieux mais l'enjeu réside dans la prise en charge des jeunes dans la continuité, aux moments les plus déterminants.

➢ Actions en direction des familles

Le rôle de la famille apparaît essentiel dans la prévention de la radicalisation. Aussi, les actions de soutien à la parentalité, notamment dans le cadre des réseaux d'écoute, d'appui et d'accompagnement des parents et les actions visant à aller vers les familles les plus éloignées des institutions, sont de nature prévenir en amont ces risques. A cet effet, il importe de sensibiliser les parents à ce phénomène, à favoriser les espaces d'échanges entre parents, mais aussi le dialogue entre les parents et leurs enfants.

3.3.2 Prévention secondaire : actions individualisées visant à sortir de la radicalisation et à accompagner les familles

Il faut construire des solutions personnalisées pour chaque jeune en situation de radicalisation afin de leur proposer une prise en charge psychologique et des parcours éducatifs, d'insertion sociale et professionnelle. Ce rôle incombe à la cellule de suivi du Préfet au niveau départemental. Le plan d'actions du contrat de ville a pleinement vocation à venir en appui des solutions proposées en mettant à disposition des outils existants, des lieux d'accueil en journée, des professionnels formés.

➢ Offre en matière de prise en charge psychologique

Une attention particulière doit être portée à l'offre en matière de prise en charge psychologique compte tenu de la nature même du processus de radicalisation. A partir de l'état des lieux, il importe d'identifier les psychologues et les psychiatres en capacité de prendre en charge les personnes radicalisées ainsi que leur famille. Les Maisons des adolescents ainsi que les points accueil jeunes peuvent être utilement mobilisés.

➢ Offre en matière d'accompagnement personnalisé dans le champ éducatif, social et professionnel

L'un des principaux enjeux est de mobiliser des acteurs qui sont en capacité d'entrer en contact avec des jeunes en situation de radicalisation, de susciter leur adhésion, de les accompagner dans la durée. Les éducateurs de prévention spécialisée apparaissent tout à fait indiqués pour assurer de telles missions mais d'autres intervenants municipaux ou associatifs peuvent également être sollicités, notamment dans les domaines du sport et de la culture.

4 Financement

Afin de mettre en œuvre une politique globale de prévention de la radicalisation, il convient de veiller à une répartition des crédits existants entre les différents niveaux d'intervention. Les crédits du FIPD étant principalement fléchés vers la prévention secondaire, les autres crédits ont vocation à financer des actions de prévention primaire.

4.1 Le FIPD

Le Fonds interministériel de prévention de la délinquance (FIPD) est doté depuis 2015 d'une enveloppe dédiée pour prévenir la radicalisation. Les préfets de département disposent d'une délégation de ce fonds pour financer les actions engagées par leurs cellules départementales visant à l'accompagnement des jeunes et des familles concernés. Les communes et les associations qui portent des actions de prise en charge de ces situations sont éligibles au FIPD, dès lors qu'elles se situent principalement dans le champ de la prévention secondaire. Il appartient au préfet d'arrêter la programmation des crédits qui lui sont délégués.

Vous vous référerez à la circulaire du 11 février 2016 sur l'emploi du FIPD en 2016 et en particulier à son annexe 1 qui est disponible sur le site internet du SG-CIPDR : www.prevention-delinquance.gouv.fr

Il est prévu, dans son annexe 1, que **les crédits du FIPD ont vocation à soutenir les plans d'actions sur la prévention de la radicalisation, qui complèteront les contrats de ville et qui en constitueront une annexe.**

4.2 Les crédits de la politique de la ville

Les crédits de la politique de la ville peuvent être mobilisés dans le cadre de la mise en œuvre du plan d'actions. Vous vous référerez à la circulaire du 21 janvier 2016 du Ministre de la ville, de la jeunesse et des sports sur les orientations de la politique de la ville en 2016.

4.3 Les crédits de l'Etat dits de « droit commun »

Les autres crédits de droit commun peuvent être sollicités dans le champ de la prévention (cf. supra : liste des dispositifs recensés dans le cadre de l'état des lieux).

4.4 Les crédits des collectivités territoriales

Les collectivités territoriales, signataires des contrats de ville, ont vocation à cofinancer les actions inscrites dans le plan d'actions dès lors qu'elles entrent dans leur champ de compétence.

4.5 Les autres crédits mobilisables

Les crédits de la CAF pourront notamment être mobilisés en matière de soutien à la parentalité, de même que ceux des ARS dans le cadre des prises en charge psychologiques.

5 Calendrier

L'élaboration du plan d'actions peut être envisagée selon le calendrier prévisionnel suivant :

- Mise en place du groupe opérationnel pour échanger sur le diagnostic et établir l'état des lieux : avril-mai 2016
- Réunion du groupe opérationnel pour co-élaborer le plan d'actions : juin-juillet 2016
- Validation du plan d'actions : avant le 30 juillet 2016

6 Suivi et évaluation du dispositif préventif

Il appartient au groupe opérationnel de déterminer des indicateurs d'activité et d'impact qui seront présentés lors des instances de pilotage du contrat de ville.

Plusieurs indicateurs pourront être retenus :

- nombre de situations de radicalisation repérées,
- nombre de jeunes pris en charge,
- nombre de familles accompagnées,
- acteurs mobilisés dans le champ éducatif, social, psychologique.

Document n° 4

INNOVATIONS & TERRITOIRES Retour sur expérience

Prévention

La coordination des services dans la lutte contre la radicalisation des jeunes

Pourquoi ?

En mars 2015, 10 % des Français ou des résidents en France en relation avec des filières djihadistes étaient originaires des Alpes-Maritimes, selon le conseil départemental.

Pour qui ?

Un dispositif vise les jeunes identifiés sur le terrain par l'Education nationale, les animateurs sportifs, les éducateurs spécialisés ou les familles.

[illegible]

Un plan de lutte contre la radicalisation des jeunes a été lancé en février 2015, avec un protocole de partage d'informations entre les intervenants.

Alpes-Maritimes 1,08 million d'hab.

AVANTAGE
La circulation de l'information entre les services permet d'accélérer les procédures et d'intervenir rapidement auprès des jeunes concernés.

INCONVÉNIENT
Le partage d'informations nécessite un encadrement strict, pour protéger les jeunes concernés.

« Il suffit qu'un jeune annonce, lors de son entraînement de football du mercredi, qu'il prévoit de partir le lendemain vers la Syrie pour que tous les services se mobilisent et interviennent chez lui aussi sec ! » résume Christine Teixeira, l'adjointe à la DGA pour le développement des solidarités humaines au conseil départemental des Alpes-Maritimes.

Elle pointe, à travers cet exemple, ce qui distingue le dispositif de lutte contre la radicalisation instauré dans ce département : une communication « en continu », étendue à tous les intervenants auprès de la jeunesse.

INITIATIVE PIONNIÈRE

Dès février 2015, ce département a mis en place un plan spécifique pour prendre en charge des jeunes en situation de radicalisation. Première collectivité à s'engager sur ce sujet délicat, elle faisait face à un flux de départs inquiétant : entre avril 2014 et mars 2015, 117 cas de jeunes « touchés par la menace djihadiste » y avaient été signalés, un record en France, avec « 10 % des Français ou des résidents en France en relation avec des filières djihadistes originaires des Alpes-Maritimes ». S'il soutient d'emblée que « la lutte contre la radicalisation est avant tout l'affaire de l'Etat », le président du département, Eric Ciotti, qui a pris la tête d'une commission parlementaire sur la surveillance des filières et des individus djihadistes en décembre 2014, s'est saisi du sujet, à travers la protection de l'enfance. En un an, cinq axes d'action ont été mis en œuvre pour « prévenir et protéger la jeunesse » : formation des agents et du public ; spécialisation de l'antenne départementale d'évaluation, de recueil et de traitement des informations préoccupantes (Adret) sur la radicalisation des jeunes ; adaptation des mesures éducatives de protection de l'enfance ; promotion des valeurs républicaines et respect de la laïcité.

Une plateforme départementale de traitement et de suivi des signalements de risque de radicalisation s'est constituée, associant l'Education nationale et, au besoin, d'autres intervenants comme l'agence régionale de santé, le parquet ou le service pénitentiaire d'insertion et de probation. « Nous sommes parvenus à installer un circuit de prévention structuré et bien rodé, assure le coordinateur de l'Adret, Sami Cheniti. Nous occupons le terrain le plus possible, en mettant en œuvre des actions de sensibilisation auprès des collégiens, au cœur des quartiers populaires, en travaillant avec les associations, les familles, les jeunes, pour les aider à identifier les phénomènes de radicalisation et leur rappeler les comportements à adopter. »

Dispositif
Un protocole signé par l'Etat et le département organise la coordination opérationnelle des interventions (il permet le partage du recueil des signalements, puis l'échange et le suivi de données).

Contact
Véronique Deprez, DGA pour le développement des solidarités humaines, 04.97.18.60.00.

PARCOURS EN TROIS ÉTAPES

Selon la DGA pour le développement des solidarités humaines, Véronique Deprez, les travailleurs sociaux ont adhéré à ce programme : « L'objectif de ces actions est vraiment de protéger la jeu-

CD 06

Le 19 février, Eric Ciotti a présenté un premier bilan de l'action menée dans le département des Alpes-Maritimes, en présence de Bernard Cazeneuve.

nesse d'un danger réel. Nos services ont l'expérience nécessaire pour repérer des situations de mise en danger et en évaluer le degré.» Une fois identifiés, les jeunes se montrent plutôt «bien disposés» à suivre le parcours qui leur est proposé. Un parcours en trois étapes, qui commence par un suivi hebdomadaire, voire bihebdomadaire, avec l'Adret: «On cherche d'abord à raccrocher le jeune à la réalité, ce que les parents ont souvent du mal à faire, explique Christine Teixeira. Puis nous délivrons un contre-discours pour lui montrer que la version qui lui a été servie n'est pas la seule réalité possible.» Un «combat psychologique» plus ou moins long, selon la personnalité du jeune, son environnement familial et la durée d'embrigadement qu'il a subie.

PHASE DE RECONSTRUCTION

L'Adret prévoit ensuite une phase de reconstruction avec un «mentor». Le jeune est accompagné dans le but de renforcer ses liens avec son entourage. La cellule a été étoffée par deux travailleurs sociaux, un éducateur spécialisé ainsi qu'une assistance sociale

En un an, l'Adret a traité le cas de 132 jeunes, dont 32 mineurs jugés «en danger de radicalisation» pour lesquels les informations recueillies ont fait l'objet d'une transmission au Parquet. Ils sont actuellement 37 à bénéficier d'un suivi éducatif et psychologique. Dans les prochaines semaines, le service devrait être mis à la disposition des communes du département qui en font la demande.

Caroline Garcia

515 personnes ont été signalées radicalisées ou en voie de radicalisation en un an dans les Alpes-Maritimes, dont 423 par le biais des services locaux. 55 ressortissants maralpins, dont 18 mineurs, sont partis pour la Syrie ou l'Irak.

L'EXPERT

CORINNE MASSA, responsable territoriale de la protection de l'enfant du territoire 5 (Nice centre, port, Lyautey)

«Lorsque je suis alertée, je commence par solliciter immédiatement le magistrat»

«Le secteur sur lequel j'interviens concentre une partie importante des quartiers considérés comme sensibles dans les Alpes-Maritimes. Lorsque je suis alertée sur le cas d'un jeune qui se radicalise, je commence par solliciter immédiatement le magistrat afin qu'il établisse aussitôt une interdiction de sortie du territoire. Puis le travail de terrain s'organise: nous regroupons les associations, les éducateurs et les familles, afin de mettre en place un contrat d'accompagnement parental. Des réunions régulières sont organisées pour évaluer la situation du jeune pris en charge. S'ils se montrent généralement réceptifs à l'accompagnement mis en place, il arrive que certains jeunes refusent complètement les mesures proposées. Dans ce cas, nous maintenons un suivi important qui nous tient en alerte de façon permanente.»

Document n° 5

ORDRE NATIONAL DES MÉDECINS
Conseil National de l'Ordre

2015

Prévention de la radicalisation
Ce qu'il faut retenir

Définition de la radicalisation :

« *Par radicalisation, on désigne le processus par lequel un individu ou un groupe adopte une forme violente d'action, directement liée à une idéologie extrémiste à contenu politique, social, ou religieux qui conteste l'ordre établi sur le plan politique social ou culturel* » (Fahad Khosrokhavar)

La radicalisation ne doit pas être confondue avec le fondamentalisme religieux (Islam rigoureux) : Les fondamentalistes sont des pratiquants qui adoptent des postures cultuelles rigoureuses mais ne recourent pas à la violence alors que les radicaux légitiment ou pratiquent des actes de violence.

La radicalisation se définit par trois caractéristiques cumulatives :

1. **un processus progressif**
2. **l'adhésion à une idéologie extrémiste**
3. **l'adoption de la violence.**

Extraits du kit de formation du Comité Interministériel de Prévention de la Délinquance sur la prévention de la radicalisation, pages 61 et 62 :

« *Le processus de radicalisation ne peut être caractérisé que s'il repose sur un faisceau d'indicateurs. Les seuls indicateurs ayant trait à l'apparence physique ou vestimentaire ne sauraient caractériser un basculement dans la radicalisation. Chaque acteur doit donc faire preuve de discernement dans l'analyse des situations.*

Un seul indice ne suffit pas pour caractériser l'existence d'un risque de radicalisation et tous les indices n'ont pas la même valeur. C'est la combinaison de plusieurs indices qui permet le diagnostic. Cette approche en termes de faisceau d'indices permet d'insister sur le fait qu'aucune attitude, aucun fait, ni contenu doctrinal ne peut être à lui seul révélateur d'un processus de radicalisation. Un faisceau d'indices permet un diagnostic de la situation, il ne peut être interprété comme signe prédictif de l'évolution du processus. »

Référentiel interministériel des indicateurs de basculement dans la radicalisation : tableau de synthèse

Domaine	Indicateurs
Ruptures	Comportement de rupture avec l'environnement habituel
	Changement d'apparence (physique, vestimentaire)
	Pratique religieuse hyper ritualisée
Environnement personnel de l'individu	Image paternelle et/ou parentale défaillante voire dégradée
	Environnement familial fragilisé
	Environnement social
	Traits de personnalité
	Réseaux relationnels
Théories et discours	Théories complotistes et conspirationnistes
	Changements de comportements identitaires
	Prosélytisme
Techniques	Usages de réseaux virtuels ou humains
	Stratégies de dissimulation/duplicité
Judiciaire	Condamnation pénale et incarcération
	Antécédents
	Commission de certaines infractions
	Comportement en détention
	Condamnation pénale et incarcération

Pour davantage de précisions, se reporter pages 62 à 66 du kit de formation du Comité Interministériel de Prévention de la Délinquance sur la prévention de la radicalisation.

Situations que les CDOM peuvent rencontrer

Médecin qui reçoit des confidences d'un patient qui a un lien familial ou est proche d'une personne en voie radicalisation ou radicalisée

Le médecin doit lui conseiller de se rapprocher du Centre National d'Assistance et de Prévention de la Radicalisation (CNAPR), qui recueille les « signalements » effectués par les particuliers :

- numéro de téléphone vert :

  Centre national d'assistance et de prévention de la radicalisation
  N°Vert 0 800 00 56 96
  APPEL GRATUIT DEPUIS UN POSTE FIXE

  Les écoutants sont des réservistes de la Police spécialement formés à la prévention de la radicalisation. Ils répondent aux appels (numéro vert) du lundi au vendredi de 9h00 à 18h00.

- ou formulaire en ligne sur le site internet du ministère de l'Intérieur : http://www.interieur.gouv.fr/Dispositif-de-lutte-contre-les-filieres-djihadistes/Assistance-aux-familles-et-prevention-de-la-radicalisation-violente/Votre-signalement

A qui s'adresse ce n° vert ?
Aux familles, aux proches et acteurs institutionnels (professeurs, éducateurs...)

Quels sont les critères requis pour la prise en compte d'un « signalement » ?
- Signes objectifs de radicalisation
- Implication potentielle ou avérée dans une filière djihadiste

Que permet le « signalement » d'une situation au CNAPR ?
- Ecoute et suivi social des familles
- Identification des situations de menace
- Collecte de renseignements opérationnels utiles aux investigations des services spécialisés
- Analyse des phénomènes de radicalisation violente

Document n° 6

LES ENJEUX DU PHÉNOMÈNE

ENTRETIEN

Olivier Bobineau, spécialiste de la laïcité

« Les élus doivent clarifier ce que sont la laïcité et un culte »

La radicalisation de certains jeunes peut venir d'un sentiment d'exclusion et d'un malaise identitaire, parfois liés à une mauvaise compréhension de ce que sont la laïcité et l'islam. Pour Olivier Bobineau, les élus devraient œuvrer pour surmonter l'incompréhension de part et d'autre.

Consultant après avoir été enseignant – ayant notamment participé à la formation des imams à la laïcité, à l'Institut catholique de Paris –, Olivier Bobineau insiste sur la nécessité de sortir du « choc des émotions ».

Derrière la défense de la laïcité se cache parfois un rejet de l'islam et des musulmans. Cela peut-il expliquer la radicalisation de certains jeunes ?

Le fait d'être rejeté d'un groupe social est l'un des facteurs conduisant à la radicalisation. Quand la laïcité n'est plus inclusive, ce qu'elle est à l'origine, et devient facteur de stigmatisation et d'exclusion, cela provoque un malaise chez les jeunes qui la perçoivent comme une arme dressée contre leur foi et leurs pratiques. Cela étant, il existe bien d'autres facteurs de marginalisation contribuant à la radicalisation religieuse : problèmes familiaux et scolaires, chômage, logement, violence et agressivité dans les relations quotidiennes, combats entre les bandes…

Comment les élus peuvent-ils distinguer une pratique assidue, voire rigoriste de l'islam que la laïcité autorise, d'une radicalisation dangereuse pour la société ?

Déjà, ils peuvent se saisir de la question en amont. En clarifiant ce que sont respectivement la laïcité et un culte, dont l'islam. Une fois définie une ligne claire et cohérente de la laïcité, ils peuvent répondre concrètement avec des outils et supports : charte, règlement intérieur, création d'un conseil de citoyenneté et de laïcité…

Concernant la distinction entre pratique assidue et radicalisation, il y a pour cela des services spécialisés, notamment de renseignements. Ils sont de très bonne qualité puisqu'ils arrivent à diagnostiquer et repérer les personnes en voie de radicalisation.

Au quotidien, les élus doivent gérer la montée des revendications religieuses, dont celles des musulmans, bien sûr, et les difficultés sont multiples. Le directeur de cabinet d'une mairie m'a dit que certains enfants refusaient de déjeuner pendant le ramadan. Sa réponse a été, au nom de la laïcité, de les forcer à manger, ce qui est un contresens : la laïcité est là pour permettre l'expression de la liberté de conscience dès lors qu'elle ne trouble pas l'ordre public.

Autre exemple : un directeur de collège m'a raconté que de plus en plus de jeunes filles, lors de séjours scolaires, portent le voile dans le bus et se mettent à prier. Deux attitudes sont possibles : l'interdiction, d'où un pourrissement de l'ambiance, ou le dialogue. On peut faire remarquer que prier dans le bus met en cause leur sécurité, donc est contraire à l'ordre public. On peut aussi leur rappeler qu'il est possible de repousser l'heure des prières et de les faire le soir.

Les élus sont-ils bien armés pour gérer le respect de la laïcité au quotidien ?

Oui et non. Oui : eux-mêmes, avec leurs cadres et équipes, sont très attachés à la laïcité. Non : la laïcité est complexe, en théorie et en pratique. D'autant plus qu'un « choc des ignorances » s'opère à trois niveaux.

Tout d'abord, nous avons tous du mal à savoir ce qu'est la laïcité. Un principe ? Une valeur ? Il s'agit pour moi d'un cadre politique et juridique ayant pour principe la liberté de conscience dont les manifestations sociales sont encadrées par l'ordre public. La deuxième ignorance concerne l'islam. Un ou plusieurs islams ? En France on voit cette religion au prisme de la culture catholique : un seul chef, un seul droit et une théologie dominante. Or, l'islam, c'est une galaxie de sensibilités, d'écoles juridiques. On devrait parler d'islams. Leur point commun : l'absence, voire le refus de la hiérarchie. La troisième ignorance porte sur les revendications, en apparence religieuses, des musulmans. En fait, elles témoignent d'un malaise identitaire. Ces jeunes sont rejetés par leur groupe familial d'origine, ou « groupe des pères », et par le groupe de référence, groupe idéal auquel chacun aspire, car ils ont peu accès aux bonnes écoles, à la propriété, à la consommation de loisirs savants. Reste le groupe d'appartenance, ou « groupe des pairs », avec sa langue, sa musique, ses vêtements, son alimentation et les revendications qui en découlent. La conséquence de ce « choc des ignorances » est une incompréhension de part et d'autre.

OLIVIER BOBINEAU

> Politologue et sociologue, expert de la laïcité, des questions religieuses et du lien social.

> Il dirige The Olive Branch, un cabinet d'études et de conseils en sciences humaines appliquées à la pacification des liens.

> Il est l'auteur avec Bernadette Sauvaget de « Notre laïcité ou la religion dans l'espace public », entretiens avec Emile Poulat, octobre 2014, Editions Desclée de Brouwer.

Comment voyez-vous l'avenir ?

Plus qu'à une guerre de religions, nous assistons à un « choc des émotions » du fait d'un « choc des ignorances et des identités ». L'anthropologue Marcel Mauss a été visionnaire en concluant ainsi son *Essai sur le don* : « Soit les hommes s'écartent, se méfient et se défient, c'est la guerre, soit ils se traitent bien, se confient et c'est la paix ». Nous avons toute une génération de citoyens et citoyennes à former à la paix. ◆

Guide de prévention de la radicalisation • Octobre 2015

Document n° 7

POINTS DE VUE

Le travail social, un atout maître pour la laïcité ?

Le lien entre action sociale et laïcité relève de l'évidence pour Faïza Guélamine, comme pour Maryvonne Lyazid. L'une exhorte à travailler les pratiques professionnelles, l'autre prône un concept clarifié et l'apport de connaissances. Toutes deux plaident pour la pédagogie.

Quel est l'enjeu du débat actuel sur la laïcité pour la société française ?

Faïza Guélamine : Il faut faire coexister la liberté de conscience, l'égalité de traitement et le vivre ensemble à une époque où le religieux se donne à voir. La soustraction de la société française à l'emprise religieuse semblait acquise. Une partie des descendants des migrants issus des migrations postcoloniales, et d'autres, se réfèrent aujourd'hui à une religion historiquement perçue comme étrangère à la France. Un des défis auxquels les professionnels du travail social sont confrontés concerne des jeunes soumis à des discriminations, à des échecs à répétition dans un certain nombre de cas. Certains d'entre eux trouvent dans les ressources religieuses ou spirituelles, les moyens de se donner une identité valorisante d'abord à leurs propres yeux. Mais les précarités économique et identitaire, d'autres facteurs liés à des histoires familiales, personnelles, etc. engendrent aussi parfois des dangers, le repli sur cette seule référence. On est là face à une question sociale, de lutte contre la marginalisation, et non, comme on le présente de manière galvaudée, face à un problème de laïcité.

Maryvonne Lyazid : L'enjeu du débat est posé par la diversité actuelle de la population française, des croyances et des religions. Ces diversités engendrent une certaine difficulté à retrouver la colonne vertébrale du pacte social qui nous unit, ce qu'on appelle le vivre ensemble. Comme en 1905, nous sommes dans une période historique. Aujourd'hui, dans notre société sécularisée, d'affirmation des droits fondamentaux et de revendication de droits individuels, l'irruption de positions extrémistes interroge la place du divin et l'appartenance à une communauté. La laïcité n'est pas une option. Le débat est sain parce qu'il peut nous aider à apporter une clarification conceptuelle d'un principe constitutionnel, intangible, de notre société.

> FAÏZA GUÉLAMINE
> Il faut donner aux professionnels les moyens de s'interroger sur le sens que cela représente pour les personnes de s'affirmer différemment.

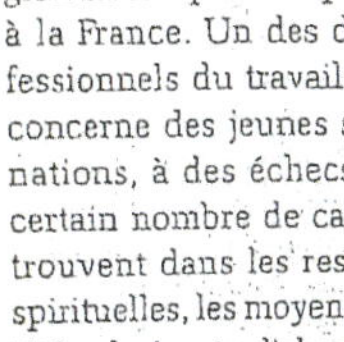

Faïza Guélamine, auteure de « Faits religieux et laïcité : le travail social à l'épreuve », ouvrage sorti en octobre 2014, est sociologue et responsable de formation à l'Association nationale des cadres du social (Andesi).

Quel rôle l'action sociale a-t-elle à jouer pour la laïcité ?

FG : L'action sociale et la laïcité s'inscrivent dans la même synergie. La laïcité donne des outils qui permettent de voir quels aménagements et quelles règles poser pour un vivre ensemble qui tienne compte de la diversité de la population. L'action sociale n'est pas dissociable du lien social que travaillent les intervenants sociaux au quotidien. Il faut donner aux professionnels les moyens de s'interroger sur le sens que cela représente pour les personnes de s'affirmer différemment. Ils doivent le comprendre et se placer sur un registre éducatif et citoyen. L'action sociale fait forcément référence à une pédagogie de la laïcité.

ML : Les champs professionnels doivent s'emparer de la question laïque pour la soustraire à un accaparement politique et polémique et à l'instrumentalisation. L'action sociale a des atouts, car elle ne s'inscrit ni dans le prêt-à-penser, ni dans le dogmatique. Les acteurs du champ social et médicosocial ont l'habitude et la capacité professionnelle de gérer des situations complexes. Ils doivent avoir les idées claires sur le sujet pour adopter un positionnement clair : ni le déni, ni l'évitement, ni la complaisance. Ils ont besoin de repères conceptuels pour savoir réagir aux situations individuelles revendicatrices, ce qui revient à

novembre 2015 • La Gazette Santé-Social

préciser les invariants de la laïcité. L'attitude managériale est importante à cet égard. Il faut impérativement se mettre au travail et ce travail doit se faire au niveau de la représentation institutionnelle et des cadres.

Et la laïcité pour l'action sociale ?

FG : La laïcité dans les pratiques professionnelles et dans la vie des établissements peut être une source d'interrogations ou de conflits. Pourtant, il me semble que la prise en compte globale de l'individu dans le travail social s'accorde avec la laïcité. Ce n'est pas le principe qui interroge, mais ses conséquences concrètes, au regard des situations qui donnent à voir du religieux dans le travail social. Il faut appréhender la place à accorder à la religion. Dans le champ professionnel des pratiques sociales, les applications du principe de laïcité sont à clarifier. Ce sont des objets de travail comme les autres pour l'action sociale.

ML : La question de la laïcité peut permettre de recontextualiser, historiquement et professionnellement, les valeurs du travail social. À cet égard, le travail du Cnad est remarquable. Ses avis sont très intéressants pour répondre aux professionnels au quotidien, notamment par la méthode proposée pour coconstruire la réponse en interrogeant le droit, la sociologie, l'éducatif, etc.

La laïcité de 1905 a-t-elle échoué dans sa visée émancipatrice ?

FG : Les processus de la laïcisation de la société française tels qu'ils s'incarnent dans la loi de 1905 se fondaient sur l'idée d'offrir une référence de réflexion autre que celle de la religion. Penser librement hors du dogme religieux représentait un gain énorme en termes de liberté. Comme principe politique, la laïcité est un formidable outil d'émancipation. Les individus restent maîtres de choisir par eux-mêmes, à se référer à ce qui fait sens pour eux. Rien n'est acquis et le risque de rupture existe au regard des manipulations et des emprises mentales. D'où l'importance de la pédagogie.

ML : La loi de 1905 n'est pas une loi contre la religion mais une loi de liberté. Elle est émancipatrice pour l'individu et pour la gestion des cultes. Loi de compromis, elle exclut la théocratie de notre champ politique institutionnel. Les questions de 2015 découlent de l'évolution sociétale depuis 1905. L'apparition de la diversité des individus a conduit à la diversité dans les moyens de se vêtir, de se nourrir, de prier ou de ne pas prier. Et cela interpelle notre quotidien sur les signes extérieurs religieux, la place des religions dans l'espace public, la diversité vestimentaire... Il faut accepter de se laisser interroger dans son intime pour construire une réponse professionnelle.

Il faut accepter de se laisser interroger dans son intime pour construire une réponse professionnelle.

Une loi sur la laïcité vous paraît-elle une bonne solution pour répondre au débat ?

FG : La référence à la loi ne suffit pas dans bon nombre de situations, et une loi n'évite pas les conflits. Vouloir légiférer de nouveau sur la laïcité est une mauvaise idée, car cela laisse à penser que la laïcité est menacée et la République avec elle. Le droit du travail, codifié et jurisprudentiel, fixe un cadre clair et suffisant pour traiter le cas d'un salarié du secteur privé qui définirait son attitude au travail par rapport à ses convictions religieuses. La neutralité de l'agent public est suffisamment affirmée. Il faut travailler sur les pratiques professionnelles et sur les limites possibles à la liberté de conviction.

ML : L'outillage existant suffit amplement. La Constitution, les textes de loi, notamment la loi relative à la lutte contre les discriminations, les travaux du Cese, de l'Observatoire de la laïcité, du Cnad, du Défenseur des droits me paraissent un corpus suffisant pour faire face aux situations, en nombre relativement réduit il faut le souligner, de crispation et de tension sur la question de la laïcité. La réponse à ce débat se situe dans l'apport de connaissances dans les milieux professionnels. Il faut fournir un effort conséquent d'apprentissage et un travail en profondeur de pédagogie à court, moyen et long termes. Ensuite, il faut appliquer une méthode de travail en cas de sollicitation et faire face par des postures de dialogue, d'explication et de médiation. ◆

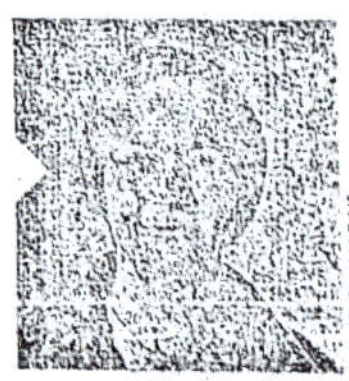

Maryvonne Lyazid, consultante, est l'ancienne adjointe du Défenseur des droits, vice-présidente du collège chargé, auprès de lui, de la lutte contre les discriminations et de la promotion de l'égalité.

Comment aborder le sujet ?

L'analyse de la commande et l'élaboration de l'en-tête

ASE dans un CCAS.

Prétexte du rapport : organisation d'une réunion à l'initiative de la préfecture avec les services de la commune et du département. On suppose une action partenariale, coordonnée, une harmonisation des pratiques sur le territoire.

Le chef de service (donc au CCAS) est commanditaire de ce rapport.

La partie « synthèse » portera sur la prévention de la radicalisation (synthèse des éléments du dossier).

En matière de prévention, on peut d'ores et déjà supposer qu'il existe, d'une part, un certain nombre de recommandations et de dispositifs et, d'autre part, une variété d'acteurs aux rôles complémentaires. Voici peut-être l'amorce des deux sous-parties.

L'idée majeure est de supposer des axes de travail et de confirmer ou rectifier ces axes lors de l'étape suivante.

La partie « propositions opérationnelles » explicitera des actions. La commande est double, le « et » est important :

- renforcer l'implication du CCAS ;
- renforcer le partenariat sur la commune.

Ainsi les actions proposées devront tenir compte de cette double demande. A priori, les actions vont concerner le CCAS (les propositions aux usagers et aux agents) et le territoire de la commune (usagers, partenariat, etc.)

L'analyse de la liste des documents

Repérer la teneur des documents, les mots.
Les dates : les documents sont tous très récents.
Le nombre de pages de chaque document : documents 1 et 3 volumineux. On peut donc supposer que les informations majeures y figurent.
Les sources : *ASH*, *La Gazette des communes*, documents officiels émanant du ministère. On voit l'ancrage territorial et le lien avec les directives nationales.
Les titres : le mot « prévention » est présent dans quatre documents sur sept. Ces documents présentent un intérêt direct pour la partie « synthèse ». Le document 1 « plan d'actions contre... » sous-entend une démarche à suivre. Le document 6 évoque le rôle des élus et le document 7 souligne le rôle du travail social.
Tous les documents semblent donc importants.

La lecture de survol

Lire les titres, sous-titres, aspérités, premières lignes de chaque paragraphe, introductions et conclusions afin de faire ressortir les **thèmes** de chaque document. Ce travail permettra ensuite d'élaborer le plan.

Document 1

Les informations essentielles figurent sur la première page et sont explicitées ensuite.
Acteurs (CIPRD), moyens juridiques (six lois antiterroristes depuis 2012) et budgétaires.
Des mesures et moyens complémentaires : numéro vert, plan de 2014 déclinant vingt-deux mesures, des états-majors de sécurité départementaux et des cellules de suivi et de prise en charge départementale. Un nouveau plan d'action : **PART**, dont les actions sont décrites ci-après dans les sept points du document.

Document 2

Collaboration État et maires.
Objectif : renforcer les partenariats.

Former élus et agents.
Détecter et signaler les cas de radicalisation.
Les préfets informent les maires. FIPD mentionné (moyen financier).
Dernière ligne : les actions à développer « dans les champs de la citoyenneté, de l'éducation, de la médiation et de l'insertion sociale ».

Document 3
Plan d'actions à annexer au contrat de ville.
La table des matières tient lieu de lecture de survol, et révèle des éléments de méthodologie de projet.
Introduction : partenariat C.T./associations, importance de la politique de la ville, ancrage local à renforcer et rôle des différents acteurs, définition de la radicalisation (utile pour l'introduction), les différents types de prévention, le plan de lutte 2014, les partenaires (les services de l'État, les C.T., CAF, associations), actions proposées en direction des jeunes et des familles, outil (le guide interministériel), les contrats de ville.

Document 4
L'expérience des Alpes-Maritimes.
Cinq axes d'action, pluralité et complémentarité des acteurs, plateforme départementale de traitement et de suivi des signalements de risque de radicalisation, rôle des travailleurs sociaux.

Document 5
Ordre national des médecins (vision complémentaire), définition de la radicalisation, rôle du médecin, la CNAPR, le numéro vert.

Document 6
Le rôle des élus.
Distinguer pratique assidue et radicalisation.
Difficulté de définir la laïcité.
Ignorance de ce qu'est l'islam.

Document 7
Le travail social.
Point de vue sociologique et explication : on est plus face à une question sociale qu'à un problème de laïcité.
Utiliser la laïcité pour poser les règles d'un savoir-vivre ensemble, d'où le rôle pédagogique des travailleurs sociaux.

L'élaboration du plan

Après la lecture de survol, les sous-parties pressenties dans la partie « synthèse » se confirment.
L'état des lieux attendu dans la partie « synthèse » peut donc se décliner ainsi :

I. La prévention de la radicalisation : un faisceau d'acteurs pluripartites au service d'un dispositif commun de lutte contre la radicalisation
A. Un plan d'actions à annexer au contrat de ville
B. L'État et les acteurs locaux renforcent leur collaboration

II. Des propositions d'actions pour renforcer l'implication du CCAS et le partenariat dans la prévention de la radicalisation sur le territoire de la commune
A. Définir une démarche de projet participative et transversale
B. Proposer un plan d'actions pour la prévention au sein du CCAS et sur le territoire communal

Une fois ce cadre posé, reste à répartir les différents documents dans les sous-parties :

I. La prévention de la radicalisation : un faisceau d'acteurs pluripartites au service d'un dispositif commun de lutte contre la radicalisation

A. Un plan d'actions à annexer au contrat de ville
Document 1 : la liste des mesures

Document 2 : les actions à développer (page 12)
Document 3 : la démarche à suivre, la déclinaison des actions et le recours au financement
En termes de prise de notes, il suffira ici de s'appuyer sur les titres et sous-titres des documents pour dégager les axes à retenir.

B. L'État et les acteurs locaux renforcent leur collaboration
Document 2 : AMF + objectif
Document 3 : partenariat État-collectivités-associations (pages 18 et 19), rôle des différents acteurs (pages 5 et 17)
Document 4 : d'autres acteurs (Éducation nationale, ARS, le parquet, le service pénitentiaire d'insertion et de probation), sans oublier les travailleurs sociaux
Document 5 : les médecins
Document 6 : les élus
Document 7 : l'approche pédagogique des travailleurs sociaux

Transition : Cet état des lieux a permis de décrire la pluralité d'acteurs en présence ainsi que les axes et la démarche à suivre pour proposer des actions de prévention. La 2e partie exposera les actions que le CCAS va mettre en place pour renforcer le partenariat sur le territoire communal.

II. Des propositions d'actions pour renforcer l'implication du CCAS dans la prévention de la radicalisation sur le territoire de la commune

A. Définir une démarche de projet participative et transversale
Contexte : au sein du CCAS, le chef de service (porteur du projet), demande à l'ASE **(coordinateur du projet ou référent : il est impératif de se positionner !)** de proposer des actions de prévention de la radicalisation. L'implication du CCAS et le partenariat sur la commune doivent être renforcés.
Objectif : c'est la définition du projet, on peut utiliser un verbe à l'infinitif pour le décrire. Ici, il s'agit de proposer des actions pour prévenir les risques de radicalisation. (Le projet est quelque chose de général. Ensuite, la déclinaison des actions illustrera de quelle manière on peut mettre en œuvre ce projet.)
Diagnostic : on peut s'aider des éléments du document 3. L'ASE référent du projet procédera à l'établissement d'un diagnostic, c'est-à-dire qu'il devra fournir une typologie d'éléments constitutifs de son territoire dans le but de faire ressortir les besoins propres **(recensement des besoins)**.

Par exemple, cela consistera à se rapprocher des associations cultuelles présentes sur le territoire, des établissements scolaires, des associations de parents d'élèves, afin de déterminer si des comportements à risques ont été observés. Les travailleurs sociaux du CCAS et du service social de la commune peuvent aussi être détenteurs d'informations dans ce domaine. Il en est de même pour les services de police municipaux et nationaux. La préfecture peut fournir des éléments statistiques sur le territoire.

L'ASE référent du projet peut se rapprocher d'autres collectivités qui auraient déjà mis en place des actions de prévention, afin de s'inspirer de leurs expériences.
Ensuite, il faut définir une **organisation de travail** :
- créer un **comité de pilotage** : instance décisionnelle, composée du maire (président du CCAS), de l'élu aux affaires sociales, du chef de service du CCAS, d'un représentant de la préfecture ;
- créer un **comité technique** (ou groupe projet) : instance qui fait des propositions et donc composée d'agents de terrain. Ici, on peut associer les travailleurs sociaux du CCAS, des représentants d'associations, de l'Éducation nationale, des animateurs sportifs, des éducateurs de l'ASE.

L'ASE référent du projet sera chargé de faire l'**interface** entre les deux instances.

La **faisabilité** humaine, technique et matérielle doit être évoquée. Il est donc nécessaire de se rapprocher du service financier pour dégager un budget. De plus, on peut avoir recours au FIPD (si dans le champ de la prévention secondaire). Il faudra prévoir un calendrier. La mise en place d'un tableau de bord pourra être utile avec des indicateurs pour retracer l'état d'avancement du projet.

B. Proposer un plan d'actions pour la prévention au sein du CCAS et sur le territoire communal

L'ASE proposera **trois actions**.

La **première action** se fera en direction des **agents**. Une journée d'information leur sera proposée, organisée conjointement par le CNFPT et les services de la préfecture. L'objectif est d'informer les agents sur les orientations nationales et la démarche à suivre pour prévenir la radicalisation. L'ensemble des partenaires en présence seront présentés. La présence et la participation des membres du comité de pilotage sont souhaitées ici afin que le projet prenne tout son sens.

La **deuxième action** sera orientée vers les usagers qui fréquentent régulièrement le CCAS, le service social de la commune. Il s'agit essentiellement de parents. Un espace d'information, de communication et d'échanges leur sera offert une fois par mois dans les locaux du CCAS. L'ASE référent animera ces sessions. La démarche à suivre pour prévenir la radicalisation sera présentée et explicitée.

Cette action se fera en lien avec une **troisième action** dans les **établissements scolaires** de la ville ainsi que les **associations** sportives et culturelles sur le territoire. Les services jeunesse et culture de la ville seront également sollicités. Ici, l'objectif est aussi de proposer des rencontres régulières (une fois par mois) pour échanger sur le comportement des jeunes. Ce maillage à l'échelle territoriale devrait permettre de mieux cerner les jeunes qui présentent des comportements à risque.

Pour **conclure** ce projet, il faudra prévoir une **phase d'évaluation** afin de mesurer si les actions mises en place répondent pertinemment aux interrogations des usagers.

Sujet n° 2

Spécialité « conseiller en économie sociale et familiale », session 2014

Difficulté ✗✗✗	Durée 3 heures

REMARQUE Le corrigé de ce sujet reprend toutes les étapes méthodologiques, il n'est pas entièrement rédigé.

Sujet

Vous êtes conseiller(ère) en économie sociale et familiale au CCAS de la commune de X.
Dans le cadre de la prévention et de la lutte contre la malnutrition, une réunion de coordination des différents services de la commune avec les représentants du département est organisée.
Dans un premier temps, votre chef de service vous demande de rédiger à son attention, exclusivement à l'aide des documents joints, un rapport faisant le point sur la situation de la malnutrition en France et sur l'intérêt de combattre ce phénomène. (10 points)
Dans un deuxième temps, il vous demande d'établir un ensemble de propositions opérationnelles visant à lutter contre la malnutrition à l'échelle communale. Pour traiter cette seconde partie, vous mobiliserez également vos connaissances. (10 points)

Liste des documents

Document n° 1 : « Alimentation et santé publique : un constat inquiétant » - Association de professionnels de santé pour une alimentation responsable (APSARes) - www.alimentation-responsable.com - site consulté le 3 mai 2014 - 3 pages.

Document n° 2 : Dr Patrice Halimi, Dr Catherine Begnis, L. Ferrer & S. Norest - « Notre enquête sur les enfants » - Association Santé Environnement France - mai 2013 - 2 pages.

Document n° 3 : « Obésité/constat d'inégalité » - Actualit@nvironnement - www.actualites-news-environnement.com - site consulté le 30 avril 2014 - 1 page.

Document n° 4 : « Enjeux, principes, méthodologie et objectifs » - Programme national nutrition santé 2011-2015 - Haut conseil de la santé publique - 2010 - 5 pages.

Document n° 5 : « Développer une politique volontariste en termes de nutrition et d'activité physique » - ville de Rennes - www.metropole.rennes.fr - 4 pages.

Document n° 6 : « Nutrition santé : des collectivités sont déjà actives » - Agence régionale de santé Midi-Pyrénées - www.ars.midipyrenees.sante.fr - 3 pages.

Document n° 7 : « Manger mieux, bouger plus » - Mouv'eat ! - www.mouveat.com - site consulté le 20 mai 2014 - 1 page.

Document n° 8 : « Alimentation et activité physique » - nutrition à l'école - Direction générale de l'Enseignement scolaire - ministère de l'Éducation nationale - février 2009 - 2 pages.

Document n° 1

Alimentation et santé publique : un constat inquiétant

Les habitudes alimentaires ont considérablement évolué depuis le milieu du XXème siècle. Comme cela est observé dans le rapport commun de l'OMS et de la FAO de 2002 intitulé « Alimentation, nutrition et prévention des maladies chroniques », une alimentation riche en graisses et en aliments à forte densité énergétique, centrée autour d'aliments d'origine animale, a remplacé l'alimentation traditionnelle principalement basée sur des aliments d'origine végétale. Cela a joué un rôle clé dans l'augmentation de la prévalence des maladies chroniques évitables d'origine nutritionnelle : obésité, diabète, maladies cardio-vasculaires, cancers et ostéoporose principalement.

Ces maladies ne sont plus limitées aux « pays riches », et constituent désormais un problème de santé publique croissant dans les pays en développement, où le modèle alimentaire « occidental » se propage et remplace souvent les alimentations traditionnelles.

EVOLUTION DES HABITUDES ALIMENTAIRES

Entre 1950 et aujourd'hui, soit en à peine deux générations, l'alimentation des Français (de même que celles des autres pays occidentaux) s'est complètement transformée. Ce phénomène peut s'expliquer par les profondes mutations économiques et sociales ayant conduit à un bouleversement des modes de vie au cours de cette même période. Cette modification des modes alimentaires s'est traduite par :

- une forte augmentation de la consommation de viande, produits laitiers (yaourts, fromages), produits à index glycémique élevé (boissons sucrées, desserts lactés sucrés et glaces notamment), produits gras (dont fromage et charcuterie) ;
- une forte diminution de la consommation de pain, céréales, pommes de terre, légumes secs.

Ces évolutions ont conduit à une alimentation trop riche en lipides, trop riche en sucres rapides et trop pauvre en fibres. L'effet néfaste de l'excès quantitatif de graisses est renforcé par le déséquilibre qualitatif des graisses consommées (excès d'acides gras saturés du fait de la consommation excessive de produits animaux, déséquilibre entre oméga6 et oméga3). Concernant les protéines, la tendance est également à l'excès et au déséquilibre qualitatif : près de 80% des protéines consommées sont désormais d'origine animale, quand elles étaient à 80% d'origine végétale il y a un siècle.

CONSÉQUENCES SUR LA SANTÉ : TENDANCES GÉNÉRALES

Alors que la sous-alimentation et les carences en vitamines et minéraux, répandues dans les pays pauvres, affectent la santé générale dès l'enfance, la sur-alimentation* a une incidence à long terme sur la santé, engendrant des maladies cardiaques, des cancers ou d'autres maladies chroniques qui apparaissent généralement à partir de la quarantaine et au-delà.

Des chercheurs de l'université de Harvard ont montré que la sur-alimentation était responsable d'au moins autant de cas de maladies de par le monde que la sous-alimentation, et que plus de la moitié du fardeau mondial des maladies résultait d'une mauvaise alimentation (par manque, par excès ou par déséquilibre).

Une alimentation pléthorique et trop riche en graisses favorise l'obésité, laquelle augmente considérablement le risque de maladies cardiaques, d'accidents vasculaires cérébraux, de diabète, et de divers cancers. Ces quatre pathologies sont responsables de plus de la moitié de l'ensemble des décès dans les pays riches.

En outre, avec l'augmentation de l'obésité juvénile, il est à prévoir que ces « maladies d'adultes » toucheront à l'avenir de plus en plus de jeunes.

Cancers

L'incidence des cancers a augmenté de 63% en France entre 1980 et 2000.[5] C'est aujourd'hui la première cause de mortalité en Europe.

D'après le Fonds mondial de recherche contre le cancer, un simple changement d'habitudes alimentaires permettrait de prévenir 30 à 40% des cas de cancers dans le monde, soit autant voire plus que l'arrêt du tabac.

Diabète

Le nombre de diabétiques dans le monde a quintuplé entre 1985 et 1998, passant de 30 millions à 143 millions. Le diabète est désormais la 3ème cause de mortalité en Europe. Sans compter qu'il est également indirectement responsable de nombreux autres décès. La Fédération Internationale du Diabète estime que le nombre de diabétiques doublera d'ici 2025 pour atteindre les 300 millions.

D'autre part, le diabète de type 2 touche de plus en plus de jeunes adultes et d'enfants (20% en 1998 contre seulement 4% au début des années 1990).

Maladies cardio-vasculaires

« On estime que d'ici 2020, les deux tiers de la charge mondiale de morbidité seront imputables à des maladies non transmissibles chroniques, pour la plupart nettement associées au régime alimentaire. Le passage à une alimentation comportant davantage de denrées alimentaires raffinées, d'aliments d'origine animale et de graisses joue un rôle majeur dans l'épidémie actuelle d'obésité, de diabète et de maladies cardio-vasculaires, entre autres affections non-transmissibles. » *Bulletin de l'OMS n°80, 2002*

Les maladies cardio-vasculaires restent la deuxième cause de décès en Europe, bien que les progrès de la médecine aient permis de diminuer la mortalité liée à ces maladies au cours des dernières décennies. Cependant, du fait de l'augmentation de la prévalence de quatre facteurs de risque de ces maladies (obésité, tabagisme féminin, sédentarité et pollution de l'air), on peut craindre un retournement de cette tendance et une évolution à la hausse de la mortalité par maladies cardio-vasculaires dans les années à venir.

VERS UNE DIMINUTION DE L'ESPERANCE DE VIE ?

Des chercheurs des universités de Harvard et de Washington ont conduit en 2008 une étude qui a mis en évidence une baisse de l'espérance de vie des femmes dans certains comtés défavorisés des Etats-Unis, ceux où l'on trouve le plus de décès entraînés par des maladies chroniques liées au tabac, à l'obésité, au surpoids et à l'hypertension artérielle. Le docteur Murray qui a mené cette étude a déclaré : « Dans la mesure où les modes de vie malsains mis en cause dans cette étude se répandent partout, on peut craindre que la baisse de la longévité ne se généralise. Je pense que c'est un signe avant-coureur. Cette situation ne restera pas un cas isolé limité à ces comtés. Les coûts de santé publique ne cessent d'augmenter, de même que la prévalence de l'obésité et de l'obésité infantile. »

Une autre étude menée par des chercheurs américains en 2005 avait déjà conclu que l'augmentation continuelle de l'espérance de vie observée depuis deux siècles aux Etats-Unis allait prochainement se renverser à cause de l'épidémie d'obésité. Etant donnée la diffusion du mode d'alimentation américain à l'ensemble de la planète, on peut craindre que ce phénomène ne se généralise.

En effet, la « Framingham heart study » a montré qu'un simple surpoids faisait perdre en moyenne 3 ans de vie, alors que l'obésité faisait perdre en moyenne entre 7 ans de vie pour un non-fumeur et 14 ans pour un fumeur.

Dans son livre paru en 2006 intitulé « Espérance de vie, la fin des illusions », le scientifique Claude Aubert prédit lui aussi une baisse de l'espérance de vie dans les décennies à venir du fait d'une convergence de facteurs dont les principaux seraient l'obésité et la pollution. Selon lui « si nos habitudes alimentaires n'ont pas empêché l'espérance de vie d'augmenter, c'est parce qu'elles sont trop récentes pour avoir déjà un impact notable [...] la première génération à n'avoir connu depuis l'enfance qu'une alimentation proche de celle d'aujourd'hui, trop riche en viande, en matières grasses et en glucides rapides, est née à la fin des années 1960. Elle a aujourd'hui moins de 50 ans et est donc trop jeune pour que les principaux effets de ces déséquilibres se traduisent déjà par une augmentation sensible de la mortalité. »

QUELLES SOLUTIONS ?

Une étude a montré que la viande, les produits laitiers, les œufs et les graisses animales représentaient 77% des apports en acides gras saturés et 100% des apports en cholestérol dans les pays développés. Afin d'évaluer le coût des soins médicaux directement imputables à la consommation de viande, le Physicians Committee for Responsible Medicine (comité de médecins pour une médecine responsable) a comparé la prévalence de l'hypertension, des maladies cardiaques, des cancers, du diabète, des calculs biliaires, et de l'obésité chez les végétariens et chez les non-végétariens aux Etats-Unis. Il ressort de cette étude qu'entre 29 et 61 milliards de dollars annuels sont directement attribuables à la consommation de viande.

Il est donc possible de prévenir ou de guérir les maladies liées à la sur-alimentation par un changement d'habitudes alimentaires et de mode de vie. Ainsi, 30 à 40% des cancers, 17 à 22% des maladies cardio-vasculaires et 24 à 66% des cas de diabète pourraient être évités par une forte réduction de la consommation d'acides gras saturés (présents principalement dans la viande, les œufs et les produits laitiers) et par une augmentation de l'activité physique.

Une recherche menée par l'école de santé publique de Harvard a montré que les alimentations traditionnelles ayant été associées à une meilleure espérance de vie et à un taux réduit de maladies d'origine nutritionnelle étaient des alimentations basées principalement sur des aliments végétaux (riches en céréales complètes, légumes, fruits et noix), et de très faibles quantités -voire une absence- de produits animaux.

L'exemple de la Corée du Sud corrobore ce constat. La population de ce pays a conservé son alimentation traditionnelle largement végétale, en dépit des évolutions socio-économiques de ces dernières années. Des études ont montré que les maladies chroniques et l'obésité étaient moins fréquentes en Corée du Sud que dans les autres pays industrialisés ayant un développement économique comparable.

CONCLUSION

La sur-alimentation est donc une forme de malnutrition dont les conséquences en termes de santé publique sont aussi lourdes qu'une autre forme de malnutrition, la sous-alimentation.

Si près de 900 millions de personnes dans le monde souffrent encore de la faim, le nombre de personnes en surpoids dépasse désormais 1 milliard de personnes et ne cesse de s'accroître, y compris dans les pays en développement.

Si rien n'est fait pour enrayer cette véritable épidémie et son cortège de maladies chroniques, un renversement à la baisse des tendances de longévité est à prévoir, sans parler de l'accroissement de la morbidité liée à ces maladies.

Les professionnels de santé peuvent et doivent agir au quotidien contre ce phénomène, en divulguant le plus largement possible des conseils hygiéno-diététiques adaptés : promotion d'une alimentation principalement végétale, augmentation de l'activité physique, arrêt du tabac, etc.

* *Entendons par sur-alimentation une alimentation hyper-énergétique et/ou déséquilibrée par surabondance d'un ou plusieurs types de nutriments nocifs en excès (graisses, sucres rapides, protéines animales). Une alimentation hyper-énergétique est une alimentation qui apporte plus de calories que le corps n'en a besoin, ce besoin étant variable en fonction de l'activité physique.*

www.alimentation-responsable.com
Association de Professionnels de Santé Pour une Alimentation Responsable (APSARes),

Document n° 2

NOTRE ENQUÊTE SUR LES ENFANTS

En France un enfant sur cinq serait touché par le surpoids. Problème alimentaire, manque d'activités : il est parfois difficile d'inverser la tendance pour les parents. Les médecins de l'ASEF ont mené une enquête auprès de plus de 910 écoliers pour faire le point sur leur alimentation et les sensibiliser aux liens entre leur assiette et leur santé. Résultats.

Une enquête dans les écoles

De nombreux médecins, pédiatres, généralistes, orthopédistes, observent à la consultation de plus en plus de cas d'obésité ou de malnutrition ayant un impact important sur la santé des enfants. L'objectif de l'enquête est de réunir des données chiffrées permettant d'avoir une idée plus précise des pratiques alimentaires des plus jeunes, et ce, afin de pouvoir adapter au mieux nos actions de sensibilisation et de prévention. *« Nous observons à la consultation de plus en plus d'enfants en surpoids. C'est un sujet de prévention capital, car ce que les enfants mangent est déterminant pour leur santé future »* affirme le Dr Patrice Halimi, Chirurgien-pédiatre et Secrétaire Général de l'ASEF.

L'enquête de l'ASEF a été réalisée auprès d'un panel de 910 élèves ayant entre 8 et 12 ans au cours du premier trimestre 2013. Les questionnaires étaient entièrement anonymes. Les enfants les ont remplis en classe.

L'ASEF remercie toutes les écoles de la région PACA qui ont accepté de participer à cette enquête.

Les enfants et l'alimentation

Voici les grandes lignes des résultats de l'enquête ASEF réalisée auprès de 910 élèves dans une vingtaine d'écoles de la région PACA au premier trimestre 2013.

Premier constat : Pas assez d'eau et trop d'assaisonnement !

La première partie de l'enquête portait sur les habitudes alimentaires des enfants : « Que manges-tu au petit déjeuner ? au goûter ? », « Rajoutes-tu de la sauce, du sel ou du sucre dans tes plats ? » ou encore « Que bois-tu à table ? ». Si les réponses des enfants sur leur façon de petit-déjeuner ou de goûter, relèvent une forte consommation de produits sucrés et manufacturés, les autres résultats ne sont pas rassurants non plus.

En effet, l'enquête montre qu'à table près d'un enfant sur quatre boit du sirop, du jus de fruit ou du soda ! Seulement 20% disent ne jamais rajouter de sel ou du sucre. Quant aux sauces mayo et ketchup, ils sont 10% à avouer en rajouter systématiquement !

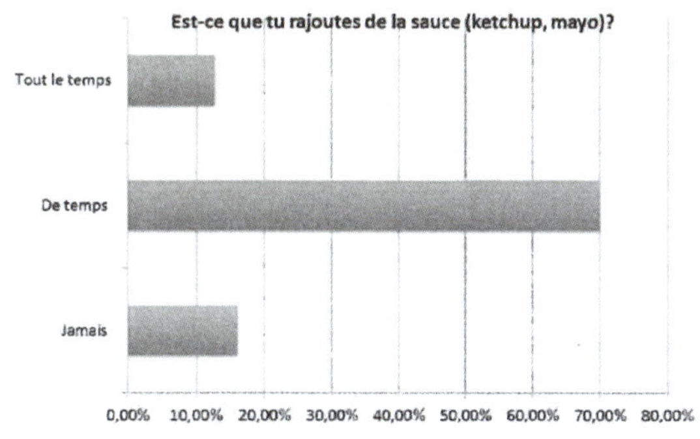

Un enfant sur dix rajoute de la sauce automatiquement.

Second constat : Les fruits et les légumes méconnus !

La seconde partie du questionnaire consistait à faire reconnaître aux enfants 9 fruits et légumes différents. Là encore, les résultats laissent pantois... S'ils reconnaissent brillamment les poires, les pastèques et les carottes, ils sont 87% à ne pas savoir ce qu'est une betterave ! Un écolier sur trois ne sait pas non plus identifier un poireau, une courgette, une figue ou un artichaut !

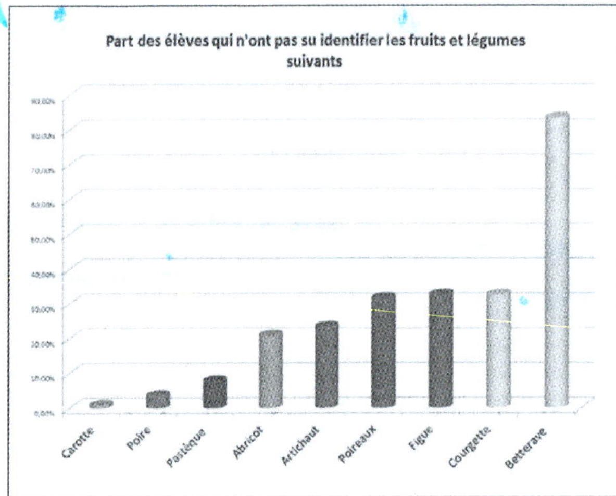

Presque neuf enfants sur dix ne savent pas ce qu'est une betterave. Un écolier sur trois ne sait pas identifier un poireau, une courgette, une figue ou un artichaut. Un enfant sur cinq ne reconnaît pas l'abricot...

Troisième constat : Les recettes oubliées !

Enfin dernière épreuve, trouver à base de quoi étaient faits une dizaine d'aliments transformés. Les résultats sont surprenants. Un quart d'entre eux ne savent pas que les frites sont faites à partir de pommes de terre. Quant aux chips, jambon et nuggets, ils sont environ 40% à ne pas savoir d'où ils viennent...Pour les steaks hachés, on passe à deux tiers de mauvaises réponses (et la réponse cheval était acceptée !). Quant aux pâtes, ils sont seulement un tiers à savoir de quoi elles sont composées !

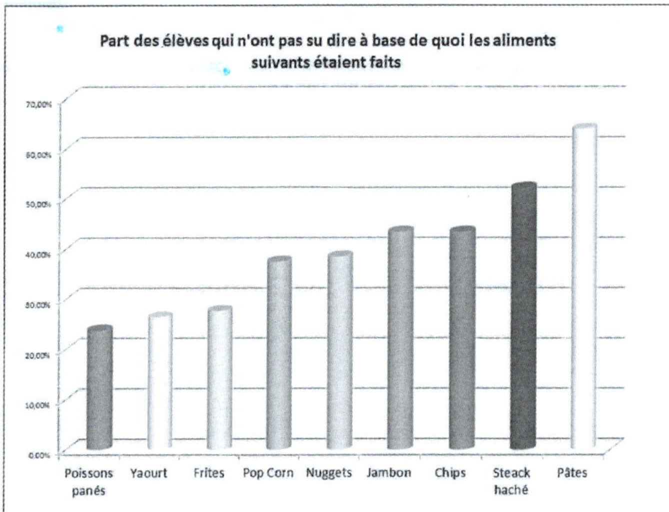

Une grande majorité des écoliers ne sait pas ce qu'il y a dans les pâtes et près de la moitié ne connait pas l'ingrédient principal du steak haché, des chips, du jambon, nuggets et pop corn. Un enfant sur quatre ne sait pas que les frites sont des pommes de terre, le yaourt du lait et le poisson pané du poisson...

http://www.asef-asso.fr/mon-alimentation/nos-etudes/1787-l-assiette-des-enfants-l-enquete-des-medecins-de-l-asef
Association Santé Environnement France
Dr Patrice Halimi, Dr Catherine Begnis, L. Ferrer & S. Norest - mai 2013

Document n° 3

OBESITE / CONSTAT D'INEGALITE

Selon une étude l'obésité est plus fréquente chez les personnes ayant de faibles revenus que chez les autres. La majorité des populations défavorisées ne mangent pas à leur faim, ce qui avait déjà été montré par une enquête d'opinion récente réalisée à l'initiative de l'association Emmaüs. La malnutrition est plus un phénomène que l'on rencontre dans les populations pauvres. L'obésité est deux à trois fois supérieure parmi les femmes défavorisées. L'obésité serait liée au faible coût des aliments les plus caloriques (gras et sucrés).

C'est en tous les cas les résultats d'une étude réalisée sur la santé des plus démunis en France. Manger et préserver sa santé est quelque chose de peu évident en France pour les millions de défavorisés. Cette étude baptisée Abena a été menée dans quatre zones urbaines (Paris, Marseille, Dijon et Seine-Saint-Denis) auprès de 1.164 habitants de 18 ans et plus, personnes qui utilisent l'aide alimentaire. La moitié des personnes signalent dépenser moins de 65 euros par personne et par mois pour l'alimentation. Selon cette étude la consommation de fruits et légumes n'atteint pas les niveaux recommandés par les autorités sanitaires. Cette étude confirme une « situation très critique », voire alarmante au sein de la population française qui subsiste grâce à l'aide alimentaire.

Les personnes les plus défavorisées présentent des risques « particulièrement élevés de maladies » tels que diabète, maladies cardiovasculaires, cancers, etc. « dont la nutrition représente l'un des déterminants majeurs », souligne un numéro spécial du Bulletin épidémiologique hebdomadaire (BEH) ce mardi. D'après le BEH près de la moitié des sondés déclarent « ne pas avoir assez à manger, parfois ou souvent ». Et pourtant l'aide alimentaire reste la « première source d'approvisionnement pour l'ensemble des produits, à l'exception du pain ». L'étude du BEH montre que les bénéficiaires de l'aide alimentaire consomment peu de viande, peu de poisson, et peu de fruits et de légumes et plus de 70 % des personnes interrogées disent souhaiter que les colis ou repas servis proposent des aliments plus variés.

www.actualites-news-environnement.com
Actualit@nvironnement - site consulté le 30 avril 2014

Document n° 4

PROGRAMME NATIONAL NUTRITION SANTE 2011-2015

[...]

Enjeux, principes, méthodologie et objectifs

Objectif général du PNNS : ***améliorer l'état de santé de l'ensemble de la population, en agissant sur l'un de ses déterminants majeurs, la nutrition.***

Les objectifs nutritionnels de santé publique fixés par le Haut conseil de la santé publique

Le HCSP a notamment pour mission de « contribuer à la définition des objectifs pluriannuels de santé publique, d'évaluer la réalisation des objectifs nationaux de santé publique et de contribuer au suivi annuel ». Il a défini, dans son rapport d'avril 2010 intitulé *Objectifs de santé publique : évaluation des objectifs de la loi du 9 août 2004. Propositions*[5], des objectifs destinés à piloter et évaluer la politique nutritionnelle, en termes d'amélioration de la qualité de la santé de la population et de réduction des niveaux d'exposition à divers risques. La question des inégalités sociales de santé, qui concerne l'ensemble des thématiques de la politique de santé publique, a fait l'objet d'une attention particulière.

Ces objectifs nutritionnels structurent les orientations stratégiques et servent de base pour définir les actions prévues pour le Programme national nutrition santé (PNNS) et le Plan obésité (PO).

Dans le domaine de la nutrition, ces objectifs quantifiés, ont été regroupés selon quatre axes. D'autres objectifs relatifs à des niveaux d'exposition ayant des conséquences sur l'état nutritionnel (consommation d'alcool) ou à des problèmes de santé ayant un déterminant nutritionnel (HTA, dyslipidémie...) ont été également définis.

1. Réduire l'obésité et le surpoids dans la population

- Stabiliser la prévalence de l'obésité et réduire le surpoids chez les adultes
- Diminuer la prévalence de l'obésité et du surpoids chez les enfants et les adolescents

2. Augmenter l'activité physique et diminuer la sédentarité à tous les âges

- Augmenter l'activité physique chez les adultes
- Augmenter l'activité physique et lutter contre la sédentarité chez les enfants et les adolescents

3. Améliorer les pratiques alimentaires et les apports nutritionnels, notamment chez les populations à risque

- Augmenter la consommation de fruits et légumes
- Réduire la consommation de sel
- Augmenter les apports en calcium dans les groupes à risque
- Lutter contre la carence en fer chez les femmes en situation de pauvreté
- Améliorer le statut en folates des femmes en âge de procréer
- Promouvoir l'allaitement maternel

---

[5] http://www.hcsp.fr/docspdf/avisrapports/hcspr20100317ObjectifsSP.pdf (pages 114 à 131).

4. Réduire la prévalence des pathologies nutritionnelles

- Dénutrition, Troubles du comportement alimentaire

Les objectifs nutritionnels de santé publique fixés par le Haut conseil de la santé publique, détaillés et quantifiés, sont repris dans les axes correspondants.

Pilotage du PNNS et du PO

PNNS et PO mobilisent pour l'atteinte des objectifs fixés les compétences et ressources d'autres secteurs, plans et programmes mis en œuvre sous le pilotage de plusieurs ministères, notamment le ministère chargé de l'alimentation (Programme national pour l'alimentation), mais aussi le ministère de l'éducation nationale (Programme éducation santé 2011-2015), le ministère chargé de la consommation, le ministère des sports, le ministère de la cohésion sociale ou encore le ministère de l'enseignement supérieur et de la recherche.

La coordination du PNNS et du PO est assurée par une mission d'appui interministériel au ministère chargé de la santé, pour une gouvernance globale nécessaire à la cohérence et l'efficience des actions menées pour atteindre les objectifs fixés.

Le lien est assuré avec les autres programmes de santé publique mis en œuvre par le ministère chargé de la santé comme le plan cancer, le plan pour l'amélioration des conditions de vie des personnes atteintes de maladies chroniques, le plan santé des jeunes ou le plan national santé environnement.

Le suivi de la mise en œuvre du PNNS et du PO est assuré par leurs présidents respectifs et associe au sein d'un comité, les ministères, agences, organismes contributeurs au PNNS ainsi que la société civile et des personnalités du monde scientifique. Un bilan régulier de la mise en œuvre et de l'orientation des actions prévues est élaboré ainsi que l'articulation des divers plans liés au PNNS. L'état d'avancement des actions relevant de la responsabilité de divers ministères, agences ou organismes est régulièrement présenté devant ce comité.

Au niveau national, le PNNS :

- assure la coordination, la cohérence et le suivi de la mise en œuvre des interventions ;
- fournit les supports scientifiques indispensables à la mise en place des actions ;
- propose des mécanismes incitatifs pour l'implication des multiples acteurs institutionnels, associatifs et privés dont les actions contribuent à l'atteinte des objectifs fixés ;
- informe et valorise l'action des acteurs.

Au niveau régional :

- les agences régionales de santé mettent en œuvre les actions de santé publique définies dans le cadre du PNNS, en lien avec l'ensemble des acteurs concernés. À ce titre, elles mettent notamment en œuvre les actions contribuant à la réduction des inégalités sociales de santé relevant du champ de la nutrition ;
- sous réserve des compétences de l'ARS, le préfet de région coordonne l'action des services territoriaux de l'État intervenant dans la mise en œuvre du PNNS. Il veille, notamment, à la cohérence des actions conduites au sein des comités régionaux pour l'alimentation (CRALIM) avec la déclinaison régionale du PNNS.

Le PNNS 2011-2015 : une élaboration fondée sur une large concertation

Le processus d'élaboration du PNNS 2011-2015 s'est appuyé sur l'expérience acquise par les nombreux professionnels et organismes partenaires du PNNS. Depuis 10 ans, ils ont contribué au développement de la réflexion sur la politique nutritionnelle et mis en œuvre des programmes et des actions en la matière, contribuant ainsi aux améliorations constatées dans la population au cours des dernières années.

Le comité d'élaboration du PNNS 2011-2015, placé sous la présidence du Pr Dominique Turck, était constitué de représentants des ministères impliqués dans la politique nutritionnelle, des agences sanitaires, des présidents du PNNS, le Pr Serge Hercberg et du PO, le Pr Arnaud Basdevant. Il s'est réuni à quatre reprises entre les mois de juillet et novembre 2010 pour analyser l'ensemble des propositions émergeant d'une très large consultation organisée entre les mois de juin et novembre 2010. Ceci a permis l'émergence des orientations, axes et actions majeures retenus pour le PNNS 2011-2015.

La consultation a été faite auprès :

- du comité de pilotage du PNNS2, au cours des séances de juillet, septembre et octobre 2010. Il a fait remonter des propositions émanant des différentes structures et experts participant au comité ;
- de la Société française de santé publique (SFSP) qui, à la demande de la DGS, a invité, via son site Internet, les professionnels et les acteurs de terrain à faire des propositions s'appuyant sur leur expérience. Un document synthétique de cette consultation a été produit ;
- la SFSP a coordonné la réflexion de 31 sociétés savantes réunissant les experts des multiples disciplines intervenant dans le champ de la nutrition[6]. Ce travail formalisé lors d'un séminaire de deux jours en septembre 2010 a conduit à un document de propositions argumentées sur le plan scientifique (http://www.sfsp.fr/publications/file/RapportfinalpropositionsPNNS5-11-010.pdf) ;
- des agences sanitaires et de l'agence nationale de la recherche, du réseau français des villes santé de l'OMS et des Écomaires ;
- de la caisse nationale d'assurance vieillesse, la caisse nationale d'allocations familiales et la caisse nationale de solidarité pour l'autonomie étant sollicitées ;
- de pilotes des plans de santé publique ayant une composante nutrition ;
- de la conférence nationale de santé, devant laquelle une présentation du projet a été faite en novembre 2010.

[6] 1. Association des chercheurs en activités physiques et sportives (ACAPS), 2. Association des éducateurs médico-sportifs (ADEMS), 3. ANCRED, coordination des réseaux diabète, 4. Association des épidémiologistes de terrain (EPITER), 5. Association des médecins inspecteurs de santé publique (AMISP), 6. Association française d'études et de recherches sur l'obésité (AFERO), 7. Association française de pédiatrie ambulatoire (AFPA), 8. Association française des diététiciens nutritionnistes (AFDN), 9. Association française des épidémiologistes de langue française (ADELF), 10. Association francophone en activités physiques adaptées (AFAPA), 11. Association francophone pour la recherche sur les activités physiques et sportives (AFRAPS), 12. Association nationale de prévention en alcoologie et addictologie (ANPAA), 13. Association pour la prévention et la prise en charge de l'obésité en pédiatrie (APOP), 14. Collège des enseignants de nutrition (CEN), 15. Collège national des cardiologues français (CNCF), 16. Collège universitaire des enseignants en santé publique (CUESP), 17. Coordination nationale des réseaux de prévention et prise en charge de l'obésité pédiatrique (CNRéPPOP), 18. Fédération française de cardiologie (FFC), 19. Fédération nationale des comités d'éducation pour la santé (FNES), 20. Ligue nationale de lutte contre le cancer, 21. Nouvelle société française d'athérosclérose (NSFA), 22. Société française de cardiologie (SFC), 23. Société française de gériatrie et de gérontologie (SFGG), 24. Société française de nutrition (SFN), 25. Société française de pédiatrie (SFP), 26. Société française de santé publique (SFSP), 27. Société française des professionnels en activités physiques adaptées (SFP-APA), 28 Société française de recherche et de médecine du sommeil (SFRMS), 29. Société française sport et santé (SF2S), 30. Société francophone du diabète (SFD), 31. Société francophone nutrition clinique et métabolisme (SFNEP).

Lors d'un colloque réunissant 400 professionnels tenu le 15 novembre 2010 à Paris, les orientations majeures issues de ce processus de concertation ont été présentées selon six axes (communication, information, éducation (stratégies et outils) ; amélioration de l'offre alimentaire et de l'environnement physique ; territorialisation, mutualisation, collectivités territoriales ; dépistage, prise en charge, établissements de santé et médico-sociaux (obésité et dénutrition) ; surveillance, évaluation, recherche ; formation des professionnels). D'autres propositions ont également été recueillies au cours de ce colloque ainsi que dans les jours qui ont suivi.

Les propositions émanant de ce processus ont alors fait l'objet d'arbitrages des pouvoirs publics, conduisant aux axes, mesures et actions retenus pour le PNNS 2011-2015 et présentés ci-après.

Les principes généraux du PNNS

1. Le mot « nutrition » doit être compris comme englobant les questions relatives à l'alimentation (nutriments, aliments, déterminants sociaux, culturels, économiques, sensoriels et cognitifs des comportements alimentaires) et à l'activité physique.
2. Le PNNS prend en compte les dimensions biologique, symbolique et sociale de l'acte alimentaire et de l'activité physique.
3. Les orientations développées, les messages promus dans le cadre du PNNS reposent sur une expertise scientifique organisée par les pouvoirs publics.
4. Les actions mises en œuvre par le PNNS ont comme finalité de promouvoir, dans l'alimentation et le mode de vie, les facteurs de protection de la santé et de réduire l'exposition aux facteurs de risque de maladies chroniques. Toutes ces interventions intègrent dans leur conception et leur développement la question des inégalités sociales de santé.
5. Le PNNS privilégie la cohérence, la complémentarité et la synergie des différentes mesures, actions et réglementations pour tendre vers les objectifs fixés. Les mesures d'incitations adaptées aux différents types d'acteurs sont privilégiées. Des mesures réglementaires peuvent être mises en place si nécessaire pour lutter efficacement contre les inégalités sociales de santé en matière nutritionnelle.
6. Les stratégies et actions, mises en place et coordonnées dans le cadre des plans d'intervention développés par les pouvoirs publics qui ont un impact sur l'état nutritionnel de la population doivent être cohérentes, sans contradiction, ni explicite ni par omission.
7. Les repères nutritionnels du PNNS visent à promouvoir une alimentation et une activité physique favorables à un état nutritionnel et un état de santé optimaux. Aucun des messages du PNNS ne proscrit la consommation d'un quelconque aliment ou boisson mis sur le marché. Les repères nutritionnels conduisent, dans un objectif de santé, à promouvoir certaines catégories d'aliments et boissons, ainsi qu'à recommander la limitation d'autres catégories.
8. Les conditions de vie mais également l'environnement alimentaire et physique conditionnent fortement les comportements. Le PNNS doit contribuer à créer un environnement nutritionnel global, facilitant un choix positif pour la santé des consommateurs.

9. Le PNNS promeut et organise le dialogue avec les partenaires du programme au niveau national, régional et local.

10. L'apposition du logo du PNNS sur des documents, outils, supports de communication ou descriptifs d'action, dans le cadre prévu par la réglementation, est le garant de leur validité au regard des objectifs du PNNS.

11. Toute stigmatisation des personnes fondée sur un comportement alimentaire ou un état nutritionnel particulier est bannie par le PNNS.

12. Le PNNS intègre l'évaluation régulière de ses objectifs chiffrés, et autant que possible, des actions ou mesures qu'il met en œuvre (indicateurs d'efficacité ou évaluation des processus).

Leviers stratégiques

Les actions du PNNS permettant l'atteinte des objectifs fixés par le HCSP sont définies dans deux champs thématiques (l'alimentation et l'activité physique) selon cinq leviers stratégiques :

- l'information, la communication et l'éducation pour orienter les comportements alimentaires et l'activité physique pour tous ;
- l'amélioration de l'environnement alimentaire et de l'environnement physique pour faciliter la mise en œuvre de comportements favorables pour la santé pour tous ;
- l'organisation du système de dépistage et de prise en charge des troubles nutritionnels ;
- la formation des professionnels dont l'activité influence l'alimentation et l'activité physique de la population ;
- la surveillance et l'évaluation pour assurer le pilotage opérationnel du programme.

[...]

Document n° 5

Développer une politique volontariste en termes de nutrition et d'activité physique

La nutrition et l'activité physique sont des déterminants majeurs de l'état de santé de la population. Une alimentation équilibrée en lien avec une activité physique quotidienne sont en effet des facteurs de prévention des maladies cardiovasculaires, de certains cancers (côlon, estomac), de l'ostéoporose, du diabète et de l'obésité. A ce titre, la prévention primaire joue un rôle essentiel en terme de réduction des coûts sociaux.

Selon l'INPES, l'obésité et le surpoids concernent respectivement 3,5 % et 4,5 % des enfants, des chiffres qui ont doublé en dix ans. Même si ces indicateurs semblent se stabiliser, les dernières études montrent que les inégalités sociales se sont creusées. L'alimentation revêt une dimension bien plus large que l'acquisition des nutriments nécessaires à sa survie, c'est une question sociétale qui intègre les dimensions culturelles, économiques et sociales. « Si je suis ce que je mange et que je ne sais pas ce que je mange, alors je ne sais pas ce que je suis », illustre le sociologue Claude Fischler.

Pour répondre à ce défi, la France s'est dotée du Programme National Nutrition Santé (PNNS) dès janvier 2001. La Ville de Rennes est, pour sa part, signataire depuis mai 2010 de la charte "Ville Active PNNS" et impulse de nombreuses actions afin d'inciter ses habitants à bien se nourrir et pratiquer une activité physique. En s'appuyant sur le groupe de travail Nutrition, Activité Physique du Comité consultatif santé environnement, la Ville de Rennes souhaite sans dogmatisme et dans toute sa complexité promouvoir des actions en faveur d'une alimentation bonne (dans toutes ses acceptions) et de la pratique au quotidien d'activité physique. En terme de public, le plan rennais cible prioritairement les enfants, partant du constat que les habitudes alimentaires s'acquièrent dès le plus jeune âge, pour être ensuite remarquablement stables.

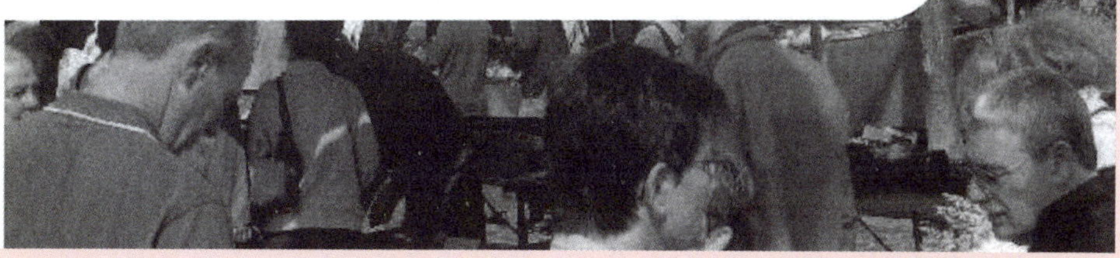

PROMOUVOIR DES PRATIQUES FAVORABLES À LA SANTÉ EN MATIÈRE D'ALIMENTATION

■ **Proposer une alimentation saine et de bonne qualité dans les établissements et services gérés par la Ville de Rennes** (crèches, écoles, accueils de loisirs, maisons de retraite et cantines municipales) :

- Maintenir le haut niveau d'équilibre nutritionnel des repas (collations, déjeuners, goûters) proposés dans les structures d'accueil de la petite enfance : application volontaire des normes du GEMRCN (Groupe d'étude des marchés de restauration collective et de nutrition), ainsi que des recommandations de la société française de pédiatrie,
- Améliorer la qualité nutritionnelle, la diversité alimentaire et la qualité gustative dans les écoles, les accueils de loisirs, les équipements et clubs sportifs : révision de l'offre en restaurant scolaire, constitution d'un recueil autour de goûters festifs et équilibrés à destination des enfants en centre de loisirs, distribution de fruits dans le cadre de l'opération "un fruit à la récré"...,
- Faire évoluer l'approvisionnement de l'offre alimentaire et l'organisation de la restauration (critères de qualité, promotion des circuits courts, intégration de produits biologiques...),
- Offrir un accès à coût modéré de la restauration collective assurée par la Ville.

■ **Former, accompagner et mettre à disposition des outils pour les professionnels autour des questions nutritionnelles :**

- Former et accompagner le personnel de la Ville qui accueille les enfants sur les temps des repas, dans le cadre des accueils de loisirs : création d'exposition sur l'accompagnement à l'éveil alimentaire des enfants, formation sur l'accompagnement sur le temps de la restauration scolaire, sensibilisation à l'équilibre nutritionnel,
- Favoriser l'implication des professionnels dans les animations autour de l'alimentation équilibrée et plaisir auprès des plus jeunes : réalisation d'une boîte à outils avec des fiches actions pour les animateurs en centre de loisirs, mise en place d'outils ressource à destination des enseignants de maternelle et primaire afin qu'ils développent des projets de classe autour de l'alimentation (portail numérique "Bien manger, Bien bouger, Bien penser son alimentation à l'école" www.educarennes.fr),
- Former et sensibiliser les professionnels et bénévoles qui interviennent auprès des publics disposant de faibles ressources : soutien à des formations sur précarité/alimentation, valorisation des expériences autour de l'alimentation développées par les associations accompagnant des publics fragiles.

■ **Sensibiliser la population rennaise et proposer des actions pédagogiques autour de l'équilibre nutritionnel et de l'alimentation plaisir :**

- Informer et sensibiliser les parents des enfants accueillis dans les services de la Ville de Rennes autour des enjeux de l'alimentation : exposition "il était une fois l'alimentation" en crèches, organisation de portes ouvertes sur les temps du repas pour favoriser le dialogue entre parents et professionnels, ateliers cuisine avec les parents et enfants,
- Sensibiliser les enfants au plaisir de goûter et de l'alimentation équilibrée : Exposition "Le Goûter c'est la fête", mise à disposition des équipements rennais dont les centres sociaux, la Direction des Sports, lors de manifestations rennaises pour les enfants et les parents ; dégustation, ateliers création avec des fruits et légumes, pique-nique ludiques, semaine Fraîch'Attitude, ateliers santé lors d'évènements Ville de Rennes (Raid Nature, Rallye des herbes folles, Maurepas au Blizz,...),
- Sensibiliser le public précaire aux possibilités d'accès à une alimentation équilibrée : soutien et valorisation d'ateliers nutrition et cuisine dans les quartiers et accompagnement d'associations caritatives.

zoom

L'ANIMATION SPORTIVE DE PROXIMITÉ

L'Animation Sportive de Proximité (ASPro), est un dispositif d'accès libre et gratuit aux activités physiques et sportives pour les adolescents (10-15 ans), concrétisation majeure de la politique municipale d'éducation par le sport. Elle repose sur l'ouverture d'un créneau horaire sur un équipement sportif en soirée dans les quartiers ZUS de la ville, 4 jours par semaine encadrés par 2 éducateurs des APS.

En outre, 1 à 2 fois par mois, la Ville organise des manifestations en bas des tours, dans les gymnases ou les piscines, dont "D'filleSportives" centrées sur le public féminin.

PROMOUVOIR ET FACILITER L'ACTIVITÉ PHYSIQUE

Favoriser et accompagner les pratiques sportives dans la ville :

• Soutenir et organiser des évènements sportifs dans la ville pour tous (150 par an) : tout Rennes court, tout Rennes nage, Rennes sur Roulette, Sand'ballez,

• Mettre à disposition des lieux de pratique sportive : 674 équipements sportifs sont recensés sur le territoire rennais, 75% appartiennent à la Ville, dont 64 salles couvertes, 65 terrains de grands jeux, 13 pistes d'athlétisme, 9 murs d'escalade…, il existe 327 espaces sportifs de proximité (tables de ping-pong, panneaux basket, buts de football…) soit 1 001 lieux aménagés pour la pratique sportive,

• Soutenir les associations sportives et la pratique du sport en clubs : la Ville soutient 300 associations sportives, concernant 45 000 licenciés. Avec une intention : rendre accessibles l'offre de loisirs et l'activité physique au quotidien par la mise en place de tarifs adaptés via la carte *Sortir!* pour accéder à l'offre sportive sur le territoire rennais quels que soient les revenus,

• Contribuer à l'animation et à l'éducation sportive pour les enfants scolarisés dans le premier degré :

> sur le temps scolaire par l'intervention d'éducateurs sportifs municipaux en lien avec l'Éducation Nationale (avec agrément) auprès des enseignants du premier degré dans le cadre du projet d'école (une heure par semaine et par classe du CP au CM2) et apprentissage de la natation pour tous les enfants scolarisés dans le premier degré,

> sur le temps périscolaire au travers d'ateliers proposés le midi ou le soir après la classe et encadrés par des éducateurs sportifs,

> sur le temps extrascolaire au travers des Centres d'Initiation Sportive (CIS) qui proposent une initiation à différentes disciplines (environ 50), sans compétition, sous forme de créneaux hebdomadaires essentiellement les mercredis ou durant des stages lors des petites vacances.

• Accueillir des publics éloignés de l'activité physique pour des raisons sociales : autour d'activités de remise en forme chaque semaine au cœur d'un quartier ou d'animations spécifiques,

• Favoriser la reprise d'une activité physique pour des personnes souffrant de maladie chronique ou en rémission, par la mise en place de référents santé, en partenariat avec l'Office des Sports et les principales associations sportives rennaises.

zoom

SEMAINE DE LA FRAÎCH'ATTITUDE

Cette semaine entièrement dédiée à la promotion des fruits et légumes frais est organisée par Interfel en partenariat avec la Ville de Rennes. L'objectif : développer des actions de proximité au sein des quartiers rennais et mobiliser les habitants, dont nombre d'enfants et d'adolescents, autour de l'éducation nutritionnelle et l'éducation culinaire. La richesse en micronutriments des fruits et légumes frais en fait des aliments de choix pour la prévention de certaines pathologies. Encore faut-il les connaître, savoir les choisir, les cuisiner, puis les apprécier. Chaque année, une vingtaine de manifestations rassemblent entre 2 000 et 3 000 participants. Les restaurants scolaires (8000 repas/jour) et les centres de loisirs se mettent également à l'heure de la Fraîch'Attitude.

Valoriser les pratiques favorables à la santé au quotidien pour tous, en particulier le lien alimentation-sport :

- Sensibiliser aux bienfaits de l'activité physique quotidienne et ses enjeux : création d'une mallette pédagogique avec les Petits débrouillards à destination des élèves de primaire et des centres de loisirs sur la pratique du vélo, réflexion sur la création d'une plaquette de sensibilisation sur les déplacements actifs dans la ville,
- Sensibiliser aux bienfaits d'une alimentation équilibrée en lien avec une pratique sportive : Village santé lors d'événements sportifs (Sandballez, Maurepas au Blizz,...).

Aménager la ville afin de favoriser la mobilité active et l'activité physique :

- Accompagner le développement de modes actifs de transports : développement des pistes cyclables et vélos en libre service, mise en place de Pédibus sur les trajets domicile-école, constitution du Code de la rue afin de promouvoir les modes de déplacement actifs et protéger les plus vulnérables; réflexion autour d'une signalétique piétonne,
- Valoriser les espaces de pratiques informelles dans la ville : guide de la course à pied, installation d'appareils de gymnastique en plein air, skate-park.

zoom

SOUTIEN AUX INITIATIVES LOCALES CONCOURANT À UNE ÉDUCATION NUTRITIONNELLE : PROJET "DANS TA CUISINE"

Issu d'ateliers portés par les associations Tout Atout et Établissements Bollec, auprès d'adolescents et jeunes adultes rencontrant des difficultés dans leurs parcours de vie, ce projet soutenu par la Ville de Rennes a eu pour fonction de les impliquer dans leur alimentation par la création de supports innovants. Le projet a permis aux jeunes de développer un certain nombre de compétences en appréhendant l'univers des arts graphiques pour retranscrire des sensations, des saveurs, des goûts, liés à la pratique de la cuisine. Trois revues culinaires et graphiques ont été créées dans ce cadre.

zoom

LE PORTAIL NUMÉRIQUE "BIEN MANGER, BIEN BOUGER ET BIEN PENSER SON ALIMENTATION À L'ÉCOLE" www.educarennes.fr

Une ressource à disposition des enseignants, des professionnels accompagnant les enfants et les parents pour aborder ludiquement et pédagogiquement les questions de santé.

Ce portail est issu du travail d'un groupe réunissant des conseillers pédagogiques, des coordinateurs des circonscriptions rennaises de l'Education Nationale et différents services de la Ville. Il s'est appuyé sur le dispositif mis en place par la Ville "Aide aux actions des écoles" dans le cadre de l'opération "Rennes, Ville Educatrice".

Il s'adresse aux enseignants, animateurs des Centres de Loisirs et parents afin de favoriser le développement de projets et d'échanges autour de la nutrition et de l'alimentation avec les enfants en mettant à disposition des fiches ressources, des outils et vidéos téléchargeables. Le portail permet de suivre, évaluer et capitaliser les projets développés.

Document n° 6

Nutrition santé : des collectivités s

« Mieux manger, mieux bouger » : l'ARS accompagne vos projets

Xavier CHASTEL,
Directeur général de l'ARS Midi-Pyrénées

L'alimentation et la pratique d'activité physique influent de façon importante sur la santé.

Par leur action au cœur de la vie quotidienne des citoyens, les collectivités sont des vecteurs essentiels pour diffuser et mettre en œuvre des recommandations de santé.

En s'appuyant sur des outils reconnus scientifiquement, les équipes municipales peuvent contribuer à clarifier la « cacophonie alimentaire » que dénoncent leurs administrés et à créer un environnement favorable à une bonne nutrition.

C'est dans ce but que le réseau Midi-pyrénéen des villes actives PNNS a été créé le 16 décembre 2010. Il constitue un véritable levier d'impulsion et de dynamisation de projets au travers des recommandations du Plan National Nutrition Santé.

L'ARS souhaite accompagner les collectivités s'inscrivant dans cette démarche préventive. Elle contribue à valoriser le patrimoine culinaire déjà reconnu de notre région.

Communauté de Communes « Cœur de Gascogne »

Michel Baylac

Un "label qualité" pour nos actions santé vers les jeunes

> **Michel Baylac, Président de la Communauté de communes**

« La Communauté de Communes Cœur de Gascogne regroupe sur un territoire rural 19 communes soit 7500 habitants. L'intérêt de l'intercommunalité est de mutualiser les moyens pour offrir aux communes des actions qu'elles ne pourraient pas faire seules.
L'adhésion à la charte PNNS a permis de développer des actions de prévention lors des opérations que nous menons pour les jeunes : chantiers d'été, journée des associations. Adhérer à la charte PNNS, a été l'occasion de donner à la communauté de communes de la visibilité sur son engagement pour la santé de la population, comme un label de qualité en quelque sorte. »

Département du Gers

Un engagement en faveur du développement durable

> **Patrick Bourgouin, Responsable du pôle Restauration au Conseil Général du Gers**

« Le Département du Gers est engagé dans une démarche d'Agenda 21, il souhaite diminuer significativement l'impact de ses activités sur l'environnement. Nous avons décidé de nous appuyer sur le service public de la restauration scolaire dans les collèges qui peut être un des leviers majeurs de cette politique environnementale, tout en proposant une prestation de qualité à ses usagers. C'est en cohérence avec les recommandations nutritionnelles du GEMRCN (Groupe d'Etude des Marchés Restauration Collective et Nutrition) qui a pour objectif d'améliorer la qualité nutritionnelle des repas servis en collectivité que nous avons développé nos actions
Etre membre du réseau « départements actifs PNNS » a renforcé notre partenariat avec les acteurs de ce domaine et nous a facilité l'accès à des informations validées pour la mise en place de nos actions. »

sont déjà actives

Caussade

Une adhésion qui permet l'affichage national de nos actions

> **François BONHOMME, Maire de Caussade**

« L'adhésion au PNNS démontre la volonté politique de la ville de s'investir sur le champ de la nutrition. Cela améliore et valorise la visibilité des actions par un affichage au niveau national. Le logo du PNNS est apposé sur chacune de nos actions. Le PNNS fixe un cadre utile à notre intervention. Changer certaines habitudes sur le long terme ne nécessite pas forcément beaucoup de moyens mais une prise de conscience forte de l'enjeu de santé publique. »

> **Sarah Guinet, Référente PNNS**

« Durant la semaine nationale Mouv'eat «bouger plus, manger mieux», la ville de Caussade offre un fruit de saison afin d'inciter les enfants dans les écoles et les jeunes caussadais dans les associations sportives à consommer davantage de fruits. Des repas « bio » sont introduits deux fois par mois dans les cantines scolaires pour démontrer que le goût et les saveurs riment avec équilibre nutritionnel et plaisir à la cantine. »

Millau

Le fruit d'une forte volonté politique de la municipalité

Josette Hart

> **Josette Hart, première adjointe au maire**

« Un des engagements de la municipalité est d'œuvrer pour la santé de la population en mettant à sa disposition des aliments issus de la production locale et de qualité. Pour affirmer notre volonté politique forte d'investir ce champ, nous avons recruté une chargée de mission santé qui « tricote » et coordonne toutes les actions qui sont menées. L'adhésion au PNNS a facilité la mise en place des actions car nous avons bénéficié d'aides financières mais aussi d'échanges d'idées avec les autres communes adhérentes. Adhérer est très simple, le plus important c'est la volonté politique, indispensable pour porter les actions. »

> **Magali Brougnounesque, chargée de mission santé**

« Millau et 6 autres communes du Sud-Aveyron ont formé l'association « Soli'terre » pour faire des achats groupés auprès des producteurs locaux et proposer des produits bio, de qualité et de saison pour les repas servis dans les écoles. Le projet global « l'assiette en baskets » développé par la commune se décline par une sensibilisation au PNNS des personnels de la cantine centrale qui préparent 1500 repas par jour et par des actions dans les écoles primaires de la ville : jardins bio, ateliers cuisine. »

Auterive

Une aide pour structurer des actions de qualité et validées scientifiquement

> **Danielle Tensa, adjointe au maire**

« La municipalité a fait beaucoup d'efforts pour développer les activités sportives : emploi d'un éducateur sportif, organisation de manifestations sportives diverses dont le « parcours du cœur »... Cette adhésion était l'opportunité de structurer des actions dans le champ de la nutrition et de compléter le « bien bouger » par le « bien manger ». Adhérer à la charte PNNS nous permet de bénéficier d'outils pédagogiques et de conseils en méthodologie qui sont une garantie de la qualité de nos interventions. »

> **Jennifer Brunel, diététicienne**

« Notre premier projet est de mener un travail en profondeur sur la nutrition dans une école primaire d'Auterive. Nous souhaitons situer notre intervention à 2 niveaux : sensibiliser les enfants au « bien manger », développer leur goût et aider les personnels de restauration à avoir une approche pédagogique auprès des enfants : les inciter à goûter aux plats et à prendre le temps de manger. Cette expérimentation a vocation ensuite à être étendue à toutes les écoles de la commune. Auterive était déjà très dynamique en matière de prévention santé, cette adhésion est l'opportunité de valoriser les actions menées et de leur donner de la légitimité. »

10 bonnes raisons d'adhérer au réseau des collectivités actives PNNS

1 Améliorer la qualité de vie de vos administrés

On le sait, la nutrition est un déterminant majeur de santé. En mettant en place des actions sur la promotion d'une alimentation équilibrée et variée conformes aux repères du PNNS et la pratique d'activités physiques sur le territoire, la collectivité s'implique encore plus sur la santé de ses concitoyens.

2 Valoriser des actions que vous menez déjà

Votre collectivité œuvre sans doute déjà sur ce champ : réunion d'information sur l'alimentation, organisation de randonnée pédestre, distribution de fruits à l'école, ateliers cuisine.. L'adhésion à la charte PNNS permet de concrétiser et de poursuivre la dynamique déjà engagée.

3 Etre accompagné dans votre démarche

Vous pourrez vous appuyer sur l'aide de l'Instance Régionale d'Education et de Promotion de la santé (IREPS). L'ARS finance cet organisme pour vous accompagner dans la mise en place de projets portant sur l'alimentation et l'activité physique.

4 Disposer d'outils fiables et gratuits

Des outils validés par les instances sont mis à disposition gratuitement sur les sites :
> www.mangerbouger.fr
> www.inpes.fr
> www.reseauvillesactives.fr
Vous pourrez les télécharger ou les commander gratuitement auprès de l'INPES ou des antennes départementales de l'IREPS

5 Bénéficier d'aides financières

Dans le cadre de financement de programmes portant sur la prévention, l'ARS privilégiera le soutien de programmes portant sur le PNNS émanant des collectivités qui sont signataires de la charte PNNS.

6 Adhérer, c'est facile

Une seule démarche : le maire ou le Président de la communauté de communes doit simplement adresser au Directeur général de la santé une lettre de demande d'adhésion où sera identifiée la personne référente pour cette action.

7 Partager vos expériences au sein du réseau Midi-Pyrénéen

Des rencontres des collectivités adhérentes à la charte PNNS sont organisées 3 à 4 fois par an. Elles permettent de vous informer sur les actualités nationales et régionales relatives au PNNS mais aussi de rencontrer des partenaires œuvrant sur ce champ. Vous pourrez également échanger vos expériences avec l'ensemble des villes et communautés de communes actives du PNNS via le site :
> www.reseauvillesactives.fr

8 S'engager, c'est peu contraignant

La collectivité s'engage à mettre en place au moins une fois par an une action conforme aux recommandations du PNNS.

9 Bénéficier d'un label reconnu par les partenaires

En utilisant des outils labélisés PNNS, votre collectivité est garante des messages sanitaires diffusés et contribue à clarifier la «cacophonie alimentaire».

10 Et... le faire savoir à vos administrés

Exposer le logo « ville active PNNS » ou « communauté de communes actives PNNS » sur les affiches municipales permet d'informer vos administrés que vous mettez en place des actions concourant à créer un environnement favorable à une nutrition équilibrée.

Contacts utiles

> **Agence Régionale de Santé**
Sylvie Vialelle, référente régionale PNNS
tél. 05 34 30 24 46
mail : sylvie.vialelle@ars.sante.fr

> **Instance Régionale d'Education et de Promotion de la santé de Midi-Pyrénées**
Pacale Fémy
tél. : 05 62 05 47 59
mail : p.femy32@irepsmp.fr

Agence Régionale de Santé Midi-Pyrénées
10, chemin du Raisin • 31050 Toulouse Cedex 9

0 820 205 548 N° Indigo **0,09€/mn TTC depuis un poste fixe** www.ars.midipyrenees.sante.fr

Document n° 7

MOUV'EAT !
Manger mieux, bouger plus

Philosophie de l'opération
Valoriser l'action des communes et promouvoir une meilleure nutrition
L'opération Mouv'Eat a pour objectif premier de **valoriser le travail des collectivités locales qui, toute l'année, mettent en place des actions de nutrition-santé sur leur territoire.** Ces actions découlent d'une démarche strictement volontaire de la part de ces collectivités, qui n'ont aucune obligation légale d'agir. Cependant, elles se sentent concernées par un problème, le danger d'une mauvaise nutrition, dont les conséquences sont de plus en plus visibles, et ont décidé d'agir. Certaines d'entre elles se sont regroupées dans le cadre du PNNS, pour former un réseau de villes actives dans le domaine de la nutrition.

Ces collectivités mènent tout au long de l'année des actions de nutrition, qui peuvent être très variées. Elles vont de la construction de pistes cyclables, afin de favoriser la mobilité douce, à la distribution de fruits dans les écoles, en passant par des cours de cuisine à destination des personnes en manque de repères alimentaires ou encore de création de jardins communaux. Toutes ces actions, aussi diverses soient-elles, ont en commun de promouvoir une meilleure nutrition, en agissant sur ses deux composantes majeures, alimentation et activité physique.

La philosophie de l'opération Mouv'eat est donc de valoriser ces actions au niveau national, et de mettre en avant les collectivités locales en montrant qu'elles ne restent pas inactives, par une campagne de communication.

Démultiplier les effets
L'idée de départ de Mouv'eat est que, en matière de nutrition comme dans beaucoup d'autres domaines, l'union fait la force. **Mouv'eat, c'est donc peut-être avant tout la force d'un réseau,** qui permet de démultiplier l'impact des actions de nutrition mises en place au niveau local. Des collectivités locales engagées pour la nutrition qui se regroupent ont un impact médiatique plus important. Ainsi, les actions de nutrition organisées localement seront à la une pendant une semaine grâce à Mouv'eat, qui bénéficie d'une force de frappe nationale. Toutes les collectivités en profitent, aussi bien celles qui sont engagées depuis de longues années dans la nutrition que celles qui viennent de sauter le pas. Par l'intermédiaire de Mouv'eat, elles pourront accroître l'audience de leurs actions, au niveau local et national.

Permettre l'échange
Un réseau, s'il permet d'augmenter sa force, est aussi une arène formidable d'échange et de discussion. La Semaine Mouv'eat est l'occasion pour de nombreuses collectivités locales de se rencontrer, de s'informer sur le cadre législatif, de discuter sur les questions de nutrition, de partager leurs expériences en la matière, d'échanger des bonnes pratiques, mais aussi de chercher des conseils ou de l'aide, pour faire face à des situations nouvelles. Plus le nombre de collectivités est important, plus il est facile de trouver des réponses à ses questions. Mouv'eat offre aussi l'occasion aux collectivités intéressées par la nutrition, mais qui n'ont pas encore sauté le pas de l'engagement, de se renseigner et de prendre conseil. Elles trouveront avec Mouv'eat des collectivités prêtes à les aider dans leurs démarches et promptes à les encourager pour aller plus loin.

www.mouveat.com
Site consulté en mai 2014

Document n° 8

Annexe 8 : Programme « Nutrition, Prévention et Santé des Enfants et Adolescents » en Aquitaine

Le **programme « Nutrition, Prévention et Santé des Enfants et Adolescents » en Aquitaine**, est une déclinaison originale du PNNS sur la cible des enfants et des adolescents.
En se basant sur les objectifs, les axes stratégiques et les outils du PNNS, ce programme, met en place depuis novembre 2004, des actions coordonnées sur le thème « nutrition, prévention et santé » chez l'enfant et l'adolescent afin d'améliorer leur comportement en termes d'alimentation et d'activité physique, et de stabiliser la prévalence de l'obésité de l'enfant en région Aquitaine.

Ce programme se décline en 3 axes :

- le dépistage précoce, la prévention et la prise en charge de l'obésité de l'enfant : mobilisation et dynamisation des acteurs en région Aquitaine,
- l'amélioration de l'offre alimentaire en milieu scolaire et périscolaire,
- la mise en place des actions pédagogiques sur l'alimentation et l'activité physique en direction des enfants, de leur famille et de leur entourage éducatif et médical.

Le programme cible les enfants scolarisés en Aquitaine en primaire (maternelle et élémentaire), collège et lycée des 5 départements de la région, ainsi que leur entourage parental, médical et éducatif.

Une forte mobilisation des partenaires

L'union régionale des Caisses d'assurance maladie d'Aquitaine (URCAM) est le maître d'ouvrage de ce projet mené en partenariat avec la direction régionale des Affaires sanitaires et sociales, le rectorat de l'académie de Bordeaux et les inspections académiques, la direction régionale de la Jeunesse et des Sports Aquitaine (DRDJS), l'Institut de santé publique, d'épidémiologie et de développement (ISPED) université Victor Segalen Bordeaux 2 et l'INSERM U 593, les comités d'Éducation pour la santé d'Aquitaine (CODES et CRAES), la ville de Bordeaux, les conseils généraux d'Aquitaine, le CHU de Bordeaux et les centres hospitaliers généraux, la Mutualité française, la Mutualité fonction publique, le réseau de Prévention et Prise en charge de l'obésité (Répop) Aquitaine, l'union régionale des Médecins libéraux d'Aquitaine, le Groupement des pédiatres de Gironde, l'observatoire régional de la Santé d'Aquitaine (ORSA), l'Association des enseignants d'éducation physique et sportive (AEEPS), l'Association pour le développement des activités physiques adaptées (ADAPA).

Évaluation

Quatre enquêtes menées en 2004-2005 par l'ISPED (université de Bordeaux2) en lien avec le rectorat de l'académie de Bordeaux et les inspections académiques ont permis de faire un état des lieux des habitudes en termes d'alimentation et d'activités physiques et d'évaluer la prévalence du surpoids et de l'obésité chez les enfants et adolescents. Ces études montrent que selon les références internationales, 15,3 % des enfants de CE2 présentent un surpoids (obésité incluse), contre 18% au niveau national (Rolland-Cachera M-F et coll, Int J Obes 2002). Le nombre d'enfants en surpoids est plus important dans les ZEP notamment dans la ville de Bordeaux ainsi que dans les communes rurales de moins de 2000 habitants. Par ailleurs, si moins de 4 % des élèves de CE2 déclarent ne pas avoir pris de petit déjeuner le jour de l'enquête, 44,5 % des enfants interrogés ont déclaré avoir un en-cas dans leur cartable le jour même. Les résultats complets sont consultables sur le site nutritionenfantaquitaine.fr. La reconduite de ces enquêtes mises en place depuis 2007 va permettre d'évaluer l'impact global des actions.

Annexe 9 : Programme « Ensemble Prévenons l'Obésité des Enfants » (EPODE)

Le programme « EPODE » (Ensemble Prévenons l'Obésité Des Enfants), initié par l'association Fleurbaix Laventie Ville Santé a été lancé en 2004 dans 10 villes françaises. Actuellement, 167 communes y participent.

Ce programme a pour objectif d'aider les familles à modifier en profondeur et durablement leurs modes de vie par la promotion d'une alimentation variée, équilibrée et plaisante et d'une activité physique régulière. Il s'agit de mettre en place des actions de prévention durables, fédératrices et mobilisant l'ensemble des acteurs au plus près de la population.

Le concept d'EPODE est de s'appuyer sur l'ensemble des intervenants locaux de la vie quotidienne de la famille pour favoriser la diffusion de messages positifs de santé.
Les acteurs locaux sont mobilisés pendant un minimum de cinq ans dans la mise en place de ce programme : municipalité, enseignants, commerçants, professionnels de santé, associations... à travers des actions locales labellisées par un Comité d'experts indépendant. Ainsi, par exemple, des visites pédagogiques de vergers sont organisées en collaboration avec les producteurs locaux, des cours de cuisine pour les parents sont proposés avec les associations locales, la SNAPS (Semaine de la Nutrition et de l'Activité Physique et Sportive) est mise en place chaque année et mobilise de nombreux acteurs des villes.

Chaque semestre, une thématique est abordée en profondeur (les légumes, les fruits, les produits laitiers, les féculents, la gourmandise, l'activité physique…) à travers différents supports :

- **Une plaquette d'information** diffusée à l'ensemble de la population expose de manière concrète des conseils et astuces sur la thématique en cours.
- **Des fiches actions** sont remises aux enseignants des écoles maternelles et élémentaires. Des ateliers y sont proposés pour que les enfants intègrent concrètement les recommandations alimentaires et en activité physique dans leur vie quotidienne.
- **Une affiche informative** est disposée aux endroits stratégiques de la ville afin de rappeler les messages-clés de l'opération.
- **Une plaquette d'information spécifique pour les familles d'enfants de 3 mois à 3 ans** propose des astuces sur le thème du semestre.
- **Des fiches actions à destination des professionnels de la petite enfance** (assistantes maternelles, puéricultrices, auxiliaires de puériculture...) les invitent à mettre en place des ateliers sur le thème de l'opération.
- **Une lettre faxée destinée aux professionnels de santé** les informe de la thématique en cours et rappelle les principaux messages à faire passer à leurs patients.

Depuis plus de quatre ans, des actions valorisant une activité physique régulière et une alimentation variée, équilibrée et plaisante sont donc mises en place dans les villes pilotes et depuis un an dans les villes de l'extension. À ce jour, plus de 1 200 000 personnes sont concernées en France et des centaines d'actions de proximité ont été menées depuis le lancement du programme.

En parallèle, l'ensemble des enfants de toutes les classes de la grande section au CM2 des villes EPODE sont pesés et mesurés par les médecins et infirmières scolaires afin de déterminer leur IMC (indice de masse corporelle). Ce recueil de données permet, d'une part, de favoriser la prise en charge précoce des enfants dépistés en surpoids ou obèses et, d'autre part, d'évaluer le taux de prévalence de l'obésité infantile sur la ville. Ainsi, en 2005, il s'est avéré que 20,6 % des enfants étaient en surpoids ou obèses sur l'ensemble des villes EPODE. Des études sociologiques ont également été réalisées afin d'évaluer les changements et les comportements induits par l'expérience de ce programme.

La forte prévalence de l'obésité infantile étant également constatée dans le reste de l'Europe, le déploiement du programme EPODE est en cours dans d'autres pays européens depuis 2006, notamment en Espagne avec le programme « THAO » et en Belgique avec le programme « VIASANO ». La démarche EPODE est adaptée à chaque pays en tenant compte de ses spécificités culturelles, politiques, institutionnelles et économiques.

Comment aborder le sujet ?

L'analyse de la commande

Le libellé : CCAS de la commune de X
Contexte : prévenir la malnutrition. Il va y avoir une réunion afin de coordonner les services de la commune et les représentants du département. Ces interlocuteurs seront donc à prévoir dans la composition du comité de pilotage (partie « propositions opérationnelles »).

La partie « synthèse »

Le point sur la malnutrition :
- profil ;
- définition : phénomène, ampleur ;
- causes ;
- enjeux : santé publique, financiers ;
- conséquences ;
- moyens (PPNS).

La partie « propositions opérationnelles » : comment lutter contre ce phénomène dans la commune ?

Informer, sensibiliser.
Partenariats à mettre en place ou à renforcer : Éducation nationale, parents, cantines, restauration scolaire, structures petite enfance, centres de loisirs, etc.

La lecture de survol

DOCUMENT 1	Constat, état des lieux Enjeux de santé publique : cancers, maladies Causes : habitudes alimentaires, suralimentation, malnutrition **(I-A)** Solutions : prévention possible (changement des habitudes, retour aux habitudes traditionnelles) **(I-B)**
DOCUMENT 2	Focus sur les enfants Pas d'eau, pas de légumes, pas de fruits, manque d'activité Surpoids : 1 enfant sur 5 **(I-A)**
DOCUMENT 3	Profil Malnutrition en lien avec la situation économique, les populations défavorisées Chez les enfants bénéficiaires de l'aide alimentaire : pas de consommation de fruits, viande, légumes **(I-A)**
DOCUMENT 4	Dispositifs PPNS et Plan obésité (lutter contre les inégalités sociales de santé) Objectifs du dispositif Acteurs : nationaux et régionaux (copil : ARS) **(I-B)**
DOCUMENT 5	Constat **(IA)** Charte « Ville active PPNS » **(II-B)** Cible : les enfants 2 axes : bonne alimentation et activité physique

Document 6	Partenaires : ARS, « label qualité » **(II-B)** Adhésion à la charte permet de bénéficier d'outils pédagogiques, de conseils méthodologiques Réseau PPNS
Document 7	MOUV'EAT : réseau, échange **(I-B et II-B)**
Document 8	Focus enfants, programme EPODE (partenariat intervenants locaux, information) **(II-B)**

L'élaboration du plan

I. La lutte contre la malnutrition : un enjeu de santé publique

A. L'évaluation du phénomène en France : un constat inquiétant

B. Les enjeux de santé publique intégrés dans le PPN

II. Développer une politique locale volontariste en faveur de la nutrition et de l'activité physique nécessite la mobilisation d'un partenariat

A. Identifier les populations touchées par le phénomène et mobiliser les acteurs publics

B. Des actions nutrition-santé à promouvoir sur la commune grâce au réseau PPNS

Plan détaillé et répartition des documents

I-A	Doc 1 : profil (enfants, femmes) + causes Doc 2 : milieux défavorisés + aide alimentaire Doc 5 : enfants (mauvaises habitudes alimentaires)
I-B	Doc 1 : enjeux (sociaux et économiques) de santé publique + lutter contre les inégalités sociales de santé (maladies) Doc 4 : PPNS objectifs et partenaires + lier partenaires et sport
II-A	Positionnement de l'ASE Diagnostic auprès des écoles, auprès des zones défavorisées et des associations : que sert-on à la cantine ? à la crèche ? Faire l'état des lieux des repas servis (qualité et quantité) et des maladies dues à la malnutrition (se rapprocher des PMI) Copil : ARS, président du CCAS, DRDJS, référent PPNS Cotech : travailleurs sociaux dont CESF qui fera aussi l'interface avec le copil, diététiciens, nutritionniste, personnel des cantines, services sport et animation Faisabilité : à budget constant
II-B	– Volet alimentation Focus sur les enfants – dès le plus jeune âge (cf. Rennes) – et sur la restauration scolaire Former les agents (ATSEM, animateurs), se rapprocher du CNFPT Travailler avec les parents (par le biais d'ateliers, d'expositions thématiques afin de les sensibiliser) Sensibiliser la population en général (ateliers cuisine dans les quartiers défavorisés, soutien aux associations, épicerie sociale) – Volet activité physique Repenser l'offre sportive de la ville, mallette pédagogique pour les intervenants

En principe, vous parvenez à cette étape au bout d'une heure et demie. Vous pouvez donc commencer la rédaction du rapport directement sur votre copie à partir de maintenant.

Sujet n° 3

Difficulté ✗✗✗ | Durée 3 heures

Spécialité « conseiller en éducation sociale et familiale », session 2015

Sujet

Vous êtes conseiller en économie sociale et familiale au sein du centre local d'information et de coordination gérontologique (CLIC) de niveau 2, Les Églantiers, géré par le CCAS de SOCIOVILLE (13 000 habitants).

De fait, 25 % des habitants de la commune ont plus de 65 ans et sont souvent aidés par leurs proches. Un café des aidants a donc été mis en place depuis plusieurs années mais souffre d'un déficit de fréquentation. Par ailleurs, le CCAS, qui gère également le SPASAD (service polyvalent d'aide et de soins à domicile) de la commune, fait le constat d'un épuisement des intervenants sociaux et de santé. Au vu de cette situation, votre directrice décide de mettre en place un nouvel accompagnement conjoint des aidants professionnels et familiaux.

Dans un premier temps, vous rédigerez à son attention, exclusivement à l'aide des documents joints, un rapport sur le rôle des aidants et les difficultés qu'ils rencontrent dans le cadre de la prise en charge des personnes âgées et des personnes handicapées. (10 points)

Dans un deuxième temps, vous formulerez un ensemble de propositions opérationnelles visant la mise en relation et l'accompagnement des aidants familiaux et professionnels. Pour traiter cette seconde partie, vous mobiliserez également vos connaissances. (10 points)

Liste des documents

Document n° 1 : « Le pays de Redon crée une unité mobile de soutien aux aidants » - *La Gazette Santé-Social* - avril 2015 - 1 page.

Document n° 2 : « Besoins et attentes des aidants familiaux de personnes handicapées vivant à domicile » (extraits) - conseil général du Rhône, CREAI Rhône-Alpes - février 2009 - 4 pages.

Document n° 3 : « Fin de vie : les aides à domicile en première ligne » - *ASH* - n° 2857 - 24 avril 2014 - 4 pages.

Document n° 4 : « Plan Alzheimer 2008-2012 - Formules innovantes de répit et de soutien des aidants - Guide pratique à destination des porteurs de projet » (extraits) - ministère des Solidarités et de la Cohésion sociale, CNSA, Eneis Conseil - septembre 2011 - 4 pages.

Document n° 5 : « Charte européenne de l'aidant familial » - Confédération des organisations familiales de l'Union européenne - 2007 - 2 pages.

Document n° 6 : « Besoins et attentes des aidants familiaux de personnes handicapées vivant à domicile » (extraits) - conseil général du Rhône, CREAI Rhône-Alpes - février 2009 - 6 pages.

Document n° 7 : « Un café pour aider les aidants » - *La Gazette Santé-Social* - juin-juillet 2015 - 1 page.

Document n° 8 : « Les aidants familiaux, un rempart contre la maladie, le handicap ou la dépendance » - www.la-croix.com - 6 octobre 2013 - 2 pages.

Document n° 9 : « Rompre l'isolement des intervenants » - *La Gazette Santé-Social* - juin-juillet 2014 - 1 page.

Document n° 1

DOSSIER

AIDANTS FAMILIAUX

Le pays de Redon crée une unité mobile de soutien aux aidants

L'Assad (association de soins et services à domicile) du Pays de Redon (Ille-et-Vilaine) a créé une équipe mobile de soutien aux aidants (EMSA) pour répondre à un besoin croissant d'accompagnement et de répit de la part des aidants.

Le dispositif compte dix places et fonctionne sur six communes (Redon, Renac, Sainte-Marie, La Chapelle-de-Brain, Langon, Bains-sur-Oust). Il s'adresse aux aidants des personnes de plus de 60 ans en état de dépendance physique ou psychique – malades d'Alzheimer notamment –, des familles souvent en état d'épuisement avancé, dans un contexte de fort isolement géographique et social, surtout en milieu rural, dépourvu d'infrastructures de transport. Il s'appuie sur une aide-soignante (AS) formée à l'animation et sur une animatrice diplômée.

Projet individuel d'accompagnement

La première prise de contact, au domicile, pour l'évaluation des besoins et la recherche du consentement de la personne âgée, est suivie de la signature d'un projet individuel d'accompagnement recouvrant les attentes de celle-ci (stimulation, maintien cognitif…), en accord avec l'aidant. Le dispositif EMSA propose aux usagers des actions personnalisées en individuel au domicile ou en collectif, en intérieur comme en extérieur : lecture, chant, gymnastique douce, marche, ramassage de fruits, ateliers cuisine ou création, animations ludiques mémoire, visites culturelles, échanges de savoirs intergénérationnels. « À domicile, l'activité dure d'une à deux heures et dépend de l'état de santé de la personne le jour de l'intervention. Quant aux activités collectives, choisies librement sur catalogue chaque mois, elles ont lieu deux après-midi ou journées par semaine », précise Annie Chauvel (AS-animatrice). Le choix des animations se fait avec les participants. Les tarifs sont très abordables (de 5,10 euros l'heure à une vingtaine d'euros la journée) et le transport est assuré par deux véhicules, dont un adapté aux fauteuils. Les exercices thérapeutiques visent à préserver la capacité à effectuer les gestes de la vie quotidienne des plus valides, à stimuler les autres et à maintenir le lien social. Mais ils soulagent aussi les aidants, autorisés à souffler, l'espace de quelques heures, et à prendre enfin du temps pour eux. Même si l'échappée ne va pas forcément de soi. « Conjoints ou enfants, les aidants ont souvent du mal à confier leurs proches. Et ce, au détriment de leur propre bien-être, voire de leur santé. Ce dispositif, très souple et sans engagement, constitue un apprentissage en douceur d'une séparation temporaire (accueil de jour, hospitalisation) ou de plus long cours (entrée en Ehpad) », commente C.J, psychologue clinicienne, disponible pour les aidants en cas de besoin. « Contrairement à une idée préconçue, il n'est pas « naturel » d'être aidant : c'est un rôle volontaire, contraignant et absolument indispensable, mais qui nécessite d'être soutenu. Si les choses avancent, il reste toutefois du chemin à parcourir pour une réelle construction du statut de ces personnes », estime Christine Josso, chef du pôle Services à la personne à l'Assad. ◆

REPÈRES

- **Créée en juillet 1983, l'Assad Pays de Redon est structurée en trois axes :**
  - un Pôle santé avec un centre de soins (CSI) et un service d'aides-soignantes à domicile (SSIAD) ;
  - un Pôle établissement avec un Ehpad et un accueil de jour « Les Coquelicots » ;
  - un Pôle services avec un service à la personne, un service de portage, un service famille, l'EMSA et la plateforme de répit.
- **Effectif total : 115 salariés.**

Christine Josso, chef du pôle Services à la personne à l'Assad

« Ce service nécessite de trouver, au cas par cas, des assouplissements avec le droit du travail »

« L'Assad développe, depuis 2012, une plateforme de répit à destination des aidants des malades d'Alzheimer. Un dispositif financé par l'agence régionale de santé, et composé d'un groupe de parole, de formations, d'un café mémoire et d'un atelier collectif. Il s'appuie sur un partenariat avec d'autres acteurs : services de soins infirmiers à domicile, Ehpad, centres communaux d'action sociale, hôpitaux, centres locaux d'information et de coordination gérontologique… L'un des dispositifs, la « Pause escapade » inspiré du « baluchon » québécois, permet aux aidants de souffler de quelques heures à trois jours. Une assistante de soins en gérontologie et deux assistantes de vie sociale formées en gérontologie interviennent au domicile des personnes, ce qui offre à l'aidant une vraie coupure pour se ressourcer et disposer de temps pour lui-même. Ce service, qui correspond à un réel besoin, nécessite, pour se développer, de trouver, au cas par cas, des assouplissements avec le droit du travail, qui interdit de faire travailler un salarié plus de sept heures d'affilée. Mais aussi d'imaginer des solutions financières afin d'alléger la participation des bénéficiaires. »

Document n° 2

[...]

3.2 LES DIFFICULTES, BESOINS ET ATTENTES DES AIDANTS

« Je pense qu'il est plus facile d'être aidant avec son enfant qu'avec une personne étrangère. C'est pourquoi les attentes et les besoins sont moins évidents. C'est comme choisir entre sa carrière et son enfant, je pense qu'une mère n'a pas le choix et ne se pose même pas la question. C'est un avis personnel mais je crois que je ne suis pas la seule. »

« Je ne sais pas trop que répondre à ce questionnaire. Bien sûr que j'aurais eu besoin. Je me suis lassée peut-être et n'attends plus grand chose. C'est bien malgré tout de penser aux aidants. »

À l'analyse, nous observons une certaine **difficulté des répondants quant à énoncer explicitement des besoins**, même si les commentaires (issus des questionnaires) et les entretiens permettent de les repérer à travers notamment l'expression des manques et difficultés. En outre, les besoins et les manques, à l'examen des réponses, ne sont pas toujours en cohérence.

9% des aidants déclarent n'avoir aucun besoin, 20% pas ou peu de besoins parmi les 12 familles de besoins proposés.

Le nombre de besoins cités est plus important quand l'aidant est un conjoint, quant l'aidant intervient plus de 8 heures quotidiennement, ou quand il s'occupe de la personne depuis plus de 10 ans.

Par ailleurs, la nature des besoins exprimés par les aidants est significativement différente selon qu'il s'agit d'un homme ou d'une femme, et selon qu'il y ait intervention d'un aidant professionnel ou que l'aidant soit unique.

Les besoins les plus fréquemment cités concernent **les informations sur la législation et les démarches administratives (53%), les moyens financiers (48%) et les moments de répit (35%).**

LES INFORMATIONS SUR LA LEGISLATION ET LES DEMARCHES ADMINISTRATIVES

Globalement, plus de la moitié des aidants (53%) estiment avoir besoin de davantage d'informations concernant les démarches administratives et/ou sur la législation.

Les conjoints sont plus nombreux à citer ce besoin, notamment en ce qui concerne les informations relatives à la législation (presque la moitié), à la différence des enfants qui expriment peu ou pas du tout ce besoin (70%). Ce besoin est le même quelle que soit l'ancienneté de l'aide ; en revanche, il croît avec la durée d'intervention quotidienne des aidants familiaux.

« On n'est pas tous égaux en terme d'information. »

L'accès à l'information

Les aidants expriment le besoin d'être **correctement informés** sur la législation et les démarches administratives.

Les personnes rencontrées évoquent fréquemment des difficultés dans l'accès à l'information concernant les droits perceptibles pour répondre aux besoins que crée le handicap.

« On a des droits qu'on ne connaît pas. »

« Droit de l'aidant à être aidé ; ça éviterait de perdre des aides auxquelles on a droit. »

« Il faut aller à la pêche aux informations. »

Conseil Général du Rhône / CREAI Rhône-Alpes – Besoins et attentes des aidants familiaux – Février 2009

« On n'est informé de rien quand on devient invalide. On apprend tout par soi-même, coup par coup. Vous êtes invalides, débrouillez-vous.»

« Les assistantes sociales n'entrent pas dans le vif du sujet, elles ne donnent que des informations générales. »

Le fait que les données relatives aux allocations soient mal renseignées dans l'enquête peut révéler une méconnaissance des personnes à ce sujet, probablement induite par la complexité du système d'aide et la manière dont cette information est communiquée aux personnes concernées.

En outre, un manque de transparence est noté dans les critères d'attribution des aides.

Des problèmes de délais et de lenteur des procédures sont évoqués par plusieurs aidants (mise en place très longue d'une indemnisation pour les trajets par exemple).

En particulier pour **faire face à l'urgence**, lorsque le handicap est dû à un accident, les démarches sont trop longues et difficiles pour les aidants qui peuvent alors se retrouver en état de choc.

« Les démarches devraient se faire automatiquement, car quand ça nous tombe dessus, on a autre chose à penser, ce n'est pas le moment. »

La **dimension administrative** apparaît comme une difficulté pour beaucoup d'aidants, certains parlant de *« tracasseries administratives »*, perte des papiers par les organismes, lourdeur de la gestion administrative... Ils consomment beaucoup de temps et d'énergie à trouver la bonne information et le bon interlocuteur. Certains (dont tous les aidants interrogés dans le cadre des entretiens) qualifient ces démarches de **« parcours du combattant** », disant qu' « il faut toujours se battre ».

« Beaucoup de dossiers à remplir mais peu d'information sur le déroulement, les étapes et nos droits. »

« Le plus lourd, c'est les démarches pour les dossiers. »

« Besoins d'aide pour remplir les papiers, quelle complexité. »

L'intervention de certaines associations peut s'avérer utile (un aidant note par exemple qu'un référent de l'APF l'a aidé pour le renouvellement d'une demande auprès de la MDPH).

Les aidants trouvent par ailleurs de l'aide 'un peu n'importe où', auprès de différents acteurs (assistante sociale de la mairie, de la sécurité sociale, du Trésor public ...) ceci pouvant traduire un manque de repérage des canaux d'aide.

Une personne conclut :

« Le principe du guichet unique est bien mais ce n'est pas encore le cas. »

Les **remarques concernant la MDPH et les MDR** sont souvent assez critiques, (*« Les dossiers sont mal traités. »),* faisant état là encore de difficultés d'accès à une information claire et précise :

« Personne n'est capable de nous renseigner. »

« A la MDPH on nous donne des informations au compte-goutte pour faire le dossier. »

« Les services donnent les informations avec réticences. Cela m'a choqué car j'avais la désagréable impression de vouloir profiter du système. »

«Il est difficile de joindre les personnes au téléphone à cause des horaires de bureau. »

LA FORMATION AU ROLE D'AIDANT ET L'INFORMATION SUR LE HANDICAP

Les items « informations sur le handicap » et « formation au rôle d'aidant » peuvent se rejoindre en ce qui concerne les aspects techniques de l'accompagnement au sens large de la personne handicapée (soins, transferts, aide aux repas ...).

Internet ou encore les ouvrages et revues spécialisés constituent des médias utilisés par les aidants pour accéder à l'information recherchée.

Certains aidants ont pu bénéficier d'informations concernant le handicap ou sur l'aide aux aidants auprès de différents acteurs (CRAM, milieu associatif).

D'autres indiquent avoir pu s'appuyer sur des professionnels (hôpital, intervenants à domicile ...)

> « Je trouve des solutions avec le personnel soignant »

Cette dernière citation fait référence à une co-construction de savoirs : les professionnels ne sont alors pas les seuls « experts », eux aussi peuvent reconnaitre les compétences des aidants et s'appuyer sur leur savoir-faire.

Mais parfois le recours à des professionnels de proximité trouve des limites. Une mère déclare s'être sentie très démunie par rapport à la prise en charge : les professionnels (dont le médecin généraliste) n'avaient pu l'aider, « impuissants face au handicap lourd ». Elle déclare s'être « formée seule par l'expérience ».

Beaucoup d'aidants indiquent en effet « apprendre au quotidien », se former « sur le tas ».

> *« Je me suis formée au fil des années aux piqûres etc. Je pourrais être aide-soignante maintenant. Ce n'est pas possible d'appeler six fois par jour l'infirmière donc on apprend. »*

Globalement, 15% des personnes indiquent souffrir d'un **manque d'information sur la problématique** de la personne aidée.

> *« Si on ne le demande pas, on ne nous dit rien. »*

22% ont **besoin de davantage d'informations sur le handicap** (25% de femmes, 17% d'hommes). Ce taux s'élève à 36% lorsque la personne aidée présente des troubles psychiques. Il s'agirait en effet pour certains de mieux comprendre ces troubles afin d'être moins dépourvus, moins perdus pour faire face à des situations difficiles.

> « Mieux comprendre le comportement et l'aspect psychologique du handicap. »

> « Savoir et comprendre le changement de comportement malgré l'attention apportée. »

> *« Quand ma femme fait des crises d'angoisse et qu'elle ne peut pas me dire ce qui ne va pas, cela me désarme, j'en souffre ».*

Ou encore d'être informé sur « les nouveautés du monde du handicap ».

Si quelques personnes estiment n'avoir aucun besoin en termes de formation en tant qu'aidant,

> « Je suis sa mère, je sais comment l'aider. »

> « Pas besoin de formation quand on est une mère. »

18% des répondants au questionnaire se disent **désireux d'être mieux formés au rôle d'aidant**. Ce souhait concerne 22% des femmes et 12% des hommes. On ne note pas sur ce point de différence significative selon la nature de la déficience, ni selon l'ancienneté de l'aide.

La mise en place de formations pour les aidants peut apparaître comme logique, 'allant de soi' :

> *« On forme bien les aides à domicile »*

Conseil Général du Rhône / CREAI Rhône-Alpes – Besoins et attentes des aidants familiaux – Février 2009

Ce type de formations devrait concerner « les gestes à faire, à ne pas faire », (le souci par exemple d'éviter les risques de fausse route est cité par un aidant), « les réactions à avoir dans certaines situations ».

Est aussi suggérée l'élaboration d'un 'fascicule' servant de guide pour aider les personnes à faire face à l'invalidité dans ses débuts. Ce document pourrait être distribué dans les hôpitaux par exemple.

LES ASPECTS FINANCIERS

48% des aidants réclament davantage de moyens financiers : 52% des conjoints aidants, 45% des ascendants.

Ce besoin est souvent en lien avec la perte de salaire du conjoint devenu handicapé, l'aidant ayant en outre parfois réduit son activité professionnelle voire cessé de travailler pour s'occuper de son conjoint *(voir supra)*.

> « Je suis seule à travailler avec trois enfants à charge et mon mari »
>
> « Problèmes financiers réels pour les aidants (réduction de temps de travail donc réduction du montant de la retraite) »

Le montant du dédommagement de l'aidant familial dans le cadre de la PCH est souvent considéré comme trop faible par rapport au temps consacré et aux besoins des familles.

> « Quand vous vous consacrez 24h/24 à votre époux et ce pendant des années, les indemnisations pour l'aidant ne sont absolument pas à la hauteur du travail et de tous les problèmes que le handicap engendre. »

Rappelons que le dédommagement de l'aidant familial ne peut dépasser 85% du SMIC mensuel net calculé sur la base de 35 heures par semaine.

Une inquiétude concernant le montant de leur retraite - notamment pour les couples dont le conjoint handicapé est en invalidité - est souvent évoquée ; de surcroît lorsque l'aidant a cessé de travailler pour s'occuper de la personne dépendante.

> « Lors de la demande PCH, le but était d'obtenir une rémunération pour moi afin de compléter mes trimestres retraite Sécurité Sociale. Elle nous a été refusée et simplement acceptée en dédommagement. Ceci, acceptable actuellement, deviendra problématique lors de la retraite de mon conjoint invalide, qui risque d'être peu importante compte tenu du nombre d'années d'invalidité, et malgré les points gratuits qui devraient être attribués (mais combien ?)
> Notre demande, pourtant légitime, pourrait m'inciter à reprendre une activité professionnelle pour augmenter mes trimestres de cotisant et permettre un meilleur revenu plus tard, n'a pas obtenu de réponse à ce jour. D'un autre côté si je travaille, il faudrait prendre une aide à domicile… »

Le besoin de soutien financier est également exprimé au regard du coût du handicap, ce qui renvoie à la notion de compensation *(voir supra)*.

Document n° 3

le magazine décryptage

Dépendance

Fin de vie : les aides à domicile en première ligne

Accompagnant chez elles et au quotidien les personnes dépendantes, les aides à domicile sont régulièrement confrontées à des situations de fin de vie, particulièrement difficiles à vivre. Pour y faire face, certains services misent sur le soutien psychologique, la formation et la coordination avec les intervenants sanitaires. Mais ce type de démarche reste rare.

On réduit souvent le rôle de l'aide à domicile aux tâches ménagères. Mais elle fait bien plus : au fil du temps passé avec les personnes fragilisées dont elle s'occupe (parfois depuis plusieurs années), elle devient une présence familière avec laquelle les bénéficiaires nouent des liens plus ou moins étroits – dans certains cas, l'attachement est très fort. Aussi, lorsque l'état de santé des personnes se dégrade, que l'heure de la mort approche et que le décès survient, ces professionnelles ressentent souvent une grande détresse qui peut prendre la forme d'un véritable traumatisme. Auxiliaire de vie sociale au sein de « La vie à domicile », un service polyvalent d'aide et de soins à domicile (Spasad) à Paris, Nathalie Brun a récemment été confrontée au décès d'une dame âgée de 101 ans, qu'elle accompagnait depuis dix ans, qui a ravivé le souvenir de la mort, quelques mois plus tôt, d'une femme atteinte de sclérose en plaques pour laquelle elle s'était également prise d'affection. Elle en parle encore comme si c'était hier, très émue : *« Lorsque j'ai appris leur décès, j'étais anéantie. J'ai mis plusieurs mois à m'en remettre. »*

Marginale il y a une quinzaine d'années, la confrontation à la fin de vie est devenue une réalité pour nombre des aides à domicile. En tête de liste des facteurs explicatifs : la création de l'allocation personnalisée d'autonomie (APA), en 2002, qui a eu pour conséquence un vieillissement des bénéficiaires des services et la multiplication des situations de fin de vie. *« La moyenne d'âge des personnes que nous accompagnons a progressivement augmenté pour atteindre 88 ans et nous comptons désormais une trentaine de centenaires »*, observe Daniel Fabre, directeur de la fédération ADMR (Associations du service à domicile) du Tarn. *« Les bénéficiaires sont de plus en plus dépendants et, s'il n'y a pas de complication particulière, ils sont accompagnés jusqu'au bout »*, complète Line Lartigue, directrice « santé » à l'Union nationale de l'aide, des soins et des services aux domiciles (UNA). Autre élément à prendre en compte : le souhait partagé par la majorité des Français de mourir chez eux – même si les décès à l'hôpital restent, pour le moment, plus fréquents.

Les aides à domicile sont d'autant plus démunies que la prise en charge de la fin de vie ne fait pas partie de leur « cœur de métier », lequel consiste à pallier la dépendance des personnes. Elles sont d'ailleurs rarement en capacité de repérer le passage d'un accompagnement de la perte d'autonomie à celui de la fin de vie. En effet, en l'absence de formation médicale, elles ne se rendent pas toujours compte de l'état de santé des bénéficiaires. *« Les observations qu'elles peuvent faire sont souvent insuffisantes pour voir venir la fin de vie, surtout lorsqu'elle est progressive. Dans la plupart des cas, sauf confidence des personnes elles-mêmes sur leur état de santé, lorsque les aides à domicile s'aperçoivent qu'elles vont bientôt décéder, elles sont déjà à l'agonie »*, explique Séverine Courtois, psychologue au sein de l'ADMR du Tarn.

A ces lacunes médicales s'ajoutent souvent des résistances psychologiques : *« Les aides à domicile éprouvent beaucoup de difficultés à nommer la situation qui reste très douloureuse pour elles. Ala place, elles se plaignent souvent d'un accompagnement de plus en plus difficile. C'est pourquoi il est important de les accompagner dans la prise de conscience de la gravité de l'état de la personne »*, poursuit Séverine Courtois.

« Les aides à domicile éprouvent beaucoup de difficultés à nommer la situation qui reste très douloureuse pour elles »

LEVER LES BLOCAGES

Cette dernière a repéré trois formes de confrontation à la mort : en premier lieu, la professionnelle peut découvrir le décès de la personne qu'elle accompagne en arrivant à son domicile. *« Soit elle s'y attend depuis quelque temps et elle arrive la boule au ventre chaque matin ; soit c'est une surprise totale, qui peut engendrer chez elle de la panique et de la terreur. »* *« Quand cela arrive brutalement, c'est extrêmement dur et choquant »*, confirme Brigitte Lopez, aide à domicile au sein de l'ADMR de Réalmont (Tarn). Deuxième cas de figure : la personne décède pendant la présence de l'aide à domicile. *« Il faut alors travailler sur sa culpabilité, souvent très importante : elle se demande ce qu'elle aurait pu faire et pourquoi elle n'a pas perçu que la mort était si proche »*, observe Séverine Courtois. Troisième possibilité : il s'agit d'un suicide – une cause non négligeable de décès chez les personnes âgées. Le choc est d'autant plus grand lorsque l'aide à domicile n'a pas décelé de signes avant-coureurs ou lorsqu'il survient en sa présence.

La plupart des associations ont mis en place des protocoles à suivre en cas de décès : au minimum, l'aide à domicile doit appeler les secours et prévenir son association employeur qui, éventuellement, organisera son remplacement pour effectuer la suite des visites. Mais, pour Tanguy Chatel, sociologue spécialiste de la fin de vie, cela reste largement insuffisant : « *Alors que le stress généré par la confrontation à la fin de vie est aujourd'hui bien connu, les services d'aide à domicile s'imprègnent peu de ces acquis. Au contraire, la plupart s'en tiennent au strict minimum : l'annonce du décès de la personne, puis la réorientation de l'aide à domicile vers un autre bénéficiaire. Plutôt bien soutenue sur le plan technique, elle reste donc globalement peu protégée sur le plan relationnel, domaine dans lequel elle doit malheureusement encore souvent se débrouiller toute seule. Il faudrait pourtant prendre en compte le processus de deuil et accompagner cette rupture.* »

Néanmoins, même s'il y a encore beaucoup à faire, les réseaux nationaux, alertés par leurs adhérents, ont commencé à réfléchir à la façon de mieux accompagner leurs professionnels face à la fin de vie (1). Parmi les outils qui peuvent être mis à disposition des salariées : le soutien psychologique. Au sein de « La vie à domicile », en parallèle des réunions mensuelles d'analyse de pratiques, des temps de dialogue consacrés exclusivement aux fins de vie vécues par les professionnelles et animés par un psychologue extérieur sont régulièrement proposés sur la base du volontariat. En complément, les psychologues du service peuvent être sollicités après un décès sous la forme d'un entretien téléphonique ou au siège de l'association : « *Il s'agit pour nous de leur montrer qu'elles ne sont pas seules face aux difficultés tout en les amenant à concevoir que le deuil fait partie de la vie : il faut pouvoir l'accepter, prendre le temps d'être triste, énervée...* », explique Constance Limbosch, une des psychologues. En amont du décès, lorsque l'état de santé du bénéficiaire inquiète l'aide à domicile, les psychologues peuvent également se rendre au domicile de la personne. « *C'est une façon de rassurer l'auxiliaire de vie sociale, de lui montrer qu'on se préoccupe de ce qu'elle vit* », précise Constance Limbosch.

« Les psychologues nous permettent de reparler de tout ce que l'on a vécu, c'est très sécurisant »

Dans certains cas, la situation suscite toutefois une telle souffrance que la salariée n'est plus en capacité d'assurer son travail. « *Lorsque le bénéficiaire est une femme atteinte d'un cancer qui a son âge, avec des enfants comme elle, cela peut renvoyer une image miroir très dure* », pointe Séverine Courtois. Le remplacement de l'aide à domicile est alors parfois la seule solution envisageable, même si la décision n'est pas facile à prendre – le bénéficiaire peut s'en trouver déstabilisé et la professionnelle le vivre comme un échec. C'est pourquoi Séverine Courtois propose en général de rencontrer cette dernière. Une démarche entrée dans les habitudes : « *En 2004, lorsque la fédération ADMR du Tarn s'est dotée de deux psychologues, demander un rendez-vous avec l'une d'elles était globalement assez mal perçu : les aides à domicile craignaient d'être jugées incompétentes ou faibles. Ce n'est plus du tout le cas aujourd'hui. Au contraire, elles ont compris l'intérêt de livrer leurs difficultés et leurs doutes* », se félicite Daniel Fabre. « *Les psychologues nous permettent de reparler de tout ce que l'on a vécu, c'est très sécurisant* », confirme Brigitte Lopez.

Parallèlement aux suivis individuels et aux interventions d'urgence à la suite d'un décès, l'ADMR du Tarn propose des séances d'analyse de pratiques qui sont l'occasion d'aborder la fin de vie hors situation de crise : « *Même s'il n'est pas prévu d'évoquer ce sujet, c'est un des thèmes qui revient le plus souvent* », note Séverine Courtois. Ces réunions régulières permettent aussi d'évoquer certaines confidences faites par les bénéficiaires sur la façon dont ils aimeraient que les événements se déroulent après leur mort : Quels vêtements ? Des fleurs ou non ? Un linceul ?... Des confessions, facilitées par la place de tiers professionnel ayant acquis une certaine familiarité de l'aide à domicile, qui ne sont toutefois pas évidentes à entendre.

NÉGOCIER AVEC LES CONSEILS GÉNÉRAUX

Ce type de soutien psychologique reste toutefois exceptionnel, commente Tanguy Chatel : « *Non seulement les rencontres avec un psychologue et les groupes de paroles qui permettent de "déposer" certains vécus difficiles sont rares mais lorsqu'ils existent, ils ne sont pas proposés de façon systématique, ce qui n'incite pas les aides à domicile à les demander.* » « *Ces temps de synthèse, d'analyse de pratiques et de soutien psychologique sont nécessaires mais très complexes à faire financer : cela suppose une négociation serrée avec les conseils généraux* », précise Line Lartigue.

Dans ce contexte, les responsables associatifs ont tendance à « choisir » les professionnelles les plus solides pour

Accompagnantes du quotidien

Selon l'enquête «Intervenants à domicile» menée par la DREES en 2008 (1), 515 000 intervenantes (à 98 % des femmes) travaillent au domicile de personnes dans l'incapacité, temporaire ou permanente, d'effectuer les actes essentiels de la vie quotidienne – qu'elles soient âgées, handicapées ou malades. Elles peuvent être employées directement par la personne ou par sa famille : elles relèvent alors de contrats de gré à gré, ce qui multiplie le risque d'isolement professionnel et offre peu de perspectives de formation. Dans trois quarts des cas, elles interviennent *via* un organisme de services à la personne, mandataire (l'intervenante reste payée par le particulier, mais est mise en relation avec son employeur par l'intermédiaire d'une structure qui prend en charge les aspects administratifs) ou prestataire (le bénéficiaire des services paie la prestation à l'organisme, qui rémunère l'intervenante). Elles interviennent en général chez plusieurs personnes chaque semaine. Au-delà des tâches ménagères, souvent pénibles physiquement, elles développent une relation d'écoute et de soutien psychologique. Bien qu'il existe un diplôme d'Etat d'auxiliaire de vie sociale, la majorité d'entre elles (62 %) n'a aucun diplôme du secteur sanitaire et social. •

(1) www.drees.sante.gouv.fr/l-enquete-aupres-des-intervenants-a-domicile-iad,6550.html.

le magazine décryptage

s'occuper des situations sensibles ou trop fortes émotionnellement. Dictée par des considérations pratiques, cette attitude ne résulte pas seulement d'un défaut de soutien psychologique : elle peut aussi s'entendre comme l'aveu d'un manque de formation criant. Non seulement les aides à domicile titulaires d'un diplôme d'Etat d'auxiliaire de vie sociale sont encore très minoritaires, mais elles n'ont que rarement accès à des formations continues sur la fin de vie. Une enquête nationale auprès des services d'aide à domicile réalisée par la Fondation Médéric-Alzheimer en 2012 l'a montré : parmi les 911 services ayant participé, près des trois quarts déclarent accompagner les personnes atteintes de troubles cognitifs jusqu'à la fin de vie. Or 38 % ne proposent aucune formation à l'accompagnement de la fin de vie à leurs intervenants (2).

« J'ai eu quelques formations – qui m'ont d'ailleurs beaucoup aidée – mais j'ai surtout appris sur le tas », constate Brigitte Lopez. *« La formation des aides à domicile est surtout technique,* ajoute Tanguy Chatel. *Il y a très peu de temps consacré à la formation à la relation alors que c'est central dans leur activité, notamment en situation de fin de vie. » « On confie ces moments lourds et graves à des personnes très peu formées si bien que, malgré leur bonne volonté, elles se laissent souvent déborder car la situation dépasse de beaucoup leurs compétences »*, observe, pour sa part, Anik Hoffmann, cadre de santé et formatrice en soins palliatifs.

La demande de formation existe pourtant bel et bien. La session consacrée à la fin de vie arrive en tête de liste des formations sollicitées par les aides à domicile de l'ADMR du Tarn. Dispensée pendant deux jours, elle se décompose en deux axes : la fin de vie proprement dite (caractéristiques, réactions du mourant et de son entourage, limites de l'accompagnement et relais à activer) et le processus de deuil de la famille et de l'aide à domicile. De son côté, « La vie à domicile » organise des cycles de formation spécifiques sur la fin de vie à destination de l'ensemble de son personnel (infirmiers, aides-soignants et aides à domicile) pour valoriser la notion d'équipe et rompre l'isolement des intervenants. Récemment, les professionnels ont bénéficié de dix demi-journées d'intervention réalisées par des spécialistes des soins palliatifs. Pour prendre en compte les situations en amont du décès, le service propose également des formations sur le repérage de la douleur. *« Cette sensibilisation leur permet d'être au plus près des besoins des bénéficiaires et de faire remonter leurs observations à leur responsable de service »*, note Philippe Hedin, le directeur.

« Alors que se développe une politique forte d'aide aux aidants familiaux, à quand une politique de soutien aux aides à domicile ? »

« SENTIMENT DE FIERTÉ »

Ces formations n'ont pas pour objectif de substituer les aides à domicile au personnel médical et paramédical, précise toutefois Line Lartigue. Il s'agit plutôt *« de leur apprendre comment être présentes au quotidien dans ces situations particulières – par exemple, en préparant un repas adapté aux problèmes de déglutition »*. Au final, les formations proposées se révèlent très positives. *« Les aides à domicile sont non seulement très intéressées, mais elles en sortent valorisées. L'inquiétude, qui était très forte face à la fin de vie, a désormais disparu pour laisser la place à un sentiment de fierté : "On était là, on a su accompagner la personne jusqu'au bout" »*, observe Philippe Hedin.

De fait, la sensibilisation autour des questions de fin de vie transforme radicalement la façon dont cette dernière est perçue par les aides à domicile. Les réseaux nationaux (UNA, ADMR...) l'ont bien compris : ils proposent, eux aussi, des modules de formation sur la fin de vie. Ils s'engagent également dans l'élaboration d'outils adaptés – par exemple, en collaborant à l'enrichissement du volet domicile de la mallette pédagogique "soins palliatifs" réalisée par la Société française de gériatrie et de gérontologie *via* son programme MobiQual (3).

Au-delà du soutien psychologique et de la hausse du niveau de compétences, les organismes s'accordent sur l'importance de coordonner leurs interventions avec les autres acteurs du domicile. *« Que ce soit avec les SSIAD* [services de soins infirmiers à domicile], *les services de soins palliatifs ou l'HAD* [hospitalisation à domicile], *les temps de coordination et de partage d'informations sont incontournables et ce, d'autant plus que la situation du bénéficiaire est complexe »*, avance Line Lartigue. Cette coordination a l'avantage d'éviter l'isolement des aides à domicile face à la fin de vie : *« On ne peut pas tout porter sur nos épaules, il faut qu'on puisse partager ces moments avec les infirmiers, les médecins, les aides-soignants... »*, estime Brigitte Lopez. Mais elle pourrait aussi, si elle était plus développée, avoir un impact positif sur tous les intervenants : *« Les professionnels du secteur sanitaire ou médico-social n'ont pas pris la mesure de l'importance des aides à domicile. Très présentes, elles reçoivent quantité de confidences – du bénéficiaire et de sa famille – et elles assument des risques techniques élevés – étouffement, chute...*, observe Tanguy Chatel. *A ce titre, elles devraient être considérées comme jouant un rôle pivot de coordination et de centralisation de l'information. Or, du fait de leur faible niveau de formation, les autres intervenants en ont une image dévalorisée : ils se coordonnent entre eux, mais ils ne mettent pas les aides à domicile dans la boucle et les cantonnent à un rôle subalterne. »*

Ces résistances expliquent en partie que la coordination, très hétérogène selon les territoires, peine à s'installer durablement. Elle est certes fréquente entre les services d'aide à domicile et les SSIAD, notamment lorsque les deux services sont gérés par la même structure. Mais l'enquête nationale réalisée en 2012 par la Fondation Médéric-Alzheimer montre que les professionnels des SSIAD souffrent, eux aussi, d'un défaut de formation concernant l'accompagnement à la fin de vie : 86 % d'entre eux assurent ce type d'accompagnement, mais ils ne sont que deux tiers à avoir des soignants formés en la matière.

En outre, si la coordination avec l'HAD se développe (42 % des services d'aide à domicile y ont recours, selon l'enquête réalisée par la Fondation Médéric-Alzheimer), elle reste embryonnaire avec les réseaux de soins palliatifs (seuls 7 % sont concernés). La situation évolue toutefois doucement : en 2013, la fédération ADMR du Tarn a, pour la première fois, bénéficié d'une intervention de Resopalid 81, qui coordonne les dispositifs de soins palliatifs dans le Tarn, pour sensibiliser son personnel. *« L'intérêt a été tel que nos associations voudraient poursuivre l'action »*, note Daniel Fabre. Travailler avec un réseau de soins palliatifs est tout à fait intéressant pour les aides à domicile, confirme Tanguy Chatel : *« Ces spécialistes peuvent leur expliquer très concrètement la façon dont la personne en fin de vie doit être nourrie, dont il faut la redresser sur son lit, etc. »* Le bénéfice du partenariat avec les acteurs des soins palliatifs n'est toutefois pas que technique. Pour Brigitte Lopez, qui a déjà accompagné plusieurs personnes dans ce cadre, l'expérience a également été très enrichissante sur le plan humain : *« Etant donné qu'il faut aller à l'essentiel et que les liens créés, tant avec les personnes qu'avec les familles, sont extrêmement forts, les professionnels ne se laissent pas perturber par des broutilles : nous travaillons en bonne intelligence en veillant à respecter le rôle de chacun. »*

Les circonstances de fin de vie ne sont pas toutes aussi sereines, loin s'en faut. Ce témoignage a toutefois l'intérêt de mettre en lumière combien est délicate la fonction d'aide à domicile qui exige autant de savoir-faire pratiques que de tact. Pour Tanguy Chatel, elle est d'ailleurs très loin d'avoir le soutien public qu'elle mériterait : *« Alors que se développe une politique forte d'aide aux aidants familiaux, à quand une politique de soutien aux aides à domicile ? »* Il estime, comme beaucoup d'autres, que l'urgence se situe du côté de la formation : *« Si elles étaient mieux formées, non seulement les autres professionnels les considéreraient plus facilement comme des partenaires à part entière, mais cela contribuerait aussi à sécuriser le domicile comme lieu de fin de vie possible. »* **Caroline Sédrati-Dinet**

(1) En 2007, l'UNA s'est, par exemple, engagée dans un programme qui lui a permis d'identifier les structures déjà investies dans les problématiques de fin de vie afin de formaliser et de partager les bonnes pratiques.
(2) Voir « Aide à domicile et maladie d'Alzheimer » - *La lettre de l'Observatoire* n° 25 - Décembre 2012 - Disponible sur www.fondation-mederic-alzheimer.org/Nos-Travaux/La-Lettre-de-l-Observatoire/Archives.
(3) En ligne sur www.mobiqual.org.

L'ONFV **tire la sonnette d'alarme**

Dans son dernier rapport, l'Observatoire national de la fin de vie (ONFV) pointe du doigt le manque de formation des aides à domicile face à la fin de vie de personnes âgées.

Rendu public en janvier dernier, le rapport 2013 de l'ONFV (1) dresse, parmi d'autres sujets, un tableau sombre de la situation professionnelle des aides à domicile confrontées à la fin de vie des personnes âgées. L'état des lieux s'appuie sur deux documents : d'une part, l'enquête « Intervenants à domicile » réalisée par la direction de la recherche, des études, de l'évaluation et des statistiques (DREES) en 2008 et, d'autre part, une étude qualitative menée par ses soins entre février et avril 2013 à partir d'entretiens réalisés auprès de seize professionnelles de l'aide à domicile et de cinq responsables de service exerçant dans huit structures du Val-de-Marne, de l'Essonne et du Doubs.

PIVOTS DE L'ACCOMPAGNEMENT

Le diagnostic part d'un constat : les aides à domicile sont *« devenues un élément clé de l'accompagnement des personnes âgées »*. La DREES évalue en effet à 90 % la proportion de personnes âgées qui bénéficient de l'intervention d'une aide à domicile. Or, comme le note l'observatoire, *« si ces intervenantes sont préparées à faire face à des situations de grande dépendance, l'accompagnement de la fin de vie représente pour elles un tout autre défi »* : de fait, alors que le *« premier glissement vers la dépendance est bien identifié et fait explicitement partie de leur champ de compétence (et de leur programme de formation), le second glissement, celui vers la fin de vie, n'est jamais identifié en tant que tel dans leur cahier des charges ni dans leur cursus de formation. »* Tout se passe comme si cette circonstance était "exceptionnelle", ce qui est loin d'être le cas : selon la DREES, près d'une aide à domicile sur deux serait concernée.

Dans ce contexte, l'ONFV s'inquiète de ce que *« seul un petit nombre d'aides à domicile a reçu une formation aux soins palliatifs »*, ce qui implique qu'elles sont *« souvent réduites à faire appel à leurs qualités naturelles ou à l'improvisation »*. En outre, elles *« ne disposent pas vraiment du soutien de leurs employeurs qui ignorent trop souvent les situations de fin de vie »*, leur priorité étant *« de gérer le quotidien et de parer aux demandes pressantes de leurs clients »*. L'étude qualitative montre ainsi que seule une structure sur les huit interrogées a mis en place un dispositif *« permettant de faire intervenir une seconde aide à domicile pour assurer la fin de la tournée lorsqu'un décès est survenu »*.

« UNE PRIORITÉ NATIONALE »

Fort de ces observations, en conclusion de son rapport, l'ONFV rappelle *« combien la formation initiale et continue ainsi que le soutien de ces professionnels par des équipes d'appui sont des enjeux majeurs, tout comme le travail en réseau avec les équipes d'HAD* [hospitalisation à domicile] *et les réseaux de soins palliatifs »*. Pourtant, selon l'observatoire, *« tous ces soutiens nécessaires font actuellement défaut : les professionnels les plus exposés... sont les moins formés et les moins aidés »*. Donner aux professionnels de l'aide à domicile une réelle formation et un accompagnement professionnel autour des situations de fin de vie figure parmi les dix préconisations finales de l'observatoire. En 2012, *« faire de la formation des aides à domicile une priorité nationale »* faisait déjà partie de ses principales recommandations... **C. S.-D.**

« Seul un petit nombre d'aides à domicile a reçu une formation aux soins palliatifs »

(1) *Rapport 2013 - Fin de vie des personnes âgées - Sept parcours ordinaires pour mieux comprendre les enjeux de la fin de vie en France* - Disponible sur http://bit.ly/1aKUBQp - Voir ASH N° 2844 du 24-01-14, p. 9.

Document n° 4

Plan ALZHEIMER 2008-2012
Formules innovantes de répit et d'accompagnement – Guide pratique à destination des porteurs de projet (extraits)

Ministère des solidarités et de la cohésion sociale, CNSA, Eneis Conseil
septembre 2011

Le répit à domicile

De quoi s'agit-il ?
Le répit à domicile consiste à remplacer à domicile, de façon continue et sur plusieurs jours, l'aidant « principal » qui partage en général le domicile de la personne malade, et plus rarement un aidant non cohabitant. L'aidant peut ainsi s'absenter pour prendre du répit ou s'acquitter d'obligations d'ordre personnel ou professionnel. L'intervenant professionnel va donc apporter à la personne malade une présence et une aide telle que celle assurée au quotidien par son aidant, tout en associant éventuellement d'autres modalités d'accompagnement (animation, activités de stimulation...).

Pour qui ?
Le répit à domicile s'adresse à des *couples ou dyades aidant-aidé*, dont l'un nécessite, pour rester à leur domicile commun, une présence et une aide permanentes.
Ce dispositif est particulièrement adapté au répit de l'aidant principal de personnes atteintes de la maladie d'Alzheimer ou de troubles apparentés, mais aussi de celui de toute personne atteinte d'une maladie handicapante chronique avec une perte d'autonomie importante, sans considération de l'âge de survenue de la maladie.
Le dispositif s'adresse donc toujours à un couple ou à une dyade aidant-aidé et assure, d'une part la présence, l'aide et l'accompagnement continus à domicile du malade, d'autre part le répit et le soutien de l'aidant qui s'absente du domicile.

Pour quoi ?
Le répit à domicile présente l'avantage de maintenir la personne malade dans son environnement de vie avec l'assistance en continu d'un professionnel. Ainsi il ne se trouve pas désorienté, garde ses repères et son rythme de vie habituel. La prestation permet à l'aidant de bénéficier d'une période de plusieurs jours de répit à l'extérieur du domicile, lui donnant l'occasion de se ressourcer, de prendre du recul sur la relation à son proche et de reprendre son accompagnement quotidien dans des conditions plus sereines. La perspective d'une période de répit régulière peut aider à « tenir la distance » entre deux périodes de répit.
L'échange entre les aidants et les professionnels à l'occasion de la préparation et de la restitution des périodes de répit constitue un enrichissement pour les uns comme pour les autres et l'occasion de transferts réciproques de savoir-faire. L'aidant familial se voit ainsi reconnu, non seulement dans ses difficultés quotidiennes, mais aussi dans l'importance de son rôle et de son aide, par un professionnel qui a comme lui « aidé 24h sur 24 » la personne malade à domicile, ce qui facilite les échanges et la confiance.

La garde itinérante de nuit

De quoi s'agit-il ?
La garde itinérante de nuit consiste en des passages de courte durée (généralement entre 15 et 30 minutes) à domicile pour assurer une aide, un soin ou une présence sécurisant

auprès d'une personne nécessitant, pour rester à son domicile, la réalisation de ces prestations en dehors des horaires d'interventions des services de jour.
Les interventions peuvent être soit programmées (suivant un planning récurrent sur une durée déterminée ou indéterminée), soit non-programmés, dans le cadre d'un abonnement, sur demande en cas d'urgence notamment, qui sont organisés soit par un appel direct sur un téléphone d'astreinte, soit par le biais d'un système de téléassistance. Dans ce 2ème cas, le service de Garde itinérante est alors le « référent » de la personne pour le prestataire de téléassistance, et ce de façon permanente ou temporaire, et 24 heures sur 24 ou uniquement la nuit.

Pour qui ?
La garde itinérante de nuit s'adresse à toute personne nécessitant un ou des passage(s) la nuit pour une sécurisation et/ou la réalisation d'actes d'aide à la vie quotidienne.
La question des interventions de nuit se pose aussi pour les actes de soins : ces actes relèvent alors de Services de soins infirmiers à domicile (SSIAD) ou d'infirmiers libéraux. Les recommandations contenues dans le présent chapitre peuvent être utiles à ces services. Cette question rejoint par ailleurs les réflexions en cours relatives à la couverture effective des besoins de soins à domicile.
Ce dispositif semble particulièrement adapté à la prise en charge de personnes atteintes de la maladie d'Alzheimer ou de troubles apparentés mais s'adresse plus globalement à toute personne atteinte d'une maladie handicapante chronique, sans considération d'âge.

Pour quoi ?
La garde itinérante de nuit est un outil du maintien à domicile et de répit des aidants dans la mesure où elle permet :

- ☐ De compléter l'intervention des services à domicile de jour et ainsi de mieux respecter les rythmes de vie des personnes et leur participation à une vie sociale normale (couchers tardifs notamment)
- ☐ D'apporter une sécurité par des passages nocturnes qui rassurent à la fois la personne aidée et ses proches
- ☐ De soulager les aidants, en les relayant sur une partie de l'aide à la personne, et en jouant le rôle de référent pour la téléassistance (quand les aidants sont éloignés, ou quand ils s'absentent temporairement, mais aussi quand ils sont proches – voire cohabitant – et veulent éviter d'être réveillés la nuit)

Ce dispositif présente l'intérêt de soulager et soutenir les aidants, de retarder voire d'éviter l'entrée en établissement, les hospitalisations, et de faciliter les retours à domicile.

Les séjours de vacances

De quoi s'agit-il ?
Les séjours de vacances pour le couple dont une personne est atteinte de la maladie d'Alzheimer ou de troubles apparentés sont des départs collectifs, de durée variable, dans un lieu de villégiature. Selon les objectifs poursuivis, les groupes partant en séjour peuvent être composés de couples aidant-aidé, de personnes malades sans leur aidant, ou encore d'aidants seuls (le malade étant pris en charge à domicile par un autre aidant familial ou par un professionnel).
Ces séjours sont accompagnés de personnel d'encadrement qui assure l'organisation, l'animation et l'accompagnement pendant le séjour. Ils contribuent au répit de l'aidant, à la détente de l'ensemble des participants, et font souvent partie d'un projet d'accompagnement plus global proposé par la structure organisatrice.

Pour qui ?
Ces séjours s'adressent à toute personne atteinte de la maladie d'Alzheimer ou troubles apparentés avec ou sans son aidant, souffrant de l'isolement ou du confinement à son domicile. Ces départs sont particulièrement utiles pour les couples isolés par la survenue de la maladie ou pour permettre un séjour même si le niveau de dépendance de la personne malade est important.

Pour quoi ?
Le départ en vacances poursuit bien entendu un objectif de détente, de bien-être, d'accès aux loisirs. Il peut aussi constituer une opportunité de soutien du lien social, de rupture de l'isolement, d'intégration dans « la vie normale », et un lieu d'observation et d'évaluation des personnes malades dans un lieu différent du domicile habituel. Pour les aidants lorsqu'ils sont présents, les séjours constituent aussi un temps de répit, une rupture bénéfique avec le quotidien, grâce au changement de lieu, aux activités proposées et au climat général du groupe. Le séjour peut permettre aux aidants d'assumer plus sereinement leur rôle à leur retour, grâce notamment aux échanges avec des professionnels et leurs pairs ou, dans certains cas, des actions de soutien plus organisées dans le cadre du séjour, et déclencher une demande d'aide qu'ils ne parvenaient pas exprimer jusqu'alors.
Les séjours trouvent leur intérêt en *complément* à un accompagnement fourni sur une plus longue durée. Le séjour est donc conçu par les opérateurs du secteur social et médico-social comme *un outil supplémentaire au service de leur projet*.

Les activités sociales, culturelles et de loisirs

De quoi s'agit-il ?
Les activités sociales, culturelles et de loisirs consistent à proposer aux malades et/ou aux aidants des activités collectives quelques heures par semaine afin de faciliter le maintien à domicile de la personne malade et de permettre à l'aidant un moment de répit. Il peut s'agir d'ateliers d'expression artistique (collage, peinture, modelage…), d'activité physique, de sorties culturelles (au musée par exemple), d'ateliers de stimulation cognitive, d'art-thérapie…
Ces activités peuvent avoir lieu de manière ponctuelle ou régulière. Ces activités font l'objet d'une prestation particulière et adaptée dont les objectifs et les conditions de déroulement seront spécifiques à ce public et encadrée par des professionnels formés à ce type d'accompagnement.

Pour qui ?
Les activités s'adressent à toute personne atteinte de la maladie d'Alzheimer, à son aidant, voire au couple ou à la dyade aidant-aidé. Des aidants et des malades peuvent par ailleurs se côtoyer au cours de ces activités sans être des « couples ». Les activités s'adressent généralement à des personnes vivant à domicile.

Pour quoi ?
Les activités sociales, culturelles et de loisirs contribuent au maintien du lien social, au répit des aidants, et ainsi à la qualité de vie à domicile. Elles se différencient d'activités d'animation ou d'ateliers occupationnels tels que l'on peut en trouver dans le droit commun, au sein de maisons de quartier par exemple, car elles sont adaptées aux personnes atteintes de la maladie d'Alzheimer. Elles se distinguent aussi de ces activités proposées en maisons de retraite, en centre ou accueil de jour, en ce qu'elles se déroulent en dehors d'institutions sanitaires ou médico-sociales, dans des lieux plus ordinaires.

La participation à une activité sociale, culturelle ou de loisirs peut permettre :

☐**De lutter contre l'isolement social** des personnes fragilisées (malades et aidants), par la sortie de chez soi et par les rencontres qu'elle permet.

☐**D'offrir aux personnes malades une source de bien-être psychique** (par la valorisation de la personne, l'interaction avec d'autres), **et/ou physique** (lors d'une activité de gymnastique douce ou de relaxation par exemple)

☐**D'offrir du répit** et de soulager les aidants quelques heures par semaine, soit qu'ils aient du temps pour eux pendant que leur proche participe à l'activité, soit qu'ils y participent eux-mêmes.

☐ **De favoriser l'inscription de l'aidant dans un parcours de répit** dont les activités sociales, culturelles ou de loisirs sont susceptibles d'être une porte d'entrée.

☐**D'améliorer la relation entre l'aidant et l'aidé**, par la présence de tiers qui rompent le sentiment d'enfermement, et en faisant évoluer le regard de chacun sur soi et sur l'autre

Document n° 5

La Charte européenne de l'aidant familial se place en référence aux grands textes internationaux, rédigés sous les auspices des Nations Unies, du Conseil de l'Europe, de l'Union européenne et du Forum européen des personnes handicapées, et ayant directement trait à la vie, à la dignité, aux droits et à la pleine citoyenneté des personnes handicapées et de leurs familles. Au-delà du handicap, elle rencontre les besoins des aidants familiaux quelque soit la cause de la dépendance de la personne aidée (âge, maladie, accident, ...).

Cette Charte est conçue comme un outil de référence qui sera proposé aux diverses organisations représentatives des personnes en situation de handicap et / ou de dépendance ainsi que de leurs familles au sein de l'Union européenne, et aux instances officielles de l'Union européenne.

Elle permet de contribuer à la conciliation de la vie familiale et de la vie professionnelle grâce à un choix éclairé de l'aidant et conformément aux objectifs de la stratégie de Lisbonne (2000).

Cette Charte fait suite au projet « Aide aux aidants familiaux » conduit par des organisations membres de COFACE-Handicap au cours des années 2005-2006. Elle a reçu le soutien du Conseil d'Administration de la Confédération des organisations familiales de l'Union européenne (COFACE) le 16 mars 2009.

POUR PLUS D'INFORMATIONS, N'HÉSITEZ PAS À CONTACTER LE SECRÉTARIAT DE LA COFACE

coface

Confédération des organisations familiales de l'Union européenne
Rue de Londres 17
B-1050 Bruxelles
Belgique

Tel. +32 2 511 41 79
Fax. +32 2 514 47 73
secretariat@coface-eu.org
www.coface-eu.org

Cette publication bénéficie du soutien du programme communautaire pour l'emploi et la solidarité sociale - PROGRESS (2007-2013). Les points de vue exprimés dans cette publication sont ceux des auteurs et la Commission n'est pas responsable de l'utilisation de ces informations.

COMMISSION EUROPEENNE
DG Emploi,
Affaires sociales et Egalité des chances

coface HANDICAP

CHARTE EUROPÉENNE DE L'AIDANT FAMILIAL

Avec le soutien de la COFACE

AVANT-PROPOS

Actuellement, dans la plupart des pays européens, les réponses des autorités publiques à la question de la dépendance (quelle que soit la cause: handicaps, maladies, âge, accidents, ...) sont absentes ou insuffisantes. En conséquence, de nombreux proches, et en particulier les femmes, doivent pallier ce manque.

Les solidarités familiales ne peuvent en aucun cas exonérer un état ou les autorités publiques de leur devoir de répondre adéquatement à l'aide nécessaire pour la vie des personnes qui dépendent d'un tiers pour les actes de la vie quotidienne.

COFACE-Handicap estime que la reconnaissance et le soutien des proches aidants permettrait un maintien et/ou une amélioration de la qualité de vie tant des aidants que des personnes aidées. Par cette reconnaissance, il s'agit donc avant tout de préserver la qualité de vie des familles : veiller à la santé physique et psychique des aidants, conserver des liens familiaux habituels entre parents et enfants et à l'intérieur du couple, prévenir un appauvrissement financier, permettre la conciliation vie professionnelle / vie familiale et maintenir les droits de chacun de ses membres.

Tout en revendiquant un accroissement des aides pour les personnes dépendantes (logement, mobilité, enseignement et formation, emploi, ressources, services adéquats, etc.), il a semblé à COFACE-Handicap, que les proches aidants, qui fournissent une disponibilité (parfois contrainte) et une aide gratuite, devaient bénéficier impérativement d'une reconnaissance à travers un certain nombre de droits. Ces droits doivent, en outre, leur permettre un choix éclairé de devenir ou non aidant en accord avec la personne aidée.

Le proche aidant ou aidant familial est donc cet homme ou cette femme, non professionnel, qui, par défaut ou par choix, vient en aide à une personne dépendante de son entourage.

Cette Charte a pour objet non seulement de reconnaître des droits à ces proches aidants mais également de leur donner une visibilité sociale dans cette aide qu'ils accordent souvent au détriment de leur vie personnelle, familiale et / ou professionnelle.

La finalité de la Charte est d'obtenir que les aidants familiaux soient à égalité de droits et de chance au même titre que n'importe quel citoyen.

17/28

Charte européenne de l'aidant familial - Confédération des organisations familiales de l'Union européenne - 2007

1 DÉFINITION DE L'AIDANT FAMILIAL

L'aidant familial est «la personne non professionnelle qui vient en aide à titre principal, pour partie ou totalement, à une personne dépendante de son entourage, pour les activités de la vie quotidienne. Cette aide régulière peut être prodiguée de façon permanente ou non et peut prendre plusieurs formes, notamment : nursing, soins, accompagnement à l'éducation et à la vie sociale, démarches administratives, coordination, vigilance permanente, soutien psychologique, communication, activités domestiques, ... ».

2 CHOIX DE L'AIDANT FAMILIAL

La personne en situation de handicap et / ou de dépendance doit avoir à tout moment la possibilité de choisir son aidant non professionnel dans sa famille ou son proche entourage. Si elle n'est pas à même d'exprimer ce choix, tout doit être fait pour que sa volonté soit respectée. Réciproquement, l'aidant familial doit pouvoir choisir d'accomplir son rôle d'aidant à temps plein ou à temps partiel en conciliant éventuellement ce rôle avec une activité professionnelle. Ce choix doit être libre et éclairé, et doit pouvoir être réévalué en tout temps.

3 SOLIDARITÉ NATIONALE

Le choix par la personne en situation de handicap et / ou de dépendance d'un aidant non professionnel et la solidarité intrafamiliale n'exonèrent en aucun cas les autorités publiques nationales et locales de leur obligation de solidarité à l'égard de la personne aidée et de l'aidant. Cette solidarité doit se traduire par une reconnaissance sociale officielle, assortie de droits sociaux et de tous types de soutiens. L'aide apportée pourrait en outre faire l'objet d'une reconnaissance financière légale.

4 SOLIDARITÉ FAMILIALE

Les familles sont, en règle générale, un lieu privilégié d'épanouissement des personnes en situation de handicap et / ou de dépendance. La solidarité familiale doit se développer en complémentarité et en bonne harmonie avec la solidarité nationale.

5 PLACE DE L'AIDANT FAMILIAL DANS LES SYSTÈMES DE SANTÉ

La place de l'aidant familial doit être reconnue et prise en compte, en tant que telle, dans toutes les politiques de santé et de protection sociale. Cette reconnaissance sociale doit « officialiser » le rôle de l'aidant familial. L'aidant familial a droit à des infrastructures de soins et à divers réseaux de soutien moral et psychologique sur lesquels il peut s'appuyer.

6 STATUT OFFICIEL DE L'AIDANT FAMILIAL

L'aidant familial, dans le cadre de son action d'aidant doit bénéficier de droits sociaux et de moyens pour accompagner la personne en situation de handicap et / ou de dépendance dans toutes les activités de la vie sociale. L'aidant familial doit bénéficier d'une égalité de traitement :

- → **en matière d'emploi et de travail :** aménagement du temps de travail, congés, aide au retour à l'emploi, maintien des régimes de protection santé et de protection sociale;
- → **en matière d'accessibilité universelle :** transports, logement, culture, cadre bâti, communication, ..., par une compensation financière;
- → **en matière de retraite :** par la reconnaissance de son statut d'aidant;
- → **en matière de validation des acquis :** par la reconnaissance de son expérience dans sa fonction d'aide.

7 QUALITÉ DE VIE

La qualité de vie de la personne aidée et celle de son aidant sont interdépendantes. Aussi convient-il de développer toutes politiques de prévention (maladie, fatigue, surcharge, épuisement, ...) permettant à l'aidant familial d'être en pleine capacité de répondre aux besoins de la personne aidée. L'aidant et la personne aidée doivent pouvoir être soutenus par des services et des structures de proximité agréés et habilités.

8 DROIT AU RÉPIT

Ce droit est une nécessité fondamentale et peut se traduire en termes de soutien, de renfort ponctuel en cas d'urgence, de services de suppléance et / ou de centres d'accueil temporaire de qualité pour une plus ou moins longue durée selon les besoins (temps de vacances, repos, santé, ...).

9 INFORMATION / FORMATION

L'aidant familial doit être informé sur ses droits et devoirs. L'aidant familial doit avoir accès à toutes informations facilitant l'accomplissement de son rôle d'aidant. Il doit également avoir accès à toutes formations spécifiques visant une meilleure qualité de sa fonction d'aidant. Un système de formation doit être mis en place par les autorités publiques en pleine concertation avec les organisations représentatives.

10 ÉVALUATION

L'évaluation doit être permanente engageant tant les personnes aidées que les aidants familiaux, que les autorités publiques :

- → **évaluation des besoins** tant de la personne aidée que de la personne aidante;
- → **évaluation des services rendus** à termes réguliers et / ou à la demande : il revient aux autorités publiques de veiller au bon accomplissement et à la qualité de l'accompagnement de la personne aidée, et de formuler les recommandations nécessaires.

La personne aidée et l'aidant familial sont les premiers experts de leurs besoins et des réponses propres à les satisfaire. Ils doivent obligatoirement intervenir ou se faire représenter par une personne de leur choix dans les procédures d'évaluation.

18/28

Document n° 6

[...]

3.1 LES CONSEQUENCES DU ROLE D'AIDANT

Les aidants ont été questionnés sur les incidences et les répercussions de leur rôle sur leur vie personnelle.

Sont citées ici les expressions de personnes interrogées, issues à la fois des questionnaires et *des entretiens* (pour ceux-ci les citations apparaissent en italique).

26% des aidants estiment que le soutien qu'ils apportent à la personne handicapée n'a pas ou peu d'impact sur leur vie personnelle.

Il s'agit d'une part importante (plus d'un quart), mais on peut apporter quelques nuances :

- L'absence d'impact exprimé n'exclut pas l'existence de difficultés ou de besoins ou attentes *(voir infra)*
- Nous verrons que les aidants peuvent avoir tendance à minimiser l'impact de la situation de handicap et de l'aide qu'ils apportent sur leur vie personnelle, c'est-à-dire avoir tendance à qualifier leur rôle de « normal ».

Reste qu'une forte majorité des aidants (environ les trois quarts) indiquent des conséquences de leur rôle d'aidant dans un ou plusieurs domaines de leur vie.

L'impact de la situation de handicap sur la vie de l'aidant pourra être qualifié parfois de 'destructeur' à plusieurs égards, ceci ressortant plutôt des entretiens qui ont permis d'aller plus 'au fond' du ressenti des personnes.

Les domaines où le rôle d'aidant, selon les répondants, a des répercussions les plus importantes concernent la santé (43%), le temps libre (42%), les revenus (42%) et la vie sociale (40%).

CONSEQUENCES SUR LA SANTE

Plus de 40% des aidants déclarent que ce rôle a un impact assez important ou très important sur leur santé.

Stress, nervosité, épuisement moral, anxiété voire angoisse sont souvent cités. La fatigue physique est également mentionnée et notamment les douleurs dorsales liées au portage des personnes présentant un handicap moteur.

Les répercussions sur la santé sont d'autant plus citées que l'aidant avance en âge. En effet, 78% des aidants de moins de 30 ans déclarent un impact pas ou peu important alors que 65% des aidants de plus de 70 ans estiment que leur rôle a un impact assez ou très important sur leur santé.

La santé physique

Une majorité de femmes rencontrées, quel que soit leur âge, parlent tout d'abord de leurs problèmes de santé, liés à l'aide qu'elles apportent. Il s'agit souvent de douleurs musculaires et dorsales, et d'un manque de sommeil.

Cependant, elles ne s'appesantissent pas sur leur santé, et ne prennent pas toujours le temps de prendre soin d'elles.

> *« Je vais rarement chez le médecin, et quand j'y vais c'est trop tard ! ».*

Une des personnes a pourtant expliqué que prendre soin de son fils allait de pair avec sa propre santé.

> *« Je fais en sorte de m'occuper de ma santé, pour pouvoir aider au maximum mon fils. ».*

Toutes les personnes interrogées dans le cadre des entretiens, sans exception, expriment leur **épuisement** lorsque le thème est abordé.

> *« C'est moins dur que d'aller à la mine, c'est supportable mais le rythme est dur à tenir. C'est comme une course de fond, il faut bien connaître son rythme cardiaque.»*

On note à travers cette citation cette tendance des aidants à minimiser l'incidence de la situation de handicap sur leur propre santé, notamment en termes de fatigue. Bien qu'elle soit reconnue (d'ailleurs peut-être plus facilement dans le cadre des entretiens), elle est nuancée.

La santé psychique

L' « épuisement » physique est souvent lié à une fatigue psychique.

> « Je suis souvent fatigué physiquement et surtout moralement » ;
>
> « Les aidants familiaux sont épuisés physiquement et moralement. »
>
> « La fatigue engendre parfois des tensions ».

Presque toutes les personnes rencontrées dans le cadre des entretiens s'accordent à dire que leurs difficultés sont principalement psychologiques.

> *« Le plus difficile, c'est l'aspect psychologique : faire face aux frustrations de son conjoint et à ses propres frustrations, à la culpabilité... »*
>
> *« On vit sur les nerfs. Je subis la maladie de mon conjoint de plein fouet, il n'accepte pas sa perte d'autonomie ».*

Certains évoquent clairement une tendance dépressive, ou des troubles qu'on connaît associés à la dépression ou encore la prise d'un traitement, en lien avec la difficulté de leur situation, du soutien insuffisant qui leur est procuré (que ce soit au niveau de l'aide professionnelle extérieure, du soutien psychologique familial, amical ou professionnel).

> « Au début du handicap de mon époux j'ai dû cesser mon activité, son état ayant déclenché pour moi une grosse dépression ».

Dans cette situation, la situation de handicap impacte l'état de santé de l'aidant, et cette dégradation de la santé à son tour a une incidence sur la vie professionnelle.

Les conséquences sur la santé psychique sont sans doute liées pour partie à l'impact de la situation de handicap sur la vie sociale et affective, voire professionnelle, et au sentiment d'isolement qu'il peut générer.

Résister pour « tenir le coup »

On a pu constater une tendance de nombreux aidants à minimiser leur souffrance, leur fatigue et difficultés.

> *« Oui je suis fatiguée, mais c'est normal. De toute façon, si je ne fais rien, personne ne le fera »*
>
> *« (...) je n'ai pas le choix. J'ai peut-être une santé psychologique plus solide que d'autres. Et puis il y a des situations plus dures que la mienne »*

Certaines personnes rencontrées lors des entretiens estiment ainsi que leur fatigue, bien que justifiée par ce qu'ils font quotidiennement, est mineure par rapport à la souffrance de la personne qu'ils aident. Ils ne conçoivent pas leur souffrance séparément de celle de la personne qu'ils aident, et n'osent pas toujours formuler une véritable plainte par rapport à leur propre fatigue. Ainsi, il est parfois difficile de les faire s'exprimer sur leurs propres souffrances. Il a d'ailleurs été noté qu'ils s'exprimaient à ce sujet de façon plus spontanée en fin d'entretien, après avoir « listé » leurs difficultés dans les autres domaines, comme s'ils ne réalisaient pas leur épuisement d'emblée, comme si le fait de relater leur quotidien leur faisait prendre conscience de la situation particulièrement fatigante dans laquelle ils se trouvent.

Cette minoration caractérise une manière de résister, de « tenir le coup » (l'expression revenant régulièrement) au regard de la charge que représente le rôle d'aidant et de l'impact de ce rôle sur la situation de l'aidant. Les personnes interrogées lors des entretiens font ainsi part d'autres 'stratégies', d'autres ressources, pour aborder les difficultés morales plus sereinement :

> *« Je suis très croyante, et c'est ma foi qui me fait tenir le coup »,*
>
> *« Je me rattache à la beauté de la vie »,*
>
> *« C'est une force vitale qui me fait tenir le coup, je me dis : 'Il faut vivre quand même' »*
>
> *« Ma force de combativité doit venir de mon ascendant astrologique ».*
>
> *« Je sens le contre coup, alors je m'occupe pour ne pas divaguer. »*

CONSEQUENCES SUR LA VIE SOCIALE

40% des personnes interrogées considèrent que l'aide apportée a une incidence sur leur vie sociale et ce, quel que soit le lien de parenté avec la personne aidée.

Ici l'impact de la situation de handicap sur la vie de l'aidant est en général confondu avec l'impact sur la vie de la personne handicapée, a fortiori lorsque l'aidant est le conjoint ou l'ascendant de l'aidé. **Les personnes interrogées ne distinguent souvent pas ou peu leur situation de celle de la personne qu'ils aident,** et considèrent leur vie sociale comme étroitement liée à la leur.

On remarque que le principal impact est la **limitation des sorties** (et des voyages). La **réduction du cercle relationnel et amical** est aussi une conséquence citée par les personnes interrogées

> « Il est difficile d'inviter des amis »,
>
> « Impossible d'accepter des invitations sauf lorsqu'elles sont programmées très en avance ».

On verra que ces deux conséquences peuvent aboutir à un **isolement**.

Les causes de cette réduction de la vie sociale

Elles renvoient indifféremment à la « situation » de handicap : On constate en effet dans les commentaires des aidants à propos des conséquences sur la vie sociale (de la personne et de l'aidant) qu'elles sont liées non seulement à l'état de santé de la personne handicapée, mais aussi – et surtout ! – à l'environnement qui peut intervenir en tant qu'obstacle dans la réalisation d'activités et la participation sociale. On peut rappeler ici la définition du handicap telle que retenue par la loi du 11 février 2005 qui préconise une approche globale et situationnelle du handicap, décrivant celui-ci comme une interaction entre la personne et son environnement.

Pour ce qui relève directement de l'**état de santé de la personne**, c'est plutôt une grande fatigabilité qui conduit à limiter les sorties.

S'agissant de l'environnement, le **manque d'adaptation physique des lieux** extérieurs au domicile (publics ou privés) peut faire obstacle aux sorties.

> « On ne se rend que dans les lieux de plain-pied ou avec ascenseur. »
>
> « Mauvais aménagements des salles de cinéma, des trottoirs, des magasins, des hôtels, des accès aux gares, aux métros ... »

C'est aussi **l'attitude de l'entourage** – en tout cas la perception que peuvent en avoir la personne handicapée et l'aidant – qui peut avoir tendance à réduire leur participation sociale.

Il peut s'agir d'une réticence à sortir en raison du « regard des autres », voire d'un « rejet ».

> « Ce sont les gens extérieurs qui me font réaliser les handicaps de mon mari ; ils me font peur. »
>
> *« Ça fait peur la maladie puis ça fait honte. »*

Mais c'est aussi l'attitude des gens connus, et même des amis, qui est en cause :

> « Personne ne nous invite »
>
> « Certains amis se sont un peu éloignés, et c'est pénible d'aller les voir avec mon fils. »
>
> « A part la famille très proche (...) on ne voit plus personne, ils ont peur de la maladie. »
>
> « Lorsqu'on a un enfant handicapé, les gens se détournent très vite de vous, quelques personnes de la famille aussi et nous ne vivons que par la maladie de J. »
>
> « On se retrouve tout seul, on manque de compassion. »

C'est enfin le **manque de relais** (professionnel ou non) et la difficulté (voire l'impossibilité) pour l'aidant principal de s'absenter en laissant seule la personne handicapée qui conduit à limiter les sorties. On est bien ici sur le registre de la vie sociale 'personnelle' de l'aidant, c'est-à-dire en dehors de sa vie commune avec la personne aidée.

> « Ma présence est nécessaire à chaque instant. Tout seul, mon mari ne peut rien faire. Je suis enfermée avec lui dans mon F3 et je n'ai plus de lien avec l'extérieur. »
>
> « Malgré le peu de temps où je suis parfois obligée de m'absenter, en dehors du moment où nous avons l'aide à la personne, mon époux en profite pour se mettre en danger (monter à l'étage, sur l'échelle, l'escabeau...) Ma liberté d'aller et venir est tout à fait limitée du fait qu'il refuse de systématiquement de m'accompagner sous prétexte que ce n'est pas facile pour lui. Il aimerait bien que je le laisse seul mais je me sens pleinement responsable et n'ose imaginer ce qui se passerait s'il lui arrivait un accident en mon absence. »

On voit apparaitre à travers cette citation le sentiment de responsabilité / culpabilité souvent ressenti par les aidants.

L'isolement

La présence continue de l'aidant auprès de la personne handicapée, la limitation des sorties ainsi que la réduction du cercle relationnel et amical peuvent aboutir à un réel **isolement** – à la fois de la personne aidée et de l'aidant.

Cet isolement – pas toujours exprimé directement – peut être ressenti comme une fatalité, un poids.

> « Quand la maladie arrive, vous êtes abandonnés, la sonnette ne chauffe plus ».
>
> « On se sent seul, c'est une responsabilité et l'avenir est morose ».

Mais l'isolement n'est pas toujours <u>exprimé</u> a priori comme quelque chose de négatif pour les aidants, qui disent parfois en avoir fait le choix ... mais souvent par défaut.

> *« On est quand même assez seuls, mais nous l'avons choisi. »*
>
> « C'est beaucoup mieux d'être seul. De toute façon les gens aussi ont peur et préfèrent fuir. »
>
> « Il n'y a plus personne mais finalement c'est très bien. »

On peut interpréter de telles réactions comme une manière d'accepter la situation en en minimisant la gravité, cependant cette 'résignation' qui se traduit parfois par une forme de cynisme n'exclut sans doute pas l'amertume et la souffrance.

> « Il est utopique de compter sur la famille et les amis pour s'occuper de la personne handicapée. Les relations humaines se font pour les choses agréables, mais pas pour les tâches pénibles et fatigantes. »

Lors des entretiens a été constatée sur ce point une différence selon que les personnes vivent en milieu urbain ou rural. Il est ressorti que ces dernières se sentent souvent moins seules que celles vivant en ville (surtout dans l'agglomération lyonnaise), du fait qu'elles connaissent mieux les personnes vivant à proximité, et du fait d'une plus grande solidarité.

> *« Les gens viennent boire un café l'après-midi quand elle est toute seule, quand ils voient que ma voiture n'est pas là. »*

L'isolement pourra bien entendu être aggravé en l'absence d'entourage familial mais également lorsque l'aidant n'exerce pas ou plus d'activité professionnelle *(Voir infra).*

CONSEQUENCES SUR LA VIE PERSONNELLE

Les conséquences du rôle d'aidant sur sa vie personnelle peuvent toucher sa vie sentimentale, sa vie familiale, ou encore 'le temps dont il dispose pour faire les choses qu'il aime'.

Globalement, 32% des aidants déclarent que leur rôle a des répercussions négatives sur leur **vie sentimentale** (c'est-à-dire que l'impact de l'aide sur la vie sentimentale est assez important ou très important) ; ce taux est plus élevé lorsque le conjoint est aidant (42%).

Différents sentiments et ressentis sont exprimés par les personnes interrogées s'agissant des conséquences du handicap sur leur vie sentimentale :

Plusieurs indiquent n'avoir « plus de vie sentimentale », parfois depuis longtemps, ou notent un manque d'intimité. Celui-ci peut être lié à l'intervention de professionnels au domicile conjugal.

> « Nous avons chaque année des dizaines d'auxiliaires de vie qui entrent dans notre intimité. Nous avons fait le choix de limiter leurs interventions pour préserver notre vie de couple. »

Une « frustration sexuelle » est citée par une personne seulement.

Une 'confusion des rôles' peut aussi être difficile à vivre.

> « Je ne peux être à la fois épouse, mère et gendarme ! »

Pour d'autres encore, la proximité avec la personne handicapée peut parfois être pesante.

> *« Être souvent l'un sur l'autre ne m'aide pas. »*
>
> *« Il me soûle !»*
>
> *« Je suis entourée de personnes malades »* dit une aidante qui a soigné sa mère depuis l'âge de dix ans, puis sa fille et aujourd'hui son mari.

Une mère indique cependant que le fait d'avoir un enfant handicapé a rapproché le couple

> « Le fait d'avoir J. nous a encore plus soudés ».

S'agissant de la **vie familiale**, plus d'un tiers des aidants considèrent comme assez ou très importante l'incidence de l'aide sur le temps dont ils disposent avec les autres membres de leur famille.

En ce qui concerne les conjoints aidants vivant avec un ou plusieurs enfants (un tiers des conjoints aidants), le quart d'entre eux indiquent des répercussions assez ou très importantes.

L'impact sur la vie familiale peut se caractériser pour l'aidant par une forme de 'tiraillement' dans ses liens avec les différents membres de sa famille, voire un obstacle à leur parentalité.

> « Je fais en sorte de me partager entre mon fils et mon époux. »

> « Lorsque j'ai fini avec ma femme, je peux sortir avec mon fils. »

> « Je ne vois que ma fille sur mes trois enfants. »

Une culpabilité peut alors apparaitre vis-à-vis des autres membres de la famille.

> *« Ça m'embête pour mon fils, il doit avoir sa vie. »*

L'éloignement géographique associé au peu de temps disponible peut rendre les liens familiaux difficiles à maintenir.

> « Il est assez rare de se déplacer pour voir les enfants et petits enfants. »

> *« Je ne peux pas compter sur le père de mes fils, ni sur ma famille, ils sont trop loin et les grands-parents trop vieux. »*

Si certaines personnes interrogées disent pouvoir compter sur leur famille (voire ne compter que sur leur famille), d'autres au contraire souffrent d'un abandon de la part de celle-ci.

> *« La famille s'en va dès que la maladie s'aggrave »*

Naturellement, l'impact du handicap sur la vie familiale est d'autant plus important que le temps quotidien d'aide consacré à la personne est élevé : une incidence assez ou très importante est citée par 40% des aidants intervenants plus de 6 heures par jour, contre 28% quand l'intervention ne dépasse pas 2 heures.

En lien avec le manque de relais, et avec le temps consacré à l'aide, plus de 40% des personnes interrogées notent un **manque de temps libre** pour faire les choses qu'elles aiment : pour celles-ci l'impact de l'aide sur le temps libre dont elles disposent est qualifié d'assez ou de très important.

> *« Il n'y a pas de dimanche ... quand tout le monde est couché j'ai du temps pour moi. »*

> *« Je ne sors pas, que rarement. Peut-être une fois tous les deux ou trois mois »*

Si la durée quotidienne de l'aide ne semble pas être discriminante, en revanche, l'ancienneté de l'aide apportée a une influence sur les réponses ; en effet, plus de 3/4 des personnes venant en aide depuis moins de 2 ans déclarent « pas ou peu » d'impact sur leur temps libre alors que 48% considèrent l'impact « assez ou très » important lorsque l'aide est apportée depuis plus de 10 ans.

Pour des personnes intervenant ou vivant depuis longtemps auprès de la personne handicapée, il arrive que ce rôle d'aidant 'prenne le pas' sur leur vie privée, sociale et professionnelle, qu'elles soient 'réduites' à ce rôle, cette 'mission', ou point de s'oublier.

Document n° 7

PRATIQUES

DÉPENDANCE

Un café pour aider les aidants

8 millions de personnes en France sont considérées comme aidantes (1). Une implication qui se conjugue parfois difficilement avec les vies personnelle et professionnelle. Les cafés des aidants permettent de les accompagner.

© FREDERIC MAIGROT/REA

Il n'existe pas un profil type d'aidant, même si la Coface (2) en donne une définition ainsi formulée : « Personne non professionnelle qui vient en aide à titre principal, pour partie ou totalement, à une personne dépendante de son entourage, pour des activités de la vie quotidienne ». Cette aide régulière peut être prodiguée de façon permanente ou non et peut prendre plusieurs formes, notamment : nursing, soins, démarches administratives, coordination, vigilance permanente, soutien psychologique, communication, activités domestiques…

Être aidant est une relation unique à l'autre, et peut constituer une expérience significative. Pour autant, certains aidants témoignent de leurs difficultés à la conjuguer avec leur vie professionnelle. La flexibilité des horaires, le recours au temps partiel, les congés ou même la retraite anticipée sont souvent des choix contraints. La vie personnelle s'en trouve également impactée et des temps de loisirs, de repos, de récupération sont nécessaires pour assurer la meilleure santé pour l'aidant et celle de l'aidé.

Échanges structurés

Pour aborder ces questions, plusieurs associations en lien avec l'Association française des aidants ont développé le concept de café des aidants, basé sur la rencontre et les échanges structurés autour de thématiques relevant de la situation d'aide. Il existe en France de nombreux lieux de paroles ou d'échanges, mais ils sont essentiellement centrés sur une pathologie. Le réseau Café des aidants permet, lui, le partage d'une vision, d'une méthodologie commune enrichie d'un maillage terrain. Chaque séance d'une heure et demie environ débute par une conférence animée par un psychologue en vue d'apporter des éléments de réflexion autour d'un thème précis et se poursuit par un partage d'expérience en co-animation avec un travailleur social. Les rencontres sont basées sur un principe de convivialité « autour d'un café ». Le principe est l'accès libre et gratuit des aidants, idéalement au nombre de huit à dix afin de favoriser les échanges, d'y apporter informations et renseignements pratiques mais surtout le soutien moral et psychologique nécessaire dans la situation de l'aide à l'autre. ◆

Marc Ferrero

(1) Source : Association française des aidants en 2014.
(2) Confédération des organisations familiales de l'Union européenne.

Marc Ferrero, psychologue clinicien et référent du Café des aidants pour PROBTP, en partenariat avec l'Association française des aidants

La difficulté d'être seuls, la désaffection du voisinage, la souffrance physique

DR

Ce jour-là, l'assistante sociale a ouvert la séance sur les questions d'alimentation propres aux personnes âgées. Mais très rapidement, les échanges bifurquent vers les problèmes quotidiens des aidants : la difficulté d'être seuls, la désaffection du voisinage, la souffrance physique difficile à soulager de celui qui est aidé, la souffrance psychique de celui qui aide, la culpabilité de ne pas pouvoir faire plus ou mieux… Les participants s'écoutent, échangent leurs impressions, perçoivent les obstacles que leurs voisins éprouvent et prennent le temps de mettre des mots sur le malaise qui les étreint. Ils disent aussi l'incompréhension de leurs enfants qui, eux, militent pour un placement en institution faisant fi de quarante ans de vie commune pour certains. Le Café des aidants est là pour cette écoute mais aussi pour proposer un accompagnement adapté et facilitateur pour les acteurs, qu'ils soient aidants ou aidés.

Contact : marc.ferrero@probtp.com

Document n° 8

Les aidants familiaux, un rempart contre la maladie, le handicap ou la dépendance
Par Pierre BIENVAULT
www.la-croix.com
6 octobre 2013

La 4e Journée nationale des aidants est organisée dimanche 6 octobre à Paris avec le soutien du ministère des personnes âgées.
L'occasion de mettre en lumière le rôle, essentiel mais parfois épuisant, de ces 8 millions de Français qui accompagnent une personne malade, handicapée ou âgée.
Selon une étude, un tiers des Français prennent ou ont déjà pris soin d'un proche âgé en perte d'autonomie.

« Il est difficile de connaître avec précision le nombre d'aidants en France. Globalement, on estime à 8 millions le nombre de personnes qui accompagnent un proche malade, handicapé ou âgé », explique Claude Van Leeuwen, fondatrice d'Avec nos proches, une association qui a mis en place, fin 2012, un réseau d'entraide téléphonique pour les aidants.
Dimanche 6 octobre, cette association participe à la 4e journée nationale des aidants et co-organise une journée de débats à Paris en présence de la ministre déléguée aux personnes âgées, Michèle Delaunay. « Cette journée est l'occasion de mettre en lumière le rôle essentiel mais souvent invisible, joué par ces proches », explique Claude Van Leeuwen, qui en 2010 a pris un congé sabbatique d'une année pour accompagner son père malade d'un cancer.

4,3 millions d'aidants de personnes âgées
Selon une étude Opinion Way (1) publiée dimanche, un tiers des Français prennent ou ont déjà pris soin d'un proche âgé en perte d'autonomie. Cette aide de proximité, souvent familiale, intervient tous les âges de la vie. Mais bien souvent, elle concerne des personnes âgées. Selon une enquête ministérielle, on estime à 4,3 millions le nombre de personnes qui aident régulièrement au moins un de leurs proches âgés de 60 ans ou plus.
Parmi elles, 3,9 millions apportent une aide à la vie quotidienne, les autres une aide financière, matérielle ou un soutien moral. Ces aidants de la vie quotidienne sont âgés en moyenne de 59 ans et 53 % sont des femmes. La moitié d'entre eux sont les enfants de la personne âgée et un tiers leur conjoint. Les autres sont des membres de la famille (frères, sœurs, etc.), ou de l'entourage (amis, voisins, etc.).

Un risque d'épuisement physique et moral
Au total, deux aidants sur dix, soit environ 690 000 personnes, ressentent une charge importante, synonyme de fatigue morale ou physique. Parmi eux, 56 % déclarent que le fait d'aider affecte leur santé. Ils sont également 18 % à déclarer avoir renoncé, au cours des 12 derniers mois, à des soins alors qu'ils en ressentaient le besoin.
« Beaucoup d'aidants n'ont pas conscience de ce risque d'épuisement », souligne Claude Van Leeuwen, en insistant sur le déni ou la culpabilité affichés par certains proches. « Ils estiment qu'ils n'ont pas le droit de se plaindre, ni de prendre soin d'eux, l'unique priorité étant, à leurs yeux, l'état de santé du proche qu'ils accompagnent, ajoute-elle. C'est pourtant essentiel de faire attention à soi. Environ un aidant sur deux est atteint de dépression au bout de deux à trois ans. Et des études ont montré que 30 % des proches, qui accompagnent une personne atteinte de la maladie d'Alzheimer, décèdent avant elle ».

Une charge horaire importante
Une autre étude, dévoilée vendredi 4 octobre par l'Association des paralysés de France (APF), s'intéresse, elle, à des aidants de proches plus jeunes. L'association a interrogé 440 personnes, dont 81 % aident une personne de moins de 60 ans. Dans la grande majorité des cas (74,3 %) ces aidants sont des femmes. Ce soutien représente une charge horaire importantplus de 40 heures par semaine pour un tiers des répondants.
Il est aussi inscrit dans la durée puisqu'il dure en moyenne depuis plus de 16 ans. Un aidant sur deux, déclare par ailleurs que le rôle d'aidant représente un choix préjudiciable pour sa carrière

professionnelle et seuls 37,5 % d'entre eux exercent une activité professionnelle. Autre constat: 40 % des répondants ont aménagé leur temps de travail en raison de l'aide apportée à un proche.

Des entreprises en soutien de leurs salariés

Lors du débat, organisé à Paris dimanche, cette question de la vie professionnelle sera abordée. « C'est une question importante. Beaucoup de salariés aidants sont obligés de s'absenter de manière régulière. Il existe des possibilités de congés spécifiques mais qui restent encore mal connus », explique Claude Van Leeuwen. Selon elle, ces dernières années, certaines entreprises ont commencé à prendre conscience du problème, notamment en développant le « don », entre salariés, de journées de réduction du temps de travail (RTT).

Le président du directoire du groupe Bayard (éditeur de *La Croix*), Georges Sanerot, doit participer à ce débat, notamment pour évoquer le dispositif Responsage mis en place pour aider les salariés confrontés à la dépendance d'un membre de leur famille. Selon l'étude d'Opinion Way, 88 % des Français souhaitent une amélioration des congés familiaux existant et un aménagement du temps de travail afin de concilier au mieux la vie d'aidant avec leur activité professionnelle.

Pouvoir parler à des gens qui ont « vécu la même chose que vous »

Face à ce problème, les associations sont aussi souvent en première ligne. Le réseau « Avec nos proches » s'adresse par exemple aux personnes, qui accompagnent des personnes âgées ou malades. L'objectif est de les mettre en contact, au téléphone, avec des parrains et des marraines, en fait des bénévoles qui, par le passé, ont eux-mêmes joué ce rôle d'aidants.

« Dans ce genre de situation, c'est important de pouvoir parler avec des gens qui ont vécu la même chose que vous. Et qui vont pouvoir écouter sans jamais juger. Ces parrains et ces marraines ont aussi acquis, au fil du temps, une vraie « expertise », une sorte de savoir-faire informel qui s'avère précieux pour ces nouveaux aidants qui, pour beaucoup, ne sont absolument pas préparés à assumer ce type d'épreuve », souligne Claude Van Leewen.

(1) Étude réalisée du 2 au 4 octobre auprès de 1 046 répondants pour l'association Le Parloir

Document n° 9

DOSSIER

DOMICILE

Rompre l'isolement des intervenants

Bien qu'ils ne réalisent pas de soins, les aides à domicile assistent à la fin de vie de personnes âgées et de malades. Quand ils sont intégrés à une équipe, leur tâche en est facilitée.

Quand le directeur général de l'association Ariège assistance, Jean-Pierre Galtier, analyse la problématique des aides à domicile face à la fin de vie et au décès des personnes aidées, il distingue deux situations : « Soit le professionnel est sans contact avec les autres intervenants, soit, au contraire, il est intégré à une équipe. Cela change tout, en particulier dans les périodes critiques ». Passant parfois plusieurs heures par jour au domicile de la personne âgée ou malade, le professionnel peut être régulièrement interpellé sur son traitement, être exposé à sa douleur, faire parfois figure de confident, ou encore être sollicité par les proches. « En milieu rural, l'éloignement est un problème supplémentaire », souligne Jean-Pierre Galtier. Dès lors que l'aide à domicile intervient sans lien avec les soignants, il ne pourra pas leur transmettre ses interrogations, et se sentira peut-être démuni dans sa mission de soutien. « Les aides à domicile ne sont pas formés à l'écoute de la douleur et aux questions touchant à la fin de vie, alors que ces réalités font partie de leur quotidien », regrette le directeur.

Intégration

Grâce à un conventionnement avec le réseau de santé Accords 09, qui coordonne, selon les directives de l'agence régionale de santé (ARS), des soins palliatifs à domicile, certains des professionnels d'Ariège assistance ont pu être intégrés à des équipes pluridisciplinaires, mêlant compétences sociales, médicales et psychologiques. « Dans ce cadre, ils participent à des réunions de transmission, ce qui leur permet de suivre l'évolution de la personne, tout en ayant l'occasion d'apporter, eux aussi, des informations, pour le bien du malade. Et au-delà de l'aspect professionnel, ils peuvent se préparer à son départ », explique leur responsable.

Accords 09 a aussi mis en place une formation d'une demi-journée, notamment sur la douleur et la nutrition, spécialement conçue pour les aides à domicile appelés à collaborer avec ses services. « Une aide extra-légale de la Sécurité sociale, le Fonds national d'action sanitaire et social (Fnass), nous a permis de développer cette démarche », précise-t-on au réseau de santé.

Parallèlement à cette expérience, Ariège assistance propose, depuis une dizaine d'années, à l'ensemble de ses salariés de participer à des groupes de parole, et de bénéficier des services d'une psychologue (voir témoignage). « Nous avons pu financer son poste à temps plein parce qu'elle intervient également au sein du Ssiad et de l'Ehpad que nous gérons par ailleurs, cette fois-ci auprès des personnes hébergées », précise le responsable. Les temps d'échange ne sont pas exclusivement consacrés à la fin de vie : la bientraitance, le handicap psychique et la démence sont également au cœur des préoccupations des professionnels. Enfin, toujours pour lutter contre leur isolement, les aides à domicile peuvent désormais joindre leurs coordinateurs, en cas de besoin : ils ont été dotés de téléphones portables. ◆

Esther Mouallo-Milla, psychologue au sein d'Ariège assistance

« La vie personnelle peut interférer avec la posture professionnelle »

© CHRISTIAN BELLAVIA

« Contrairement à ce que l'on pourrait penser, un décès n'est pas une situation exceptionnelle, mais régulière. Le fait d'intervenir à domicile favorise l'attachement entre le professionnel et la personne. Par conséquent, il y aura un vrai travail de deuil à faire. Un travail qui sera difficile si cette disparition vient faire écho avec des deuils personnels pas résolus, donne lieu à des transferts ou encore à des angoisses de mort. Pour soutenir nos salariés, nous avons mis en place des groupes de parole et je reçois individuellement, sur demande. Actuellement, j'accompagne une aide à domicile qui vient de faire face à trois décès successifs dans un court laps de temps. Elle dit qu'elle « ne peut plus ». Ces événements ont hâté sa décision de réorientation professionnelle, elle vient de s'engager dans un parcours de VAE. Pour agir préventivement, il est important de lutter contre l'isolement de l'intervenant à domicile, souvent en face-à-face avec l'aidé, en favorisant les rencontres entre professionnels ».

REPÈRES

- **Association à but non lucratif gérant,** également, un Ehpad et un service de soins infirmiers à domicile (Ssiad).
- **3 300 personnes accompagnées en 2013,** dont 2 900 personnes âgées.
- **500 salariés,** dont 430 aides à domicile (auxiliaires de vie ou aides ménagères).
- **Contact :** Jean-Pierre Galtier, 05 61 02 82 00, jp.galtier@ariege-assistance.asso.fr

Proposition de corrigé

ATTENTION Les indications en italique sont à vocation pédagogique. Elles ne doivent pas figurer dans la copie.

Commune de SOCIOVILLE Le ...

Rapport à l'attention de Madame la directrice

Objet : le rôle des aidants et les difficultés qu'ils rencontrent dans le cadre de la prise en charge des personnes âgées et des personnes handicapées.

(Présentation du sujet, doc. 5 et 7) Même s'il n'existe pas de profil type d'aidant, pour la Confédération des organisations familiales de l'Union européenne (Coface), le proche aidant ou l'aidant familial est la personne non professionnelle qui vient en aide, par défaut ou par choix, à titre principal, pour partie ou totalement, à une personne dépendante malade, âgée ou handicapée de son entourage, pour des activités de la vie quotidienne. Cette aide quotidienne peut prendre plusieurs formes : soins, démarches administratives, vigilance permanente, activités domestiques, etc.

(Formulation de la problématique, doc. 3, 7 et 8) Selon l'enquête « intervenants à domicile » réalisée en 2008 par la Direction de la recherche, des études, de l'évaluation et des statistiques (DREES), 515 000 intervenants (98 % de femmes) travaillent au domicile de personnes dans l'incapacité temporaire ou permanente d'effectuer les actes essentiels de la vie quotidienne. Selon l'Association française des aidants, en 2014, ce sont environ huit millions de personnes qui sont considérées comme aidantes. Selon une étude, un tiers des Français prennent ou ont déjà pris soin d'un proche âgé en perte d'autonomie ; on estime à 4,3 millions le nombre de personnes aidant régulièrement un de leurs proches âgés de 60 ans ou plus. On notera que 53 % des aidants sont des femmes.

(Annonce du plan) Les aidants familiaux et professionnels sont confrontés à de réelles difficultés dans leur quotidien, d'où la mise en place d'une palette de nouveaux dispositifs, au niveau national et local, pour remédier à cette situation (I). Redynamiser le café des aidants de la commune de SOCIOVILLE et plus spécialement redéfinir une politique globale d'accompagnement des aidants implique de recourir à une démarche concertée et structurée (II).

I. Face aux difficultés rencontrées par les aidants familiaux et professionnels, des actions d'accompagnement innovantes sont mises en place, au niveau national et local

(Chapeau) Les aidants familiaux et les aidants professionnels sont confrontés à de réelles difficultés au quotidien (A). Pour les pallier, des actions innovantes en termes d'accompagnement et de répit sont mises en place, tant au niveau national qu'au niveau local (B).

A. Les difficultés quotidiennes rencontrées par les aidants familiaux et les aidants professionnels *(doc. 2 et 3)*

Sous-thème 1 : les difficultés du côté des aidants familiaux et leurs incidences

Les aidants familiaux rencontrent principalement deux types de difficultés (doc. 2). Ils sont confrontés d'abord à des difficultés d'accès à l'information. Ils manquent d'informations sur la législation, sur les droits et les démarches administratives ; il leur est difficile de trouver le bon interlocuteur, notamment au sein des maisons départementales des personnes handicapées (MDPH). Ce sont ainsi 15 % des aidants qui souffrent d'un manque d'informations sur la problématique de la personne aidée, 22 % ont besoin de plus de renseignements sur le handicap et 18 % ont besoin d'être mieux informés sur le rôle d'aidant. Ensuite, ils rencontrent des difficultés d'ordre financier. Ainsi, 48 % des aidants demandent à bénéficier de plus de moyens financiers, ce besoin étant souvent en lien avec la perte d'activité du conjoint devenu handicapé.

Ce rôle d'aidant touche la vie personnelle des personnes concernées (doc. 6 et 8). Pour plus de 40 % des aidants, leur rôle a des conséquences sur leur santé physique et psychique : stress, nervosité, épuisement moral, troubles musculaires, manque de sommeil, fatigue psychique, etc. Leur rôle de soutien a aussi des conséquences sur leur vie sociale. Les sorties et les voyages deviennent limités, le cercle relationnel et amical se réduit, ce qui peut aboutir à un réel isolement de l'aidant tout comme de la personne aidée. Plusieurs raisons l'expliquent : la grande fatigabilité des personnes handicapées, le manque d'adaptation physique des lieux extérieurs, notamment publics, l'attitude de l'entourage, le regard des autres, le manque de relais qui rend très difficile, voire impossible pour l'aidant de laisser seule la personne handicapée, etc. De plus, être aidant a des conséquences négatives sur la vie sentimentale : manque d'intimité, « frustration sexuelle », manque de temps disponible pour l'entourage familial, charge horaire très importante, sentiment de culpabilité pour 40 % des aidants, etc. Le rôle d'aidant prend le pas sur la vie privée, sociale et professionnelle, aboutissant à un oubli de soi. Cette situation d'épuisement physique et mental explique que 50 % des aidants sont atteints de dépression au bout de deux à trois ans.

Sous-thème 2 : les difficultés du côté des aidants professionnels

Les aidants professionnels sont confrontés à deux principaux types de difficultés. D'abord, ils sont confrontés à des situations psychologiques difficiles *(doc. 3)*. Les aidants éprouvent un attachement très fort et grandissant vis-à-vis des personnes aidées. Or, quand la situation de ces derniers s'aggrave, quand la mort approche et quand il y a décès, les aidants professionnels ressentent une grande détresse qui peut se transformer en profond traumatisme. Les aides à domicile sont particulièrement démunis face à la fin de vie, car celle-ci ne fait pas partie de leur « cœur de métier », qui consiste principalement à pallier la dépendance des personnes. Les aidants professionnels ne sont pas en capacité de repérer le passage d'un accompagnement de la perte d'autonomie à celui de la fin de vie. Les aides à domicile ont aussi de fortes difficultés à nommer la situation. Il est constaté des résistances et des blocages psychologiques dans la prise de conscience de l'accentuation de la gravité de l'état de la personne aidée, car ceci est douloureux pour l'aidant. En outre, un rapport de l'Observatoire national de la fin de vie (ONFV) de 2013 met en évidence le manque de soutien et le manque de formation des aidants à domicile face à la fin de vie des personnes âgées. Or, les aidants à domicile sont un élément clé de l'accompagnement des personnes âgées ; ils n'ont pas de formation sur les soins palliatifs ni de formation médicale.

B. Les actions innovantes mises en place au niveau national et local pour accompagner les aidants

a. Au niveau national, le plan Alzheimer 2008-2012 (doc. 4)

Le plan Alzheimer 2008-2012 propose principalement quatre formules innovantes en termes de répit et d'accompagnement pour les aidants. La première formule est celle du répit à domicile. Ce dispositif consiste à remplacer à domicile, de façon continue et sur plusieurs jours, l'aidant principal. Le dispositif s'adresse à des couples ou dyades aidant-aidé, dont l'un nécessite une aide permanente pour rester au domicile. L'aidant principal peut ainsi s'absenter pour faire une « pause », satisfaire ses besoins et impératifs personnels et professionnels. Ce dispositif permet de maintenir la personne aidée dans son environnement de vie et donc de garder ses repères. Ceci permet aussi un enrichissement des pratiques tant pour les aidants que pour les professionnels. Et surtout l'aidant se voit reconnu dans son rôle quotidien, par un professionnel. La deuxième formule innovante est celle de la garde itinérante de nuit. Ceci consiste en des passages de courte durée, entre quinze et trente minutes, programmés ou non, pour assurer un soin, une aide ou une présence sécurisante, en dehors des horaires d'intervention des services de jour. Ceci permet de mieux respecter les rythmes de vie des personnes et leur participation à une vie sociale normale, tout en relayant les aidants sur une partie de l'aide à la personne. Un troisième dispositif proposé par le plan Alzheimer est celui des séjours de vacances pour le couple dont une personne est atteinte de la maladie d'Alzheimer ou de troubles apparentés. Ceci constitue pour l'aidant une rupture bénéfique avec le quotidien ; c'est aussi une opportunité de soutien du lien social, de détente et d'accès aux loisirs. Enfin, le quatrième dispositif du plan Alzheimer est lié au développement d'activités sociales, culturelles et de loisirs pour les malades et/ou les aidants afin que l'aidant puisse avoir un moment de répit, du temps pour lui, avec possibilité de participer à ces activités.

b. Les actions menées au niveau « local »

Les actions d'appui menées au niveau local concernent à la fois les aidants familiaux et les aidants professionnels.

S'agissant d'abord des actions envers les aidants familiaux, plusieurs exemples peuvent être cités. Le café des aidants est un lieu de parole, de partage d'une vision, d'une méthodologie commune, libre d'accès et gratuit pour les aidants *(doc. 7)*. Chaque séance dure une heure et demie environ, débutant par une conférence thématique animée par un psychologue et un travailleur social. Il y a également la démarche mise en place par l'association de soins et services à domicile (ASSAD) du Pays de Redon *(doc. 1)* : création d'une équipe mobile de soutien aux aidants (EMSA) afin de pouvoir répondre à un besoin croissant d'accompagnement et de répit de la part des aidants. Ce dispositif est destiné aux aidants des personnes de plus de 60 ans en état de dépendance physique ou psychique, surtout en milieu rural. Une aide-soignante et une animatrice diplômée interviennent et proposent des actions personnalisées en individuel au domicile ou en collectif, en intérieur comme en extérieur. On peut aussi mentionner l'exemple du dispositif de la plateforme de répit développé par cet ASSAD, depuis 2012, à destination des aidants des malades d'Alzheimer, dispositif financé par l'agence régionale de santé (ARS) : groupe de parole, formations, café mémoire, atelier collectif. Ce dispositif prend appui sur un réseau partenarial, à savoir les hôpitaux, les centres communaux d'action sociale (CCAS), les établissements d'hébergement pour personnes âgées dépendantes (EHPAD), etc.

S'agissant ensuite des actions envers les aidants professionnels, on peut mettre en avant les démarches d'appui psychologique. Il s'agit d'instaurer des protocoles en cas de décès sur les modalités de gestion de cette situation par les aides à domicile : appel des secours, appel de l'employeur, etc. Ce type de démarches vise à accompagner le processus de deuil, avec l'aide de psychologues permettant de mettre des mots sur le vécu et donc de sécuriser les aidants. On peut citer l'exemple de l'association de service à domicile du Tarn ou de l'association Ariège assistance *(doc. 9)*.

II. Mettre en place une politique locale de soutien aux aidants familiaux et professionnels : une démarche structurée et participative nécessaire

(Chapeau) Redynamiser le café des aidants de la commune et mettre en place une politique d'accompagnement global des aidants impliquent de recourir à une démarche structurée et participative (A). Un plan d'action diversifié et opérationnel sera également proposé pour soutenir les aidants familiaux et professionnels (B).

A. Une démarche structurée et participative nécessaire, au service d'une politique d'accompagnement des aidants

a. Définition d'une démarche méthodologique organisant la « ressource » et la mobilisation des acteurs en interne pour piloter et structurer le projet

Il importe que l'autorité territoriale de SOCIOVILLE affirme son volontarisme politique et affiche clairement l'importance que constitue l'accompagnement des aidants. Pour ce faire, le directeur du CCAS de SOCIOVILLE désignera un chef de projet dont l'une des missions principales sera d'organiser et de piloter, en qualité de « référent », la dynamique globale de mise en œuvre d'actions sociales appropriées, le planning de travail, le calendrier, l'élaboration du budget prévisionnel des actions et les partenariats pouvant être contractualisés. Compte tenu des compétences requises et du projet à réaliser, le chef de projet pourra être le conseiller en éducation sociale et familiale (ESF) du CCAS, voire le conseiller en ESF du centre local d'information et de coordination (CLIC). Dans cette fonction d'animation, le chef de projet s'appuiera sur deux instances, un comité technique et un comité de pilotage. Le comité technique sera constitué notamment, outre le chef de projet, des membres suivants : des travailleurs sociaux du CCAS, le responsable du CLIC, un représentant du service polyvalent d'aide et de soins à domicile (SPASAD), le responsable du café des aidants et des représentants d'aidants familiaux. Le comité technique pourra se diviser en groupes de travail thématiques afin d'aider le chef de projet dans la mise en œuvre des actions. Le comité de pilotage, qui aura pour objectif de valider les principales étapes méthodologiques, sera composé notamment des membres suivants : le président du CCAS, des membres du conseil d'administration du CCAS, du directeur du SPASAD, de représentants du département, de représentants de l'Association française des aidants, d'un représentant du réseau « Avec nos proches » et d'un représentant de l'ARS.

b. Le chef de projet mènera la démarche selon trois étapes

En transversalité et concertation étroite avec les acteurs sociaux de la collectivité et du département, il conviendra de réaliser un diagnostic, c'est-à-dire un état des lieux des besoins et attentes. Il sera ainsi procédé à un recensement du nombre d'aidants familiaux sur le territoire, d'aides à domicile et de professionnels amenés à intervenir. Il sera nécessaire également d'identifier le nombre de personnes déjà aidées et celles potentiellement concernées et intéressées, avec une typologie de leurs besoins. Les actions déjà existantes en termes d'appui aux aidants familiaux et aux aides à domicile devront être également recensées. Il faudra identifier la nature des difficultés rencontrées par les aidants familiaux, mais aussi par les aides à domicile du SPASAD, évaluer la couverture des besoins des personnes aidées et des personnes aidantes, diagnostiquer les services actuellement rendus en termes quantitatifs et qualitatifs et déterminer les raisons de la baisse de fréquentation du café des aidants. Une fois cette phase de diagnostic réalisée et validée par le comité de pilotage, la deuxième étape consistera à définir les objectifs stratégiques et les actions concrètes qui en résultent. Par exemple, on pourra se fixer comme objectifs d'augmenter de 10 % la première année la fréquentation du café des aidants et de diminuer de 20 % le nombre d'arrêts maladie des aides à domicile professionnels. Enfin, durant la première année de mise en œuvre, le chef de projet devra établir un bilan détaillé, à présenter au comité de pilotage aux fins de validation, à partir des indicateurs de suivi et tableaux de bord préalablement élaborés : par exemple, le nombre de nouvelles personnes aidées, le nombre effectif d'aidants se rendant au café des aidants en précisant la fréquence des visites et les thématiques abordées, le nombre d'arrêts maladie des aides à domicile, etc. Des ajustements et correctifs pourront être apportés par le comité de pilotage au bilan annuel ainsi élaboré, au titre de la prochaine préparation budgétaire.

B. Un plan d'action opérationnel au service d'une politique d'accompagnement qualitatif des aidants

a. Proposition 1 : communiquer sur la volonté du conseil d'administration du CCAS de lancer une nouvelle dynamique d'accompagnement des aidants familiaux et des aidants professionnels

Pour ce faire, il conviendra de s'approprier la Charte européenne de l'aidant familial *(doc. 5)* en la consultant sur Internet, en lisant le journal municipal et en travaillant sur le document explicatif à disposition des professionnels qui les remettront aussi aux personnes aidées. Cette charte devra être signée par les professionnels mais aussi par les personnes aidées.

b. Proposition 2 : mettre en place des actions de soutien global pour les aides à domicile du SPASAD, autour d'un volet « appui psychologique » afin de remédier à l'épuisement constaté chez ces professionnels

Pour le volet « appui psychologique », on pourra mettre en place des réunions mensuelles d'analyse des pratiques, des temps de dialogue consacrés uniquement à la fin de vie qui seraient animés par un psychologue extérieur au SPASAD et un dispositif d'écoute téléphonique avec un psychologue, lors de la survenance d'un décès. Le café des aidants pourra servir de lieu « ressource » pour ces actions : ce serait un moyen de le redynamiser. On pourra également mettre en place des visites à domicile du psychologue pour soutenir les aides à domicile dans leur quotidien, surtout quand la situation de la personne aidée s'aggrave, et des temps de coordination avec les autres acteurs du domicile (cf. hospitalisation à domicile). On pourra encore inscrire des temps d'échange et d'appui dans l'annualisation du temps de travail des aides à domicile et négocier avec le conseil départemental une participation au financement de ces actions.

c. Proposition 3 : mettre en place des actions de soutien global pour les aides à domicile du SPASAD, mais aussi pour les aidants familiaux autour d'un volet formation pour développer les savoir-faire pratiques

Pour les professionnels, on peut proposer d'inscrire dans le plan de formation, sur trois ans, des formations sur le repérage de la douleur, sur l'accompagnement à la fin de vie et les soins palliatifs, sur la relation à l'autre en fin de vie et la compréhension de ses besoins, sur l'alimentation propre aux personnes âgées, sur la bientraitance, sur la démence, etc. Il sera utile de recourir aux outils mis en place par les réseaux nationaux comme l'Union nationale de l'aide, des soins et des services aux domiciles (UNA) et l'Aide à domicile en milieu rural (ADMR) avec, par exemple, la mallette pédagogique « soins palliatifs ». Cela valorisera le travail des aides à domicile et leur permettra d'être mieux reconnus par les autres acteurs en tant que partenaires à part entière. La Sécurité sociale pourra, au titre des aides extralégales (Fonds national d'action sanitaire et social), participer au développement de ces formations. On pourra mettre en place un partenariat avec le réseau « Avec nos proches » pour mettre les aidants familiaux recensés dans la ville, et qui le souhaitent, en contact téléphonique avec des bénévoles ayant joué ce rôle d'aidants. Ces formations pourraient être mutualisées avec les autres communes du territoire de l'intercommunalité.

Le plan d'action proposé fera l'objet d'une évaluation annuelle approfondie aboutissant à d'éventuels réajustements.

Sujet n° 4

Difficulté ✗✗✗ | Durée 3 heures

Spécialité « assistant de service social », session 2015

REMARQUE

Bien que les assistants de service social soient dorénavant dispensés de l'épreuve écrite de rapport avec propositions, nous avons choisi de présenter ce sujet car le thème, d'actualité, est transversal. Il concerne toutes les catégories de travailleurs sociaux, au premier rang desquels les conseillers en économie sociale et familiale et les éducateurs spécialisés.

Sujet

Vous êtes assistant de service social au CCAS de SOCIOVILLE (35 000 habitants), qui gère un EHPAD de 80 résidents.
Dans le cadre de la loi du 2 janvier 2002 rénovant l'action sociale et médico-sociale et créant des droits fondamentaux pour les usagers, la directrice du CCAS vous confie une mission sur la participation effective des résidents de l'EHPAD à l'organisation et au projet de l'établissement.
Dans un premier temps, vous rédigerez à son attention, exclusivement à l'aide des documents joints, un rapport sur la consultation et la participation des usagers dans les établissements sociaux et médico-sociaux. (10 points)
Dans un deuxième temps, vous formulerez un ensemble de propositions opérationnelles visant à impliquer davantage les résidents dans le fonctionnement de l'EHPAD et à recueillir leurs attentes. (10 points)

Liste des documents

Document n° 1 : « La participation des précaires se pérennise » - *La Gazette Santé-Social*, mai 2014 - 2 pages.

Document n° 2 : « Expression et participation des usagers dans les établissements médico-sociaux relevant de l'addictologie » (extraits) - Agence nationale de l'évaluation et de la qualité des établissements et services sociaux et médico-sociaux ANESM - avril 2009 - 3 pages.

Document n° 3 : « Un cadre législatif actualisé », Rapport : Le pari de la participation. Promouvoir la culture participative comme vecteur de transformation sociale (extraits), Comité régional du travail social de Bretagne CRTS, janvier 2013 - 3 pages.

Document n° 4 : « Dans la Vienne, un EHPAD mise sur l'écoute et la confiance », *La Gazette Santé-Social*, mars 2014 - 1 page.

Document n° 5 : « Les paradoxes de la participation », Rapport : Le pari de la participation. Promouvoir la culture participative comme vecteur de transformation sociale (extraits), Comité régional du travail social de Bretagne CRTS, janvier 2013 - 3 pages.

Document n° 6 : « La participation : exercice de l'expression collective et soutien à l'expression individuelle », Rapport d'étude : Participation des usagers et bonnes pratiques dans les structures de la lutte contre les exclusions de la région Bourgogne, Fédération nationale des associations d'accueil et de réinsertion sociale FNARS, février 2012 - 5 pages.

Document n° 7 : « À Montpellier, l'usager plaignant devient citoyen », *La Gazette Santé-Social*, mars 2014 - 1 page.

Document n° 8 : « Fiches 1 et 5 » Rapport : Le pari de la participation, promouvoir la culture participative comme vecteur de transformation sociale - Comité régional du travail social de Bretagne CRTS - janvier 2013 - 2 pages.

Document n° 9 : « Les professionnels se sentent-ils concernés par la participation ? » - La participation des usagers au fonctionnement des établissements et services sociaux et médico-sociaux, Recueil des pratiques et témoignages des acteurs - Agence nationale de l'évaluation et de la qualité des établissements et services sociaux et médico-sociaux ANESM - septembre 2014 - 3 pages.

Document n° 1

LUTTE CONTRE L'EXCLUSION

La participation des « précaires » se pérennise

Le 8e collège du Conseil national des politiques de lutte contre la pauvreté et l'exclusion sociale (CNLE) vient d'être institutionnalisé. Y siègent de plein droit huit personnes en situation de pauvreté ou de précarité accompagnées par des associations.

« Tout ce qui est fait pour moi, sans moi, est fait contre moi. » Cette phrase attribuée à Nelson Mandela a servi de fil conducteur à Etienne Pinte, président du Conseil national des politiques de lutte contre la pauvreté et l'exclusion sociale (CNLE), pour créer au sein de l'institution un collège réunissant des personnes en situation de précarité ou de pauvreté. En juin 2012, au côté de ceux des « membres du gouvernement » ou des « représentants de l'action sociale territoriale », le 8e collège est formé à titre expérimental ; il réunit 16 personnes accompagnées par huit associations ou fédérations. L'objectif est d'intensifier la participation des publics de l'action sociale et de prendre en compte leur parole dans l'élaboration des politiques publiques. L'expérimentation devait durer un an ; elle s'est prolongée de six mois, pour correspondre au mandat des autres collèges. Aujourd'hui, le 8e collège est institutionnalisé (1). Et le 10 avril, le CNLE élargi a entamé sa sixième mandature, avec 65 membres nommés pour trois ans.

A sa création, Etienne Pinte était loin de se douter que le 8e collège allait se trouver plongé dans la préparation de la Conférence nationale contre la pauvreté et pour l'inclusion sociale. Le 20 septembre 2012, en effet, le CNLE est convoqué à Matignon, en présence des ministres concernés par la question, transversale, de la lutte contre l'exclusion. Jean-Marc Ayrault souhaite que ses membres, y compris ceux du 8e collège, s'impliquent dans les groupes de travail thématiques en amont de la conférence, qui doit servir de préambule au plan quinquennal de lutte contre la pauvreté et l'exclusion. Un travail intense, qui a « boosté » la participation.

Garanties

Bernadette Silliau, membre titulaire du 8e collège accompagnée par la Fnars Bretagne, a participé au groupe « familles vulnérables, enfance et réussite éducative ». « Les places en crèche sont réservées aux femmes qui travaillent. Or les familles monoparentales auraient besoin d'un mode de garde pour trouver un travail. C'est un cercle vicieux. Nous avons proposé qu'un certain nombre de places leur soient ouvertes. »

Quant à son suppléant, Alain Zlotkowski, au sein du groupe de travail « accès aux droits et aux biens essentiels, minima sociaux », il a plaidé pour la fusion du RSA et de la prime pour l'emploi. La proposition n'a toujours pas été entendue, relève Etienne Pinte. « Le gouvernement a demandé à l'Inspection générale des affaires sociales d'en étudier la faisabilité. Nous avions également demandé que le RSA soit revalorisé de 25 % en cinq ans ; nous n'avons obtenu que 10 %. » Mais le 8e collège est devenu incontournable, selon le président du CNLE : « Les publics doivent être les interlocuteurs privilégiés, dans toutes les décisions prises pour réduire la pauvreté. »

Pour que cette participation ne soit pas un « alibi » et dépasser le témoignage individuel, plusieurs garanties ont été prises. Les membres

Nouvelle formule, premier mandat

Le 10 avril, en présence de François Chérèque, chargé du suivi du plan pluriannuel de lutte contre la pauvreté et pour l'inclusion sociale, les 65 membres titulaires du CNLE ont été réunis pour un nouveau mandat de trois ans. Cette fois, le 8e collège compte huit personnes, proposées et accompagnées par quatre associations : Chôm'actifs (Clermont-Ferrand), Les Petits Frères des pauvres (Paris), la Fnars Languedoc-Roussillon et la délégation de Quercy du Secours catholique (Lot). Parmi elles, Fatiha Saïdi, quoiqu'impressionnée de rencontrer François Chérèque, entend bien défendre la facilitation des démarches administratives notamment. Quant à Reine Cau, qui se revendique « actrice de sa vie », elle portera la parole des femmes isolées en milieu rural.

ÉVÉNEMENT

Bernadette Silliau, membre titulaire du 8e collège (2012-2013)

« Des données que les politiques n'ont pas »

« En Bretagne, je participe au conseil consultatif régional des personnes accueillies ou accompagnées, depuis 2010. C'est là que j'ai entendu parler du 8e collège. J'avais envie de changer les choses. Je suis assez énergique, j'ai postulé. Cette participation au CNLE a montré qu'on peut travailler en coconstruction avec tous les acteurs et que cela fait avancer les politiques publiques. J'ai aimé participer aux groupes de travail pour la conférence nationale, et faire des propositions destinées au gouvernement pour le plan pluriannuel. Notre travail a mis au premier plan la nécessité de faire avancer la participation citoyenne dans toutes les instances. Nous faisons remonter des données que les politiques n'ont pas. C'est valorisant et ça m'a donné confiance en moi. »

Alain Zlotkowski, membre suppléant du 8e collège (2012-2013)

« Ce n'est pas de la figuration »

« J'ai participé au groupe de travail sur les minima sociaux et suis l'initiateur de la recommandation 47, qui a permis la création d'un groupe de travail, puis du rapport "Sirugue" sur la "Réforme des dispositifs de soutien aux revenus d'activité modestes". C'était beaucoup de travail, d'investissement personnel, il a fallu m'acculturer aux différents milieux, mais j'ai pu voir comment mon pays fonctionnait. J'ai compris qu'il peut y avoir une volonté politique, et des freins qui l'empêchent de s'exprimer. Cela n'a fait que renforcer ma volonté d'engagement pour la représentation des personnes ayant connu la pauvreté. Ce n'est pas de la figuration : on est là pour donner notre expertise à des partenaires qui décident des politiques publiques. »

Etienne Pinte, président du CNLE

« Le Conseil est mieux connu »

« L'expérience du 8e collège a été un enrichissement mutuel formidable. Je pense qu'aucun des membres n'aurait pensé être associé à des décisions gouvernementales, être reçu à Matignon. Leur présence nous a forcés à plus de pédagogie, à nous exprimer sans trop de jargon technocratique. Grâce au 8e collège, le CLNE est aujourd'hui mieux connu, et nous servons de modèle pour les entreprises et les institutions publiques qui souhaitent faire participer les personnes dont elles s'occupent. J'ai reçu des délégations d'Egypte, du Kazakhstan et d'Israël, curieuses de voir comment nous assurons la participation effective de ces personnes. Le sujet est porteur, il correspond à la découverte d'un besoin. »

PHOTOS : C. DESTOMBES - P. MARAIS.

du 8e collège sont issus d'un collectif ; ils sont accompagnés par des associations locales et ont confronté leur expérience à d'autres. « Il est compliqué de passer d'une situation d'exclusion à la participation à un conseil national qui réfléchit sur les politiques publiques », insiste Geneviève Colinet-Dubois, chargée de mission « participation des personnes accompagnées et travail social » à la Fnars.

Pédagogie

En outre, l'administration a mis en place un accompagnement pédagogique, confié à un prestataire : les membres du 8e collège sont toujours réunis la veille des plénières, afin de prendre connaissance des sujets. Selon l'évaluation menée (2), cela « a favorisé la prise de mandat en appuyant la mise en confiance, la découverte mutuelle entre membres du 8e collège, ainsi que la compréhension et l'appropriation du fonctionnement du CNLE et des sujets abordés ».

En dépit de quelques ajustements à effectuer – ne serait-ce que pour parvenir à communiquer avec ces personnes parfois hébergées en centre d'hébergement d'urgence –, le processus est lancé. « Il sera compliqué de revenir en arrière, souligne Geneviève Colinet-Dubois. Construire les politiques publiques avec les personnes elles-mêmes devrait permettre de mieux répondre à leurs attentes. » Et l'idée fait son chemin : les conseils économiques, sociaux et environnementaux régionaux sont encouragés par le gouvernement à se doter de l'équivalent d'un 8e collège. ◆ *Christelle Destombes*

REPÈRES

- Le 14 juin 2012, le 8e collège a été officiellement installé au sein du CNLE. L'instance est le fruit des recommandations formulées par un groupe de travail coprésidé par la Fnars et l'Uniopss, fin 2011, à la demande de Roselyne Bachelot-Narquin, alors ministre des Solidarités et de la cohésion sociale.

(1) Décret n° 2013-1161 du 17 décembre 2013.
(2) Disponible sur www.cnle.gouv.fr (rubrique Le CNLE > Participation des personnes en situation de précarité au sein du CNLE > Phase expérimentale 2012-2013 > Evaluation de l'expérimentation d'un collège de personnes en situation de pauvreté ou de précarité au sein du CNLE)

Document n° 2

[...]

III. Enjeux

Les principaux enjeux se situent au croisement de ce contexte avec le thème de la participation et de l'expression des usagers :

1. **L'exercice d'une forme de citoyenneté pour les personnes accueillies**

La participation des personnes accueillies est l'occasion à la fois d'exercer concrètement un droit, et de promouvoir une réflexion sur les droits et devoirs en tant que citoyens, les règles de la vie sociale, le fonctionnement de la structure qui les accueille et les accompagne...
La modalité de représentation (conseil de vie sociale ou autre forme d'expression) représente tout autant un lieu de régulation des conflits et difficultés quotidiennes, qu'un espace d'expression et de construction démocratique. Elle peut donc être génératrice d'une nouvelle manière d'être ensemble et constituer un levier d'insertion sociale.

2. **L'évolution des représentations sociales des personnes en situation d'addiction**

Comme dans les autres champs relevant de ce secteur, les usagers des établissements relevant de l'addictologie ont longtemps été et restent encore aujourd'hui fortement stigmatisés, tant socialement qu'institutionnellement.
En leur donnant un espace collectif de parole, les professionnels peuvent soutenir les usagers dans leurs actions pour modifier cette image, et construire avec eux des modalités d'interaction avec l'environnement à la fois apaisées et stimulantes.

3. **La valorisation de l'expertise des usagers**

Par la connaissance intime de sa situation, l'usager joue un rôle actif dans la construction et la mise en œuvre de son projet personnalisé. Par ailleurs, les mouvements d'entraide ont contribué à faire évoluer les dispositifs de prise en charge des addictions.
Les usagers peuvent également participer à l'évolution de l'organisation de la structure, de son offre de services, de ses pratiques d'accompagnement ; les instances et autres modalités d'expression et de participation collective peuvent en être les relais.

4. **La création de synergies entre les deux « mondes » de l'alcoologie et de la toxicomanie**

La création de modalités d'expression collectives peut permettre un dialogue entre des représentations et des pratiques différentes, qui contribue à enrichir les deux domaines, jusqu'à présent très cloisonnés tant au niveau des professionnels que des associations ou groupes d'usagers.

> L'objectif de la recommandation consiste donc à :
> - aider les professionnels à accompagner les usagers des établissements dans l'exercice de leurs droits de citoyen ;
> - contribuer au rapprochement de disciplines professionnelles et de publics diversifiés, par une réflexion commune sur la mise en place des instances ou autres modalités de participation collective des usagers au sein des établissements.

IV. Principales questions

1. Etat des lieux sur l'existence des formes d'expression et de participation et leurs modalités de fonctionnement

1. Quelles sont les types de formes (conseil de vie sociale, groupe d'expression, groupes-projets, enquête de satisfaction, autres...) actuellement présents dans les structures concernées ?
2. Quelles sont les modalités de fonctionnement que les professionnels recommandent ? Pourquoi ? Quelles sont celles qu'ils estiment souhaitables d'éviter ?
3. Y a-t-il des différences dans ces modalités entre les différents domaines de l'addiction ? entre les différents types d'établissements (hébergement collectif/hébergement individuel/ambulatoire, CSAPA/CAARUD...) ?

6/26

Expression et participation des usagers dans les établissements médico-sociaux relevant de l'addictologie (extraits)
Agence nationale de l'évaluation et de la qualité des établissements et services sociaux et médico-sociaux

4. Quels sont les principaux leviers/obstacles à l'expression/participation des usagers ? Liés aux professionnels ? Aux usagers ? Autres acteurs ?
5. Quels sont les thèmes travaillés au travers de ces instances ou autres formes d'expression ? Sur lesquels les usagers ont émis un avis ?
6. Quelles suites ont été données à ces avis ?

2. Questionnement spécifique au domaine de l'addictologie

1. **Quelle mise en place possible des instances et autres modalités de participation au sein d'établissements proposant principalement des prestations ambulatoires ?**

Le législateur rend obligatoire l'instauration d'une forme de participation au sein de tout établissement ou service social ou médico-social. A priori, cette mise en place semblerait plus complexe, voire moins pertinente, dans les établissements proposant un accueil de jour, ou ceux où les usagers sont exclusivement reçus en consultation. De même, ces difficultés existeraient pour les centres proposant un hébergement individuel, au contraire de ceux offrant un hébergement collectif.

√ Quelles peuvent être les modalités pratiques de mise en place de la participation dans ces établissements où le collectif ne fait pas sens d'emblée ?
√ En quoi devraient-elles se distinguer de celles envisagées dans les établissements proposant un hébergement collectif ?

2. **Quels thèmes pourraient être recommandés pour mobiliser les personnes accueillies et les professionnels ?**

La prise de substances psychoactives a un impact sur :
- la vie sociale des personnes, qui peuvent avoir des comportements problématiques, se couper de leurs proches, s'insérer dans des réseaux néfastes, ou être atteints de troubles psychiques ;
- la citoyenneté des personnes, notamment au regard de la loi (de ce qu'elle autorise, tolère, réprime).

√ Quels sont les thèmes qui faciliteraient des modifications dans la vie sociale des personnes ?
√ Comment stimuler une réflexion sur citoyenneté et délinquance ? Droits et devoirs du citoyen ?

3. **Comment les instances et autres modalités de participation peuvent-elles constituer un levier d'insertion et de participation à la vie locale, tant pour les établissements que pour les personnes accueillies ?**

Les établissements médico-sociaux relevant de l'addictologie, et plus particulièrement les CAARUD, doivent notamment œuvrer à « l'acceptation et l'insertion des usagers dans la vie locale »[6], dans un contexte où ces publics et ces établissements sont souvent perçus comme générateurs de nuisances pour leur environnement immédiat.

√ En quoi les instances et autres modalités de participation peuvent-elle contribuer à cette mission de médiation ? Peuvent-elles constituer un lieu de rencontre et d'échange entre usagers, riverains, professionnels et partenaires ?

4. **Quelle est la place de l'entourage des usagers dans ces instances et autres modalités de participation ?**

Si l'accueil de l'entourage relève également des missions des CSAPA[7], les caractéristiques des publics reçus auraient jusqu'à aujourd'hui peu favorisé l'accueil des familles, qu'il s'agisse des caractéristiques pathologiques (dépendance addictive...) ou des caractéristiques sociales (isolement, perte des liens familiaux...).

---

[6] Annexe 2 de la Circulaire DGS du 2 janvier 2006 relative à la structuration du dispositif de réduction des risques, à la mise en place des CAARUD et à leur financement par l'assurance maladie.
[7] CASF, art. D. 3411-1- 1°.

D'autre part, comme dans d'autres champs du secteur social, médico-social et sanitaire, il existe des associations de soutien créées par des familles et amis de personnes présentant des problématiques addictives.

√ Dans ce contexte, quelle peut être la place des familles et représentants légaux au sein des conseils de vie sociale et groupes d'expression ?

√ Est-il intéressant de concerner aussi les éducateurs de la protection de l'enfance (prévention spécialisée, AEMO...) ?

√ Leur expression et participation peut-elle être favorisée, par les instances et autres modalités de participation ?

5. Quel peut être l'apport des instances et autres modalités de participation dans la réalisation de la mission de « réduction des risques » des CSAPA et CAARUD ?

Les actions de réduction des risques ont pour but de limiter les risques sanitaires et sociaux liés à l'usage de substances psychoactives, de contribuer au processus de soin, au maintien et à la restauration du lien social. Par exemple, cela peut consister à mettre en place des séances d'informations collectives, portant sur la prévention des risques infectieux, l'hygiène, ...[8]
Le législateur a par ailleurs reconnu certaines associations de santé communautaire comme acteurs de cette mission[9].

√ En quoi les usagers peuvent-ils participer à l'élaboration et à l'animation de ces actions ? Quel rôle peuvent jouer les instances et autres modalités de participation en ce sens ?

3. Éléments utiles pour l'appropriation de la recommandation par les professionnels.

V. Cadre méthodologique

Pour la rédaction de cette recommandation, l'Anesm retient la méthode du **consensus simple**. Cette méthode consiste à faire élaborer une recommandation par un groupe de travail, en tenant compte d'une analyse critique de la littérature disponible et d'une étude des pratiques professionnelles.
Cette étude se basera d'une part sur un questionnaire transmis à l'ensemble des établissements concernés, et d'autre part, sur des entretiens menés sur des sites ayant développé des pratiques ainsi qu'auprès de personnes qualifiées (professionnels, usagers, autres personnes ressources).
La recommandation est finalisée après le recueil des commentaires d'un groupe de lecture sur sa lisibilité et sa cohérence.

Le groupe de travail est placé sous la responsabilité de Mireille Berbesson (chef de projet), assistée de Maud Morel (chef de projet junior) et Carole Aubry (chargée d'études).

Le projet de recommandation sera présenté aux instances de l'agence à la fin du deuxième semestre 2009 (Comité d'orientation stratégique, Conseil scientifique).

[8] Circulaire DGS du 28 février 2008 relative à la mise en place des CSAPA, décret n°2007-877 du 14 mai 2007 relatif aux missions des CSAPA, décret n° 2005-1606 du 19 décembre 2005 relatif aux missions des CAARUD, décret n° 2005-347 du 14 avril 2005 approuvant le référentiel national des actions de réduction des risques en direction des usagers de drogue et complétant le code de la santé publique.
[9] Annexe 31-2, VII du décret n° 2005-347 du 14 avril 2005.

Document n° 3

[...]

UN CADRE LEGISLATIF ACTUALISE

Il existe une évolution législative et réglementaire constante affirmant le droit des individus face aux institutions sociales. La participation des usagers tend à devenir un exercice obligé des politiques publiques. Suite au rapport Bianco-Lamy, **la loi de 1984 sur les droits des familles et enfants dans leurs rapports avec les services sociaux** marque une rupture culturelle et politique dans le secteur régi depuis toujours par des relations verticales d'autorité où l'usager était souvent le point aveugle de l'organisation. Inscrite dans **la loi de 1998 contre les exclusions**, la participation a fait l'objet de nombreux textes qui tous invitent, obligent, à entendre « la parole » des usagers en situation de précarité.

La rénovation de la loi sur les institutions sociales et médico-sociales de juin 1975 intervenue en janvier 2002 contient une affirmation solennelle des droits des usagers et valide cette catégorie dans l'action publique. Cette **loi de janvier 2002-2** instaure le devoir de faire participer toute personne prise en charge dans un dispositif social ou médico-social à l'élaboration de son projet personnalisé ainsi qu'aux consultations organisées concernant les prestations offertes et le fonctionnement, que ce soit par des enquêtes de satisfactions ou au sein de conseils de vie sociale : *« Il s'agit donc de faire passer la personne en situation de précarité, de handicap, d'exclusion d'une position d'objet d'une intervention, à celle d'acteur voire de coauteur de projets, dispositifs, politiques sociales qui lui sont destinées ».*

---

[2] Chambre Régionale de l'Economie sociale de Bretagne. Le groupe participation du CRTS de Bretagne a rencontré le groupe « usagers et gouvernance » de la CRES Bretagne le 5 mars 2012. Les personnes rencontrées du groupe « Usagers dans la gouvernance » : Nolwenn Moisan (Una), Martine Neveu (Scarabée), Alain Van den Bulcke et Guillaume Gautier (Coorace), Gérard Lemor (Macif), Michel Coignard (Domicile Action / Una), Bernard Mérand (Cres).

• • •

La loi du 11 février 2005 donne une place nouvelle et centrale à la notion de participation, puisque le terme apparaît, pour la première fois dans une grande loi relative à la protection des personnes vulnérables. Il s'agit en effet d'une loi pour *« l'égalité des droits et des chances, la participation et la citoyenneté des personnes handicapées »*

Certaines dispositions de la **loi du 5 mars 2007** prévoient le renforcement du droit à l'information, la participation des enfants et de leurs parents et la mise en place d'outils de formalisation des relations entre professionnels et usagers (Projet pour l'enfant) (ODAS, 2010). D'après les auteurs des cahiers de l'ODAS, ce texte serait d'autant plus pertinent qu'il reflète l'influence grandissante des divers courants de pensée valorisant le pouvoir d'agir des personnes (*empowerment*). « *Cette prise de conscience des potentiels disponibles dans les familles au détriment d'une approche exclusivement centrée sur leurs défaillances a favorisé une nouvelle perception du travail social* ». (Dottori, 2010, p.10)

La loi de 2009 généralisant le Revenu de solidarité active a mis en place d'importants changements dans le dispositif, notamment en instituant une participation des bénéficiaires au suivi du dispositif. Cette loi prévoit **deux types de participation des bénéficiaires du RSA aux politiques d'insertion**:

- D'une part, cette loi impose le principe large d'une participation effective des personnes intéressées à la **définition, à la conduite et à l'évaluation des politiques d'insertion**. La loi reprécise l'objectif et la nécessité du programme départemental d'insertion (PDI) et réaffirme le rôle de chef de file du conseil général dans la définition et la conduite de la politique d'insertion. Pour la mise en œuvre du PDI, le département doit conclure avec les parties intéressées un pacte territorial pour l'insertion (PTI) qui mobilisera les nouveaux acteurs des politiques d'insertion, à savoir les bénéficiaires du RSA.
- D'autre part, la mise en place du RSA a institutionnalisé une démarche de concertation, d'association avec les usagers, notamment au sein des **équipes pluridisciplinaires.** Le rôle des équipes pluridisciplinaires est de se prononcer en cas de difficultés sur le dossier d'un bénéficiaire du RSA. Ces équipes émettent des avis, avant la décision du président du conseil général sur les situations de suspension ou de réduction du RSA sur les situations de réorientation vers les organismes d'insertion sociale ou professionnelle, lorsque le bénéficiaire du RSA a été radié de la liste des demandeurs d'emploi. (CNLE, 2011)

Zoom sur la loi n°2002-2 du 2 janvier 2002

Les principes de la loi 2002-2[3]

- Ethique et déontologie dans les pratiques professionnelles
- Egale dignité des personnes
- Information sur le cadre de l'intervention et les droits et obligations en découlant
- Recherche d'un consentement éclairé
- Exercice des droits et libertés individuelles des usagers :
  - ✓ Respect de la vie privée
  - ✓ Intimité
  - ✓ Sécurité

[3] Extrait ouvrage L. Barbe, 2006, p.28

- ✓ Droit au choix et à l'expression sur l'action qui les concerne
- ✓ Droit à l'expression sur le fonction de la structure
- ✓ Citoyenneté
- ✓ Droit à la vie familiale

Les outils principaux de la loi 2002-2 :

- La **charte des droits et libertés** : il s'agit d'un texte général qui doit être affiché dans tous les établissements et précise quelques grands principes ;
- Le **médiateur/ la « personne qualifiée »** : il s'agit d'une personne indépendante, nommée sur une liste départementale, à laquelle tout usager mécontent d'une structure peut s'adresser en cas de conflit ou de désaccord ;
- Le **livret d'accueil** est un outil de présentation synthétique qui doit être réalisé par chaque structure et diffusé à l'arrivée de tout nouvel usager ;
- Le **contrat de séjour** ou document individuel de prise en charge est un document contractuel qui précise l'action menée par rapport à chaque usager ;
- Le **conseil de la vie sociale** ou les instances de participation sont des dispositifs de concertation sur le fonctionnement du service et de l'établissement qui doivent être mis en place par chaque structure.

Les réactions suite à la promulgation de la loi 2002.2

La lecture de la loi du 2 Janvier 2002 a suscité au moins trois sortes d'interprétations qui font écho à ce qui se joue ici et là dans les pratiques professionnelles. Une même volonté s'affiche : celle qui consiste à mettre la personne « au cœur des dispositifs ».

- **Réaction n°1** : cette exigence est comprise comme l'affirmation d'une intention tout-à-fait honorable, mais en réalité déjà présente. Alors on se demande ce que va réellement changer cette loi…
- **Réaction n°2 :** cette exigence est comprise comme **un rappel à l'ordre**. Il existe un écart entre ce que l'on dit et ce que l'on fait, entre ce que l'on voudrait faire et ce que l'on peut faire. On se dit alors que ce sont davantage les conditions de travail qu'il faudrait modifier : plus de personnel, plus d'argent, moins de pression pour éviter ce que l'on appelle l'épuisement ou l'insécurité professionnelle. Ce sont également les conditions sociétales qui sont en jeu : absence de travail, absence de logement. Il faut noter que selon les secteurs, la participation est plus ou moins avancée : alors que les politiques de jeunesse fonctionnent depuis leur origine avec une rhétorique d'appel à la participation, les politiques de prise en charge des personnes âgées amorcent seulement ce recours (Loncle & Rouyer, 2004).
- **Réaction n°3 :** cette exigence est comprise comme **la consécration des droits des usagers**, avec la dénonciation d'abus – abus de pouvoir des professionnels et des institutions – d'où par un effet de balancier, une accentuation des droits. Pour certains cette consécration peut alors être perçue comme un juste rééquilibrage : enfin un partage équitable des droits et la possibilité de se faire entendre, enfin une place pour les associations d'usagers.

Document n° 4

MÉDICOSOCIAL

Dans la Vienne, un Ehpad mise sur l'écoute et la confiance

Guidé par la philosophie de soin de l'Humanitude, l'Ehpad la Brunetterie s'efforce de répondre au mieux aux demandes de ses résidents et de leurs familles. Ce qui lui épargne des plaintes.

Il y a quelques années, il arrivait que l'établissement d'hébergement pour personnes âgées dépendantes (Ehpad) la Brunetterie, à Sèvres Anxaumont (Vienne), fasse l'objet de plaintes. C'était l'époque où les bâtiments étaient vétustes, inadaptés. Et avant l'Humanitude, cette approche de la prise en charge de la personne âgée vulnérable, élaborée en 1995 par Yves Gineste et Rosette Marescotti. Aujourd'hui, les relations entre les professionnels et les usagers sont meilleures. «Nous sommes dans une dynamique de bientraitance : nous respectons les choix et les demandes des résidents», affirme Céline Bigeau, directrice de l'Ehpad. Sans toutefois promettre l'impossible. «Nous n'hésitons plus à dire : "Vous demandez cela, voilà ce que nous pouvons faire, voilà quelles sont nos limites." Nous voulons travailler dans la confiance.» Pour autant, mille et une demandes peuvent surgir au quotidien, venant de personnes âgées fragiles, souffrantes, angoissées – ou de leurs familles, inquiètes pour leur bien-être. «Le cadre de santé est très présent, il cherche une solution rapidement», explique la directrice.

Instances participatives

En outre, chacun doit pouvoir exprimer ses attentes et ses critiques dans des instances collectives. Trois dispositifs favorisent la participation des usagers. Tout d'abord, le conseil de la vie sociale (CVS), qui se réunit quatre fois par an, est ici ouvert à tous les résidents. «Des représentants sont élus, mais ils peuvent être parfois malades ou absents au moment des réunions. C'est pourquoi nous invitons tous les résidents à y participer. En moyenne, 12 à 15 personnes sont présentes», précise Céline Bigeau. Parmi les questions évoquées : le projet d'établissement, le prix de journée, les animations... et les réclamations. «Des résidents se sont plaints que le café du petit-déjeuner n'était pas assez chaud. Après avoir échangé sur ce problème, nous avons réorganisé le service avec deux chariots au lieu d'un seul auparavant.»

Deuxième dispositif : une commission «menus» a été imaginée. Elle réunit quatre fois par an les résidents, le chef de cuisine, l'hôtelière et l'animatrice de l'Ehpad. «L'objectif est d'échanger sur les repas communs, les goûts et dégoûts de chacun, le service à table, et de préparer ensemble les repas de fête, même si l'on tient compte des contraintes diététiques.»

Troisième outil : «les cafés des voisins» organisés par les animatrices, par petits groupes, deux fois par an. C'est l'occasion de faire connaissance, de parler des menus, ou d'échanger sur des questions de fond.

Un nouveau sujet a été mis au programme cette année : les droits et libertés des usagers, inscrits dans un fascicule distribué à chacun, et sujets d'articles dans le journal de l'Ehpad. Sur chaque droit ou liberté, le débat est lancé : quel est le point de vue des résidents ? Respectons-nous leurs droits dans l'établissement ? De quoi améliorer, encore un peu plus, la confiance. ♦

Dominique Houel, directrice pédagogique de l'organisme de formation Antidote expertise

«Il faut sortir des procédures prescrites et définir un projet individualisé»

L.HADAULE

«Il est important d'analyser les griefs des usagers. Bien souvent, c'est le manque d'information qui suscite une réclamation. Parfois, une plainte cache le sentiment de culpabilité d'un proche, réticent à l'égard de l'Ehpad. Mener une enquête interne, écouter le résident et sa famille permet d'apporter une réponse adaptée. Ensuite, il faut tirer les leçons de ces griefs pour améliorer la prise en charge. Souvent, il y a contradiction entre la sécurité des résidents et le respect de leur liberté, ce qui est source de contentieux. Par exemple, l'un voudra une barrière de lit ; pour un autre, ce sera intolérable. Or il suffit de discuter avec l'usager et sa famille pour savoir ce qu'il souhaite. Il faut sortir des procédures prescrites et définir un projet individualisé. Ainsi, le professionnel reconquiert sa liberté à travers sa relation avec l'usager, tout en sécurisant sa pratique, car ce qui a été décidé est écrit dans ce projet.»

REPÈRES

- **80 lits,** dont 10 places d'hébergement pour personnes atteintes de la maladie d'Alzheimer et de maladies apparentées en unité sécurisée, 2 places d'hébergement temporaire et 6 places d'accueil de jour.
- **50,2 équivalents temps plein.**
- **En 2013,** début des formations à la philosophie de soin de l'Humanitude.

Document n° 5

LES PARADOXES DE LA PARTICIPATION

La mise en avant de ces différents paradoxes doit permettre de soulever des points de tension sur lesquels les établissements et services sont amenés à réfléchir et/ou à se situer au moment par exemple du renouvellement des projets institutionnels.

Paradoxe n°1 - L'individuel versus le collectif

Pour certains, il existe une contradiction entre l'évolution actuelle de la prise en charge vers un accompagnement de plus en plus individualisé à travers un projet personnalisé et cette injonction à la participation et à l'engagement collectif des usagers. Dans ces conditions, la participation au fonctionnement de l'établissement ou du service ne va-t-elle pas à contresens des évolutions actuelles ? Ne faut-il pas centrer les énergies sur la prise en charge individuelle et un travail d'accompagnement personnalisé ? (Anesm, 2008).

Catherine Etienne met l'accent sur ce paradoxe en expliquant que l'idéal de l'individu autonome qui imprègne actuellement les représentations modernes *« peut entraver la capacité à s'engager dans des pratiques visant à développer le pouvoir collectif des usagers à prendre part aux décisions concernant le fonctionnement du CHRS qui les héberge. Il y aurait comme une contradiction entre la représentation d'un usager devant devenir un individu affranchi, et la prise en considération des collectifs d'appartenance dans lequel est pris cet usager, comme support de réinsertion, de réafiliation »* (Etienne, 2004).

Paradoxe n°2 - L'injonction à la participation est-elle une expression antinomique ? Principe démocratique ou injonction normative ?

Un des paradoxes fondateurs de la démocratie participative (en France) est d'avoir été mise en place par des élus pour un public...qui ne demandait rien (Molénat, 2009). En effet, plusieurs textes législatifs obligent à la mise en place de dispositifs participatifs sur les questions d'environnement, de politique de la ville et de démocratie de proximité.

La question de la participation de ceux qui ne demandent rien et qui ne demandent même pas d'être pris en charge est donc posée : *« l'usager du travail social peut aussi être celui qui n'a ni l'espace, ni la demande, voire pas même le désir d'en être un. Quels sont alors ses droits au sens de la loi de 2002-2 ? »* (CSTS, 2007, p.50). Sont ainsi mis en avant dans le rapport du CSTS, l'exemple des éducateurs spécialisés dans les quartiers ou encore l'exemple des maraudes du SAMU social qui vont au-devant des sans-abri.

Dans le même ordre d'idées, les auteurs du rapport de l'Anesm sur la participation posent les questions suivantes : *« N'y a-t-il pas un risque, à travers la proposition d'expression et de participation, de mettre en place de nouvelles injonctions normatives ? La participation et l'expression seraient l'écho civique de l'injonction de réinsertion économique par le travail... « participer » serait un nouveau mot d'ordre pour satisfaire davantage aux attentes des institutions et des professionnels, qu'à celles des usagers ? »* (Anesm, 2008, p.10).

Le groupe de travail pose également la question du bien-fondé de certains dispositifs obligeant les bénéficiaires à participer en contre-partie de l'aide sociale qu'ils reçoivent. Pourquoi les personnes qui bénéficient d'un soutien devraient participer plus que les autres ? Pourquoi ont-elles davantage l'obligation que le reste de la société de faire preuve de citoyenneté ?

Paradoxe n°3 - Une inadéquation entre les moyens accordés aux services sociaux et les ressources que demande la mise en place d'une réelle participation des usagers

Les intervenants doivent en effet composer avec cette situation paradoxale. **La diminution des fonds consacrés au soutien des personnes en difficulté a pour conséquence de leur attribuer une charge de travail plus importante tout en leur octroyant moins de temps et de ressources pour l'accompagnement de chaque personne.**

Cette même contradiction est mise en avant dans le rapport du Conseil de l'Europe: *« le modèle de service social de gestion des cas/dossiers [...] suscite des inquiétudes concernant la participation des usagers. D'un côté il souligne l'importance de la consultation et de la coopération entre le praticien et l'usager mais, d'un autre, les ressources limitées des services ont tendance à mécaniser la gestion des dossiers et à rationner la fourniture de service, ce qui empêche toute vraie participation des usagers. »* (Conseil de l'Europe, 2007, p.12).

L'engagement public n'a jamais été aussi fort en faveur du renforcement de la participation des usagers mais d'un autre côté, les choix proposés à l'usager sont très restreints. *« les impératifs du nouveau managerialisme associés aux lourdes contraintes qui pèsent sur les ressources des organismes sociaux limitent sensiblement les approches les plus radicales à la participation des usagers »* (Conseil de l'Europe, 2007, p.16).

Paradoxe n°4 : Le décalage des temporalités

Les professionnels sont confrontés à une **injonction contradictoire** : être efficace sur des temps de plus en plus courts et produire rapidement des livrables tout en garantissant la participation des personnes. Or les expériences démontrent qu'entendre et prendre en compte la parole et le point de vue du plus grand nombre nécessite d'y consacrer du temps. Sur ce sujet, le groupe de travail soutient l'idée que le temps passé à la participation doit être perçu comme un gain et non comme une perte car ici le processus compte autant que le résultat.

Il faudrait accepter que les temps de décision soient plus longs puisque tout se construit dans une recherche de consensus.

Par ailleurs, les temporalités des personnes ou des institutions sont différentes, ce qui peut produire de la frustration chez ceux qui participent pour que ça change car il n'est pas toujours possible pour les institutions de produire du résultat à court et moyen termes.

La présentation des différentes critiques dont fait l'objet la participation ainsi que la mise en avant des obstacles qui ralentissent sa mise en application permet ainsi de mieux comprendre les résistances et donc d'agir en connaissance de cause. Par ailleurs, **la voix de ceux qui dénoncent les dérives possibles de la participation doit être entendue comme un appel à la vigilance dans la manière de faire exister cette participation.** Ces précautions permettent désormais de mieux mettre en perspective les bénéfices de la participation qui sont présentés dans une quatrième partie.

En réponse aux appréhensions et détracteurs de la participation, L. Barbe rappelle, que malgré les difficultés d'application ou les dérives possibles, il ne faut pas oublier que le développement de la participation renvoie à quelque chose de très positif du fait que *« les diktats des institutions ne sont plus acceptés sans broncher et qu'il est aujourd'hui considéré comme normal, légitime de discuter, débattre, contester une raison institutionnelle qui a perdu de son aura et de son infaillibilité, ce qui est positif sous l'angle du potentiel d'émancipation que sous-tend une telle évolution »* (Barbe, 2010).

Document n° 6

Nous allons montrer les moyens à mettre en œuvre pour favoriser la participation collective et l'expression individuelle.

En premier lieu nous démontrerons que les groupes d'expression sont de véritable levier de participation collective et ensuite nous verrons que les enquêtes de satisfaction peuvent constituer un support à l'expression individuelle.

1) Les groupes d'expression: une participation collective

Les groupes d'expression sont des formes courantes de participation dans les structures. C'est le cas en Bourgogne. Nous préciserons la nature des difficultés rencontrées et nous proposerons quelques conseils.

Définitions et objectifs

Les groupes d'expression sont les instances les plus utilisées dans les établissements Bourguignons car ils sont peu contraignants. Aucune élection n'est à organiser. Mais ces groupes n'ont pas le même objectif que le CVS. Le CVS est un exercice de la démocratie représentative. Il est constitué de représentants ainsi que de personnes issues de la direction et du conseil d'administration, il privilégie la parole accordée à l'usager. Le groupe d'expression ne peut, quant à lui, aboutir à une prise de décision et il reste consultatif. Le directeur peut être remplacé par son représentant. Mais il doit être inscrit dans le règlement de fonctionnement.

La loi 2002-2 rappelle que si ce groupe se substitue au CVS[76], « L'acte instituant des instances de participation autres que le conseil de la vie sociale précise la composition et les modalités de fonctionnement de ces instances qui comportent obligatoirement des représentants des usagers et de leurs familles, titulaires de l'exercice de l'autorité parentale ou représentants légaux en nombre supérieur à la moitié. Le directeur ou son représentant y assiste. »

Souvent utilisé pour des rappels au règlement ou pour gérer des conflits internes ces groupes perdent leur sens. Or le groupe d'expression (et la participation en général) ont pour objectif de permettre un épanouissement de soi et un développement personnel nécessaires au processus d'insertion.

La participation : exercice de l'expression collective et soutien à l'expression individuelle - Rapport d'étude sur la participation des usagers et bonnes pratiques dans les structures de la lutte contre les exclusions de la région Bourgogne - FNARS - février 2012

---

[76] Art 311-21 consultable sur :
http://www.legifrance.gouv.fr/affichCode.do?idSectionTA=LEGISCTA000006196045&cidTexte=LEGITEXT000006074069&dateTexte=20111024

Le groupe d'expression n'est pas une simple alternative au CVS, il lui est complémentaire. Il permet d'enrichir le système de délégation du CVS. Il est donc vivement conseillé d'avoir ces deux formes de participation dans un établissement afin que personne ne se sent lésé et que tout le monde ait droit à la parole. La régularité des rencontres des groupes d'expression permet d'atténuer les conflits, les rumeurs, les délations.

: Les réunions de fonctionnement (souvent obligatoire) ne sont pas des instances de participation.

Constat en Bourgogne

Fréquence des groupes d'expression	Nombre d'établissements
Plus d'une fois par mois	**4**
Une fois par mois	**9**
Une fois par trimestre	**12**
Une fois par an	**8**
Jamais	**21**

Ces réunions ont généralement lieu dans les CHRS regroupés car il s'agit d'établissements où la vie est collective et où le lien social s'instaure parce que les personnes ont l'habitude de se retrouver.

Sur les 24 établissements ayant un CVS, 16 ont aussi un groupe d'expression.

Les établissements, avec des CVS mais sans groupes d'expression, éprouvent souvent des difficultés à faire vivre le CVS :les personnes ne se présentent pas aux élections, le CVS se consacre uniquement aux problèmes du quotidien... Les résidents n'ont pas d'autres occasions pour parler. Il n'y a pas de dynamique de participation tout au long de l'année.

On remarque que des réunions régulières *« permettent d'instaurer un climat convivial et apaisé. Sans ces réunions ou quand elles ne sont pas pérennes, le climat de la maison se tend, des conflits éclatent, des rumeurs s'installent. La réunion permet de mettre les choses à plat, d'arrêter les fausses rumeurs. »*[77].

[77] Parole de professionnels recueillie lors des entretiens de terrain.

Focus CHRS

Fréquence des groupes d'expression	Nombre de CHRS	En pourcentage des CHRS ayant répondus
Plus d'une fois par mois	3	14% des CHRS
Une fois par mois	8	38%
Une fois par trimestre	3	14%
Une fois par an	1	5%
Jamais	6	28%

2 CHRS mixtes (éclatés et regroupés), 2 CHRS sans hébergement, ainsi que 2 CHRS éclatés ne réalisent pas de groupes d'expressions :
Ces chiffres sont à relativiser car certains CHRS disposent d'autres instances participatives :
- Sur les 6 CHRS qui n'ont pas de groupes d'expressions, un CHRS éclaté a un groupe d'initiatives/projets.
- Sur les 6 CHRS qui n'opèrent pas de groupes d'expression, un CHRS en mixte et un CHRS éclaté ont un CVS.

Comme avec les CVS, les CHRS éclatés et sans hébergement éprouvent des difficultés à créer des instances de participation.

Les freins relevés dans les établissements en Bourgogne:

- La typologie des établissements

Dans les structures, autres que CHRS regroupés, il y a peu de groupes d'expression. Les difficultés rencontrées sont semblables à celles précédemment citées pour le CVS.
Il s'avère en effet difficile de réunir les occupants d'appartements éclatés ou de résidences sociales, ils ne se sentent pas concernées et ils ne souhaitent pas être assimilés à un collectif.
« Les personnes ne se sentent pas « hébergées » mais locataires comme toutes personnes lambda. »[78] Il parait paradoxal de vouloir les réunir au sein d'un collectif .
« Les personnes n'ont pas compris dans quel endroit elles se trouvent, elles ont l'impression d'être dans une résidence comme les autres »[79].

[78] Parole de professionnels recueillie lors des entretiens de terrain
[79] Ibid.

Pourtant, il est essentiel de rappeler aux personne accompagnées qu'il ne s'agit pas d'une résidence comme une autre et qu'à ce titre, elles ont le droit de prendre part au processus de gouvernance, d'avoir un regard et un avis sur le règlement, le projet de l'établissement et son accompagnement... Il est donc important de proposer une instance de participation en l'absence d'un groupe d'expression.

- Les relations de dépendances/subordinations

La participation repose sur la liberté de parole qui sera totale s'il n'existe aucun lien de dépendance, de subordination entre les personnes accueillies et les professionnels.
Il arrive que des usagers confient qu'ils ne se sentent pas libres de tout dire par crainte de sanction ou de réprobation. [80]

- L'accessibilité des débats par tous

Certaines personnes, en effet, s'expriment plus facilement que d'autres. « *Ce qui pose le problème de la participation pour tous ou seulement des personnes les plus aptes ? Comment arriver à ne pas toucher toujours le même public ?* »[81]

Des pratiques relevées dans les établissements en Bourgogne

- La flexibilité des réunions par rapport aux besoins exprimés

Dans un accueil de jour où les personnes sont difficilement mobilisables, il y a des réunions à la demande des personnes accueillies. Par leur manque de pérennité, ces réunions peuvent paraître opportunistes aux yeux des usagers ou elles peuvent n'avoir lieu qu'en cas de difficultés ou de conflits. Or, ce principe semble plutôt bien fonctionner. 4 ou 5 réunions ont lieu pendant l'année et ils utilisent la boîte à idée à cette occasion.

- Prévoir plusieurs niveaux de groupe d'expression au plus près des préoccupations des usagers

Dans un CADA, des réunions d'étage se tiennent toutes les 5 semaines avec le directeur, une animatrice et la secrétaire. Le fonctionnement du centre est fréquemment évoqué pendant ces réunions qui peuvent toutefois s'ouvrir à d'autres thèmes.

[80] Freins relevés lors du groupe d'échange usagers- professionnels du 4 Juillet
[81] Parole recueillie lors des entretiens de terrain

Un CHRS organise des réunions hebdomadaires. On y parle de la répartition des tâches (dont les résidents établissent les plannings) et du fonctionnement de l'établissement. On évoque également des projets.

Au moment des visites de terrain, un CHRS regroupé travaillait sur la mise en place d'instances participatives. Usagers et intervenants sociaux ont imaginé d'installer des commissions thématiques hebdomadaires comme par exemple cadre de vie, accès sport et culture, accompagnement, prestation hôtelière, avec pour chaque commission un référent usager et un référent professionnel. Les thèmes ont été choisis avec les usagers. Les instances fonctionnent bien et les personnes y viennent de plus en plus grâce au bouche à oreille.

-Adapter la fréquence des réunions face au turnover et facilité la prise de parole

Un CHRS regroupé organise chaque mois une réunion obligatoire liée à son fonctionnement. Des groupes de parole se réunissent au même rythme, ils sont animés par un travailleur social qui n'est pas le travailleur social référent des personnes du groupe, afin de privilégier une parole plus libre. Ces groupes participent à des sorties communes ce qui permet de tisser des liens. Chaque groupe a un budget qu'il doit gérer pendant l'année. La participation au groupe était obligatoire à l'origine mais elle est devenue libre à la demande des usagers.

Dans deux maisons-relais (non soumis à la loi 2002-2) , des groupes d'expression se substituent au conseil de vie sociale. Ces groupes, quand ils sont obligatoires, ne sont pas des lieux de participation en tant que tels, mais plutôt des réunions de fonctionnement.

- Des groupes d'expression ouverts sur l'extérieur

Un CADA réunit un groupe d'expression 3 fois par an en présence d'une cinquantaine de personnes. Le compte rendu est envoyé à la Mairie. *« Les traductions sont faites par les autres résidents, mais comme elles peuvent être faussées, les travailleurs sociaux reprennent avec eux individuellement le contenu de la réunion pour voir si cela a bien été compris. »*[82]

[82] Parole de professionnel recueillie lors des entretiens de terrains

Document n° 7

HÔPITAL

A Montpellier, l'usager plaignant devient citoyen

Depuis 2012, le centre hospitalier régional universitaire de Montpellier sollicite les représentants des usagers pour participer à l'amélioration des pratiques.

En février 2012, Annie Morin, représentante des usagers, a été nommée présidente de la commission des relations avec les usagers et de la qualité de la prise en charge (Cruq-PC) au CHRU de Montpellier. Une fonction habituellement assumée par le directeur de l'établissement, ou par son délégué… Ce choix symbolise la volonté du centre hospitalier régional universitaire de « permettre aux usagers de jouer un rôle à part entière dans l'institution », estime Eric Martinez, directeur des affaires juridiques. Autre innovation, conduite en 2012 : l'intégration d'un « projet du patient », élaboré par un groupe de représentants d'usagers, en introduction du projet d'établissement.

Information

Les usagers sont largement informés de leur possibilité de s'exprimer : dans le livret d'accueil, par voie d'affiche et sur le site Internet, figurent des informations sur leurs droits et les voies de recours. Pour saisir la Cruq-PC, ils peuvent contacter le service des affaires juridiques, qui en assure l'accueil téléphonique ou physique, ou procéder par courrier – à moins de s'adresser directement à leurs représentants.

Autre outil : le questionnaire de sortie, refondu en 2012. « Le patient peut y indiquer son nom et signaler un dysfonctionnement, poursuit Annie Morin. Nous avons supprimé les questions générales, du type "Etes-vous satisfait des repas ?" car la commission ne peut pas agir sur ce point. Elles ont été remplacées par des questions précises comme : "Votre régime a-t-il été respecté ?" »

La présidente de la Cruq-PC signe toutes les réponses aux réclamations individuelles, soit 200 à 300 par an. En 2012, près de 80 d'entre elles ont fait l'objet d'une médiation. La deuxième activité de la commission montpelliéraine est l'analyse des événements indésirables graves, sur la base de 4 569 signalements, en 2012. Enfin, les recours devant la commission régionale de conciliation et d'indemnisation (CRCI) figurent également dans le rapport annuel de la Cruq-PC. Mais le principal enjeu reste de croiser ces données et d'en tirer des enseignements. Aussi des échanges réguliers sont-ils organisés avec les principales instances du CHRU : commission médicale d'établissement, conseil de surveillance, comité technique d'établissement, commission des soins et commission qualité. Surtout, les recommandations de la Cruq-PC sont prises en compte dans le plan d'action qualité du CHRU. « Soit nous mettons en œuvre une adaptation institutionnelle, soit nous ciblons des équipes qui doivent améliorer leurs pratiques », explique Eric Martinez. Cela peut aller de mesures de prévention jusqu'à des rappels à l'obligation de fournir l'information médicale, en passant par des soirées à thème avec le comité local d'éthique. Enfin, des représentants des usagers participent à tous les groupes de travail formés dans le cadre de la démarche de certification du CHRU, actuellement en cours. ◆

Annie Morin, présidente de la Cruq-PC de l'hôpital de Montpellier et présidente du Ciss Languedoc-Roussillon

« Etre force de proposition »

CISS LR

« En partant du traitement des réclamations, la mission initiale de la Cruq-PC, on déroule la pelote de laine et on arrive à l'amélioration de la prise en charge. C'est un travail considérable. Je participe à près de 30 réunions, chaque année. Nous nous appuyons sur les réclamations pour formuler des recommandations annuelles, en mettant en évidence les situations les plus fréquentes. Par exemple, en 2013, nous avons suggéré que la désignation de la personne de confiance soit proposée au patient et tracée ; la sortie de l'hôpital doit être anticipée et accompagnée. Certaines réclamations sont récurrentes, comme des problèmes de comportement, ou le manque d'information. Je me tiens informée des recommandations de la Haute Autorité de santé [HAS], par exemple ; cela prend du temps, mais permet d'être force de proposition. Ainsi, j'ai demandé que les documents destinés à l'information des patients soient également soumis à leur examen, comme le conseille la HAS. »

REPÈRES

- **7 établissements**
- **2 676 lits**
- **11 500 agents**
- **78 000 entrées**
- **107 000 passages aux urgences**
- **45 130 interventions chirurgicales**
- **200 à 300 réclamations reçues par la Cruq-PC**
- **Près de 80 médiations effectuées**
- **4 569 événements indésirables graves signalés**

Source : CHRU de Montpellier, données 2012.

Document n° 8

Fiche 1- ***« Le GEM me permet d'avoir les pieds sur terre et m'aide à reprendre goût à la vie ».***

STRUCTURE	PUBLIC	LIEU
GEM L'escale – Groupe d'entraide mutuelle	Personnes en souffrance psychique	Lorient

Personnes rencontrées : un usager (Président du GEM), un bénévole, un professionnel

DESCRIPTION DE LA STRUCTURE

La **loi de 2005** sur l'égalité des chances des personnes handicapées est à l'origine de la création des GEM. Les GEM ont pour objectif de rompre l'isolement, de restaurer les liens sociaux et de redonner confiance en soi. Les adhérents à l'association GEM L'escale, se réunissent pour participer à diverses activités programmées tout au long de la semaine : jardinage, cuisine, art pictural, percussions, etc. On dénombre aujourd'hui 100 adhérents, 1 travailleur social et 20 bénévoles.

DEMARCHE PARTICIPATIVE

Les personnes souffrant d'une maladie mentale peuvent adhérer au GEM qui est une association. C'est un **espace d'accueil pensé et organisé au quotidien par les adhérents eux-mêmes,** avec l'aide d'animateurs salariés et bénévoles. Les responsabilités proposées aux adhérents sont de diverses natures, et plus ou moins grandes : être président, trésorier ou secrétaire de l'association, noter sur le tableau les activités du jour, faire du ménage, être accompagnateur lors d'une activité, etc.

OBSTACLES, LIMITES, DIFFICULTES

- ✓ **La difficulté de motiver les personnes :** « ce sont un peu toujours les mêmes ». Souvent les personnes hésitent à s'engager car elles ont peur des responsabilités. « Le manque de mobilisation n'est pas forcément du à de la mauvaise volonté, c'est juste qu'ils ne sentent pas capables. »
- ✓ **Une gestion complexe du positionnement professionnel.** Le travailleur social présent doit régler, au quotidien, la question de la limite à donner aux responsabilités attribuées à des personnes « fragiles ». Dans le cahier des charges, la position du professionnel n'est pas très bien précisée. De plus, il doit gérer les conséquences des décisions prises par les adhérents alors qu'il est le seul travailleur social en poste : « Qui porte ? Des choses peuvent être dites mais il faut que ça suive ? Qui assume quoi ? Quelles sont les délégations possibles ? ».
- ✓ **Une inquiétude au sujet de la réduction des financements et du personnel en direction des GEM.** Ceci peut avoir pour conséquences de donner davantage de responsabilités aux adhérents. Le professionnel craint alors que des questions de sécurité se posent de plus en plus.

BENEFICES RESSENTIS

- ✓ **Un gain en estime de soi** : même la plus petite responsabilité comme noter sur un tableau chaque matin les activités du jour peuvent avoir un effet très positif sur la personne : « c'est une petite responsabilité mais ça l'a revalorisé ».
- ✓ **Un gain en assurance et un moyen de relativiser sa maladie** : « j'ai moins peur de parler en public ». Quand l'adhérent interviewé vient au GEM, il vient comme s'il allait au travail. Le GEM lui a donné des objectifs à ses journées : « Le GEM me permet d'avoir les pieds sur terre et m'aide à reprendre goût à la vie ».
- ✓ **Un changement de regard de la société sur les personnes en souffrance psychique** : l'implication de ces personnes dans les différentes activités et particulièrement dans les prises de décision leur redonne de la crédibilité : « On les voit d'abord dans leur responsabilités associatives ». Le professionnel dit avoir également changé son regard « dans la notion de capacité à, je ne pensais pas qu'ils étaient capables de faire ce qu'ils font là ».

CONDITIONS DE REUSSITE ET/ OU RECOMMANDATIONS

Le principe du GEM est de « susciter la responsabilité à tous les étages à la mesure de ce que peuvent les personnes». Il faut cependant faire attention à ne pas mettre les personnes en échec.

POUR EN SAVOIR PLUS

http://gemescale.e-monsite.com/ ; http://www.ungf.net/

Fiche 5 - « *le CVS peut « réveiller » certaines choses qui ne sont pas dites ailleurs et favoriser l'adaptation de l'accueil aux personnes accueillies* »		
STRUCTURE	**PUBLIC**	**LIEU**
EHPAD La Budorais	Personnes âgées dépendantes	Noyal-Chatillon-sur-Seiche

Personnes rencontrées : une représentante des salariés au CVS (aide –soignante), deux résidentes de l'établissement participants au CVS, la Présidente du CVS, la directrice de l'établissement

DESCRIPTION DE LA STRUCTURE

La Budorais est un établissement pour personnes âgées dépendantes de 75 places dont : 40 places d'hébergement pour personnes âgées présentant une dépendance physique, 24 places pour personnes désorientées + 1 place d'accueil temporaire, 10 places d'accueil de jour. L'association gestionnaire de l'établissement – l'ASSAD du Pays de Rennes – gère plusieurs établissements et services d'aide à domicile.

DEMARCHE PARTICIPATIVE

Le **Conseil de Vie Sociale** se réunit une fois par trimestre. Il regroupe des représentants des usagers des différentes structures qui composent l'établissement, des représentants des familles, un représentant des salariés, la directrice et le cadre de santé de l'établissement, un représentant de l'association gestionnaire.

Les membres du conseil sont élus pour une durée de trois ans, renouvelable. C'est la présidente du CVS (une représentante des familles) après concertation en amont avec les résidents et les familles membres du CVS qui détermine l'ordre du jour. La formalisation de l'ordre du jour est faite avec la directrice. A titre d'exemple, en 2010, les **sujets suivants ont été abordés** : renégociation des conventions tripartites, organisation des plannings du personnel, les conflits entre résidents, la violence chez les malades, redéfinition du rôle de l'infirmière coordonatrice. A l'initiative du CVS, une **enquête de satisfaction** est réalisée tous les 18 mois et les résultats sont présentés à ses membres et à tous les résidents.

OBSTACLES, LIMITES, DIFFICULTES

- ✓ **Dépendance et participation** : « *le principal frein est lié aux capacités physiques et intellectuelles des personnes. Beaucoup ne sont pas en mesure de participer* » (directrice)
- ✓ **Un manque d'intérêt pour le dispositif** : côté résidents, « *certaines personnes sont souvent dans une position globale de retrait* ». Côté familles, les représentants sont élus, mais il y a juste assez de candidats.
- ✓ **La crainte de ne pas être capable** : certains sujets abordés peuvent être complexes pour les résidents. Beaucoup craignent de ne pas savoir (répondre aux questions, participer aux discussions).
- ✓ **L'impression de ne représenter que soi-même**
- ✓ Pour les familles, ce n'est pas facile de dire le vécu de leur parent(e), notamment à cause de la difficulté d'admettre leur dépendance et de la culpabilité de le voir accueilli en établissement. De plus, cet accueil est très souvent source de conflit au sein des familles.

BENEFICES RESSENTIS

- ✓ **Un moyen d'écouter la parole des résidents et des familles** : tout le monde donne son point de vue. Il y a une bonne écoute des participants entre eux. En général, les propositions sont suivies.
- ✓ **Une façon de rompre l'isolement** : le CVS contribue aussi à l'objectif global que poursuivent les résidents qui choisissent de venir en établissement : rompre l'isolement.
- ✓ **Un facteur d'amélioration de l'accompagnement** : pour le personnel, cette démarche contribue à améliorer la qualité du travail et de l'accueil.

CONDITIONS DE REUSSITE ET/ OU RECOMMANDATIONS

- ✓ **Une préparation approfondie des CVS** : la présidente organise une concertation en amont auprès des résidents et des familles membres du CVS pour établir l'ordre du jour du CVS.
- ✓ Au-delà, du CVS, il faut favoriser le dialogue entre les familles, l'établissement et d'autres professionnels, pour accompagner les familles. Par exemple, l'organisation récente d'une rencontre des familles des résidents des petites unités de vie avec un médecin gériatre a permis d'expliquer les troubles neurologiques. L'infirmière coordonatrice va refaire aussi des réunions avec les familles.
- ✓ Les **enquêtes de satisfaction** sont aussi un bon outil de participation.

POUR EN SAVOIR PLUS

http://www.assad-pays-rennes.fr/residence-la-budorais.htm
Boîte à outils du CVS : http://www.agevillage.com/sousTheme-287-La-boite-a-outils-du-CVS.html

Document n° 9

" La participation des usagers au fonctionnement des établissements et services sociaux et médico-sociaux."
Agence nationale de l'évaluation et de la qualité des établissements et services sociaux et médico-sociaux ANSM - Septembre 2014

[...]

Les professionnels se sentent-ils concernés par la participation ?

- L'impulsion de la direction dans la mise en place de la participation

Dans le panel d'établissements, aucun CVS ou aucune instance de participation n'a été impulsée par des professionnels autres que les personnels de direction (ni par les usagers ou les familles). Ce sont les directions des établissements, au niveau de l'établissement ou de l'organisme gestionnaire, qui sont les moteurs de la construction des instances :
« *Ça vient de la direction. Nous, il y a des choses qui nous échappent, on est la tête dans le guidon. Le CVS a été mis en place, après il s'est délité. On l'a remis, ça émane de la direction pour être dans les clous au niveau de la loi* ». **(Pro, PE)**.

Dans les établissements visités, le rôle des personnels de direction semble essentiel à la promotion de la participation :
« *Si le chef d'établissement n'est pas incitatif, ça ne marche pas* » **(Dir, inclusion)**.

Plusieurs directeurs reconnaissent que les modalités de participation qu'ils ont mises en place leur ressemblent. Dans cette même situation, un autre directeur s'y serait peut-être pris différemment :
« *Oui, le fonctionnement est lié à ma personnalité. Mon objectif, c'est de recueillir le plus d'informations possibles pendant le CVS. Pour moi, ne pas avoir d'élections avec une urne, c'est une façon plus simple, c'est moins formel* » **(Dir, PA)** ;
« *J'ai bien conscience que parfois j'instrumentalise, mais j'essaie de faire tourner au mieux l'établissement* » **(Dir, PA)**.

De l'avis des directeurs, la participation peut soulever des craintes parmi certains professionnels :

« *Il faut que la greffe prenne, il faut une culture de la participation, il faut greffer la participation sur les directeurs, et surtout sur les équipes : d'emblée, il y a une peur que les gens vont décider, il y a une crainte d'être dominés ; il y a les enjeux de pouvoir, les travailleurs sociaux les regardent de haut, avec condescendance* » **(Dir, inclusion)**.

Ce sont donc les personnels de direction, dans les établissements visités, qui sont systématiquement, à l'origine des instances de participation. L'adhésion au principe, et la mise en œuvre des instances, ne semble pas toujours se faire de façon spontanée au sein des équipes de professionnels :
« *Les professionnels, au départ, le CVS, leur semblait un OVNI. Ils se demandaient quelle était cette place donnée aux usagers. Mais ils sentent que ça a un impact. Ça rentre, mais c'est récent* ». **(Dir, PE)**.

Certains professionnels rencontrés, notamment les « plus jeunes », sont enthousiastes sur le concept de la participation collective. Plusieurs travailleurs sociaux, récemment diplômés des écoles de formation en travail social, sont de grands partisans du renforcement des instances, de leur animation :
« *Moi, je suis une jeune professionnelle, je suis sortie de l'école il y a un an, et l'Anesm, on connait, ça fait partie des indispensables de notre formation, la loi 2002, la participation, c'est la base* » **(Pro, PE)**.
Il a semblé au cours de cette étude que les professionnels plus aguerris avec de l'ancienneté au sein des établissements, ont plus de réticences vis-à-vis des nouveaux outils de la loi :
« *Les lois de 2002 et 2007 sont importantes, elles ont apporté un plus. Mais je suis parfois en désaccord. J'ai peur du gros travail administratif, qui s'ajoute à notre travail.* » **(Pro, PE)**, ou alors, pour un autre professionnel : « *J'ai du mal à suivre avec cette démultiplication des dispositifs collectifs* » **(Pro, inclusion)**.

Or, par leur proximité avec les usagers, mais aussi eu égard aux thèmes abordés dans les instances, les professionnels ont une place importante pour favoriser la participation des usagers. Pour certains directeurs, leur implication est un axe de travail principal : « *Je l'ai surtout expliqué aux équipes éducatives : il faut une réappropriation* » **(Dir, PH)**. Mais celle-ci n'est pas toujours clairement effective.

- <u>La connaissance par les professionnels des instances de participation</u>

Dans plusieurs établissements visités, les comptes-rendus des CVS sont diffusés aux professionnels (alors qu'ils ne le sont pas systématiquement aux usagers). Mais les professionnels n'ont parfois qu'une connaissance très limitée du CVS, de son fonctionnement et de son rôle :
« *De toute façon c'est obligatoire. Mais on n'est pas très concernés* » **(Pro, PE)**.

Dans la plupart des établissements, les instances sont identifiées, et les représentants des usagers connus des professionnels. En revanche, les représentants des professionnels sont, eux, beaucoup moins reconnus ou identifiés :
« *Je ne sais pas si quelqu'un sait que je suis représentante du personnel au CVS. Ici, il y a vraiment possibilité de discuter avec le représentant du personnel, donc ils vont le voir, ou le directeur directement. Ils ne passent pas trop par le CVS. Ils savent que je suis la référente*

pour le CVS, mais de là à savoir que je suis la personne qui peut leur transmettre des infos ou qui peut amener des infos... » **(Pro, PH)**.

D'autre part, les professionnels, notamment ceux en charge du travail éducatif, sont fortement investis dans la participation individuelle des usagers à leur accompagnement (projets personnalisés ou autres déclinaisons de ces documents). La participation collective au fonctionnement de l'établissement est parfois ressentie une prérogative de la direction.

De nombreux professionnels rencontrés ne voient pas forcément un grand intérêt aux instances de participation des usagers : « *Le compte-rendu, on l'a sur l'intranet. Je vais le lire de temps en temps. Pour moi, ce n'est pas une priorité* » (Pro, inclusion).

Mais, y compris parmi les professionnels qui connaissent peu les instances, tous reconnaissent une utilité à celles-ci. Cette utilité leur semble surtout être pour les usagers, et moins pour eux :
« *Je n'en sais pas grand-chose. Vu de mon poste, je ne gère pas ça. Je connais les membres, je sais ce qu'ils font. Ça me parait important. (...) Mais pour moi, vu de ma fenêtre, ça concerne surtout les résidents* » **(Pro, inclusion)**.

- <u>Le rôle des représentants du personnel dans les instances de participation des usagers</u>

Certains professionnels rencontrés, dans des établissements qui disposent d'instances de participation avec un de leurs collègues qui les représente, sont beaucoup plus informés de ce qui se dit en CVS par les usagers avec lesquels ils sont en contact ;
« *J'en ai entendu parler par les jeunes. Je sais de quoi ils parlent parce que j'ai A. (NDA : jeune dont elle est référente) qui y participe. (...) Je pense que j'ai une collègue qui représente sa profession, mais elle ne restitue pas* » **(Pro, PE)**.

Il y a fréquemment, dans les établissements visités, un (ou parfois plusieurs) professionnels qui appuient les usagers participant aux instances, les aident dans l'organisation :
« *Pendant la réunion, je rapporte ce qui a été dit par les jeunes quand les représentants ont des difficultés mais non je ne parle pas au nom du personnel. Je suis plus là au nom des jeunes, je leur viens en aide, je peux par exemple reformuler les questions qu'ils ont du mal à poser, je les remets sur la voie.* » **(Pro, PH)**.
La majorité des professionnels qui participent aux instances ne jouent pas un rôle de retransmission des informations à leurs collègues.

Quel est alors le rôle des professionnels qui participent aux instances ? Dans plusieurs établissements visités, leur place n'est pas clairement définie : sont-ils là pour représenter leurs collègues, ou alors pour accompagner les usagers élus, qui peuvent avoir besoin d'une aide à la formalisation ou à la prise de parole ? Cette question ne trouve pas toujours de réponse, y compris parmi les représentants des personnels rencontrés :
« *Je me sens plus du côté des usagers, mais dans l'idée que je m'en fais, je me vois plus comme un représentant des salariés. Mais il faudrait plus d'échanges avec la représentante des salariés, et inversement, je peux lui transmettre des idées nouvelles* » **(Pro, PH)**.

Proposition de corrigé

ATTENTION Les indications en italique sont à vocation pédagogique. Elles ne doivent pas figurer dans la copie.

CCAS de SOCIOVILLE Le ...

Rapport à l'attention de Madame la directrice du CCAS

Objet : renforcement de la participation des résidents de l'EHPAD à son fonctionnement.

Références : loi de 1998 sur les exclusions ; loi du 2 janvier 2002 ; loi du 11 février 2005.

(Mettre en évidence les éléments d'enjeux de la participation et donc recontextualiser le sujet) (doc. 2 et 5) La participation des personnes accueillies peut être à la fois collective et individuelle et s'inscrit dans une démarche de démocratie de proximité. C'est une opportunité d'exercer concrètement un droit démocratique en tant que citoyen ; c'est un moyen de promouvoir une réflexion sur les droits et devoirs en tant que citoyen, de contribuer à l'élaboration des règles de la vie sociale, aux modalités de fonctionnement de la structure d'accueil et à son évolution. S'exprimer c'est aussi un moyen de réguler des conflits, des difficultés quotidiennes ; c'est une nouvelle manière d'être ensemble, de maintenir le lien et l'insertion sociale. La participation et l'expression des usagers sont aussi un moyen de valoriser l'expertise de la personne accueillie, c'est un moyen de lui donner la possibilité d'interagir de façon positive avec son environnement.

La participation des usagers s'est largement développée au travers d'un arsenal juridique élaboré à partir du milieu des années 1980.

(Annonce du plan) Le droit de participation des usagers dans les institutions sociales et médico-sociales repose sur un cadre législatif et réglementaire évolutif, mais porteur de paradoxes, complété par une diversité de pratiques nationales et locales favorisant la participation citoyenne (I).

I. Un cadre juridique évolutif mais porteur de paradoxes, complété par une diversité de pratiques nationales et locales au service de la participation citoyenne des usagers des établissements sociaux et médico-sociaux (EMS)

(Chapeau) Le droit de participation des usagers des EMS repose sur un cadre réglementaire évolutif mais porteur de paradoxes (A). Des pratiques pour favoriser cette participation sont mises en place localement par les professionnels (B).

A. Un cadre réglementaire en constante évolution affirmant le droit de participation des usagers des établissements médico-sociaux mais porteur de paradoxes

a. L'arsenal législatif et réglementaire (doc. 3)

Le point de démarrage c'est l'inscription du principe de participation dans la loi de 1998 contre les exclusions. Depuis cette loi, la participation a fait l'objet de nombreux textes obligeant à entendre la parole des usagers en situation de précarité, face aux institutions sociales et médico-sociales. Ainsi, en janvier 2002, la loi sur les institutions sociales et médico-sociales de juin 1975 est rénovée et ancre, de façon solennelle, les droits des usagers dans l'action publique. Cette loi du 2 janvier 2002 instaure le devoir de faire participer toute personne privée prise en charge dans un dispositif social ou médico-social à l'élaboration de son projet personnalisé ainsi qu'aux consultations organisées concernant les prestations offertes et le fonctionnement, ceci par plusieurs outils possibles : les enquêtes satisfaction, les conseils de la vie sociale (CVS), la charte des droits et libertés, le livret d'accueil, le médiateur. L'objectif est de faire en sorte que la personne soit acteur, coauteur des projets, des politiques sociales qui lui sont destinées. Cette loi permet un rééquilibrage des droits des usagers, notamment par rapport à des abus. Puis, il y a la loi du 11 février 2005 qui donne une place nouvelle et centrale à la participation des personnes vulnérables. Et enfin la loi du 5 mars 2007 qui prévoit la formalisation de certains outils dans les relations entre les professionnels et les usagers.

b. Les quatre paradoxes de la participation (doc. 5)

Pour certains, et c'est le premier paradoxe, il existe une contradiction entre l'évolution actuelle de la prise en charge vers un accompagnement de plus en plus individualisé – projet personnalisé – et « l'injonction » à la participation et à l'engagement collectif des usagers. Le deuxième paradoxe est celui lié au risque de mettre en place de nouvelles injonctions normatives, alors que le public concerné n'est pas en demande de participer ; c'est en fait un moyen de satisfaire davantage les attentes des professionnels et des institutions que celles des usagers. Ceci pose la question du bien-fondé de certains dispositifs qui obligent les bénéficiaires à participer en contrepartie de l'aide sociale qu'ils reçoivent. Pourquoi les personnes recevant un soutien devraient participer plus que les autres ? Le troisième paradoxe est lié à l'inadéquation entre les ressources accordées aux services sociaux, qui sont en baisse, et les moyens requis pour renforcer la participation des usagers. D'un côté, la diminution des fonds génère une charge de travail de plus en plus importante et une gestion plus « mécanique » des dossiers ; ceci est antinomique avec « l'exigence » de plus en plus accrue d'accorder du temps pour organiser la participation des usagers. Enfin, le dernier paradoxe est celui relatif au décalage des temporalités : il est demandé aux professionnels d'être efficace, dans des délais de plus en plus courts, de produire rapidement des projets, des résultats tout en garantissant la participation des personnes ; or prendre en compte la parole des usagers demande du temps.

B. Des exemples diversifiés de pratiques nationales et locales pour favoriser la participation des personnes accueillies en établissements sociaux et médico-sociaux

a. Les actions mises en place au niveau national (doc. 1)

La principale mesure mise en place, au niveau national, est celle concernant, en juin 2012, l'institutionnalisation du 8e collège du Conseil national des politiques publiques de lutte contre la pauvreté et l'exclusion sociale (CNLE), collège formé initialement à titre expérimental. Ce 8e collège réunit seize personnes en situation de pauvreté ou de précarité accompagnées par huit associations ou fédérations. L'objectif de cette démarche est d'intensifier la participation des publics de l'action sociale et de mieux prendre en compte leur parole dans l'élaboration des politiques publiques. Des groupes de travail thématiques sont mis en place pour favoriser la participation et l'expertise des personnes précaires en vue de la prochaine Conférence nationale contre la pauvreté et pour l'inclusion sociale : par exemple, le groupe « familles vulnérables, enfance et réussite scolaire », le groupe de travail « accès aux droits et aux besoins essentiels, minima sociaux ». Les membres du 8e collège bénéficient d'un accompagnement pédagogique afin de préparer en toute connaissance de cause les séances plénières : les membres sont réunis la veille des séances afin de prendre connaissance des sujets qui vont être abordés. Le CNLE avec ce 8e collège sert de modèle aux institutions publiques souhaitant faire participer les personnes dont elles s'occupent. Et le gouvernement encourage les conseils économiques, sociaux et environnementaux régionaux à se doter de l'équivalent d'un 8e collège.

b. Les actions mises en place au niveau local liées à l'expression collective

Les principales actions mises en place par les professionnels, localement, peuvent être regroupées en deux grandes catégories. Il y a d'abord les démarches « formalisées » *(doc. 4 et 8)*. On peut d'abord mentionner l'instauration des conseils de la vie sociale (CVS) sur le territoire du Pays de Rennes, avec l'EHPAD « La Budorais », ou bien l'EHPAD « La Brunetterie » dans la Vienne. L'objectif de ces instances est de favoriser l'adaptation de l'accueil aux personnes accueillies, de favoriser l'expression sur de nombreux sujets, dans une dynamique de bientraitance. Généralement, les CVS se réunissent quatre fois par an et les membres sont élus pour trois ans. Une grande variée de sujets est abordée : organisation des plannings du personnel, les conflits entre résidents, la violence chez les malades, le projet d'établissement, les animations, etc. Il y a également le dispositif des groupes d'entraide mutuelle (GEM) créés par la loi de 2005 sur l'égalité des chances *(doc. 8)* en vue de rompre l'isolement et de restaurer les liens sociaux ; les GEM, à statut associatif, sont des espaces d'accueil pensés et organisés par les adhérents, accompagnés d'un travailleur social.

La deuxième catégorie inclut des démarches plus souples. Il y a d'abord une forme très courante, celle des groupes d'expression mis en place par exemple en Région Bourgogne *(doc. 6)* pour permettre l'épanouissement et le développement personnel des résidents des structures. Cet outil, peu contraignant, car aucune élection n'est à organiser, a des objectifs différents de ceux d'un CVS, car il a un caractère consultatif qui ne saurait aboutir à une prise de décision. Il y a aussi la mise en place de commissions thématiques (cf. commissions des menus) ou le « café des voisins » mis en place par l'EHPAD « La Brunetterie » dans la Vienne. On peut citer aussi l'initiative du CHRU de Montpellier avec la commission des relations avec les usagers : questionnaire de sortie, participation des représentants des usagers aux groupes de travail formés dans le cadre de la démarche de certification.

II. Un plan d'actions concerté et partagé pour favoriser la participation citoyenne des personnes accueillies en EMS

(Chapeau)

A. Favoriser la participation citoyenne des résidents de l'EHPAD de SOCIOVILLE : le recours à une approche méthodologique concertée et partagée

a. La structuration du pilotage

Pour mener à bien le projet, il importe de travailler en transversalité et donc d'organiser un mode de pilotage efficient ; d'où la mise en place de trois instances :

- le chef de projet : ASE du CCAS, en charge du suivi et de la gestion de l'EHPAD ;
- le comité technique : chef de projet, responsable du service démocratie participative, 3 ou 4 représentants des personnels de l'EHPAD (travailleur social, infirmière coordinatrice, aide-soignante, etc.), directeur de l'EHPAD, 2 ou 3 représentants des résidents accueillis, 2 représentants des familles des résidents accueillis ;
- le comité de pilotage : directrice du CCAS, le président du CCAS et 2 membres du conseil d'administration du CCAS, élu en charge du social de la commune de SOCIOVILLE, représentant du service des EHPAD du Conseil départemental.

b. La méthode de travail

La méthode de travail pour mener à bien le projet se déroulera en trois étapes principales. D'abord, il conviendra de réaliser un diagnostic : identifier quels sont les types de formes de participation déjà existants au sein de l'EHPAD ; recenser les formes d'expression actuellement présentes dans l'EHPAD et, le cas échéant, leurs modalités de fonctionnement ; identifier quels sont les thèmes travaillés au sein des instances et lieux d'expression existants ; faire un état des lieux sur les leviers, les obstacles à l'expression, à la participation des résidents accueillis et quels en sont les motifs ; identifier également les difficultés ou les obstacles rencontrés par les professionnels de l'EHPAD pour favoriser la participation, quelles sont les caractéristiques des publics accueillis ; réfléchir sur les autres formes de participation à envisager. Analyser la place réservée aux familles dans les lieux d'expression actuels ; recenser les pratiques d'EHPAD dans les communes environnantes. Pour mener ce diagnostic, recourir à des questionnaires remis, de façon individuelle, aux résidents accueillis mais aussi aux personnels de l'EHPAD ; envisager la possibilité de mener aussi des entretiens individuels auprès des résidents et des professionnels.

La deuxième étape est la fixation d'objectifs : augmenter de 15 % la 1re année la participation des résidents, puis de 10 % la 2e année.

La troisième étape est la phase d'évaluation des actions mises en œuvre : mener cette évaluation à partir d'indicateurs de suivi et de tableaux de bord (nombre effectif de participants nouveaux, bilan des modalités de participation mises en place, nombre semestriel de réunions, typologie des thèmes abordés, typologie des avis émis par les résidents, nature des suites données à ces avis par les professionnels de l'EHPAD).

B. Propositions opérationnelles en vue de favoriser la participation des résidents de l'EHPAD de SOCIOVILLE

a. Proposition 1

Lancer une campagne de communication forte auprès des personnes accueillies de l'EHPAD, mais aussi auprès de leurs familles, tout comme auprès des personnels de direction et autres personnels de l'EPHAD sur la volonté de la municipalité, *via* le CCAS, de développer une dynamique de participation citoyenne des bénéficiaires dans la « vie », dans le fonctionnement de l'établissement, dans les aménagements à apporter au projet d'établissement. Utiliser comme support le journal de l'EHPAD, réalisation de flyers explicatifs, journée d'information dans l'EHPAD animée par l'ASE du CCAS, par la direction de l'EHPAD ; faire venir lors de cette réunion d'information des résidents d'EHPAD qui participent à des CVS ou groupes d'expression, afin qu'ils apportent leurs témoignages sur les atouts de la participation. Réaliser aussi un édito du maire dans le journal municipal.

b. Proposition 2

Mettre en place un double dispositif, un groupe d'expression et un CVS, les deux formes de participation étant totalement complémentaires ; et donner des précisions sur les modalités de fonctionnement proposées de ces deux dispositifs : le nombre de réunions par an, qui doivent être régulières pour créer la convivialité, élaborer une « charte des droits » afin de garantir la totale liberté de parole des personnes résidentes de l'EHPAD, planifier le nombre de réunions thématiques et concertées avec les résidents sur le premier thème qui sera abordé ; programmer la réalisation d'enquêtes de satisfaction tous les 8 ou 12 mois ? auprès de tous les résidents. Proposer la création d'une commission thématique sur le projet d'établissement, par exemple et développer les conditions de réussite d'un CVS (à partir du *doc. 8*) : organiser la concertation en amont auprès des résidents et de leurs familles afin d'établir l'ordre du jour des réunions du CVS, bien définir le rôle des professionnels dans le CVS, etc.

c. Proposition 3

Mettre en place un plan de formation pour les personnels de direction mais aussi les autres personnels de l'EPHAD afin de les convaincre de l'intérêt à organiser et développer la participation des personnes accueillies au sein de la structure. Formations sur les modalités de mise en place et d'animation d'un groupe d'expression, sur les modalités de mise en œuvre, de fonctionnement et d'animation d'un CVS, sur certaines thématiques à aborder avec les résidents (expliquer le projet d'établissement, l'organisation des repas, etc.). Mettre en avant le rôle essentiel de la direction dans la mise en place de la participation (reprendre certains arguments à partir du *doc. 9*) : rôle de la direction dans le développement d'une culture de la participation. Organiser également 2 ou 3 journées de formation à l'attention des résidents de l'EHPAD, sur les atouts – mais aussi les écueils à éviter – d'un CVS ou d'un groupe d'expression, sur les modalités de fonctionnement.

Le plan d'action proposé fera l'objet d'une évaluation annuelle approfondie aboutissant à d'éventuels ajustements.

Conclusion *(facultative)*

Il est essentiel de construire, de façon générale, les politiques publiques des établissements sociaux et médico-sociaux avec les personnes directement concernées. Il en va de même du fonctionnement et du projet de vie de l'EHPAD de SOCIOVILLE afin de répondre le mieux possible à leurs attentes et besoins.

Sujet n° 5

Spécialité « éducateur spécialisé », session 2014

Difficulté XXX	Durée 3 heures

REMARQUE

Le corrigé est présenté sous la forme d'un plan détaillé.

Sujet

Vous êtes assistant socio-éducatif au sein du département de X. Dans le cadre de la prévention et de la lutte contre l'illettrisme, une réunion de coordination des différents services du département avec les représentants de la Région est organisée.
Dans un premier temps, votre chef de service vous demande de rédiger à son attention, exclusivement à l'aide des documents joints, un rapport faisant le point sur la situation de l'illettrisme en France. (10 points)
Dans un deuxième temps, il vous demande d'établir un ensemble de propositions opérationnelles visant à lutter contre l'illettrisme. Pour traiter cette seconde partie, vous mobiliserez également vos connaissances. (10 points)

Liste des documents

Document n° 1 : « L'illettrisme en question : état des lieux » - Guide pratique : les SIAE d'Île-de-France face aux situations d'illettrisme - Agence nationale de lutte contre l'illettrisme - 2013 - 8 pages.

Document n° 2 : « Faire reculer l'illettrisme grâce à la Grande Cause nationale 2013 » - www.anlci.gouv.fr - consulté le 28 juin 2014 - 1 page.

Document n° 3 : « Lutte contre l'illettrisme : un chantier de longue haleine » - *ASH* - 15 novembre 2013 - 3 pages.

Document n° 4 : « Les causes de l'illettrisme » - Agence nationale de lutte contre l'illettrisme - 2013 - 1 page.

Document n° 5 : « L'évolution de l'illettrisme en France » - Agence nationale de lutte contre l'illettrisme - janvier 2013 - 2 pages.

Document n° 6 : « Illettrisme et emploi » - Conseil d'orientation pour l'emploi - 30 novembre 2010 (extrait) - 3 pages.

Document n° 7 : « Prévention et lutte contre l'illettrisme » - rapport du Conseil national de la formation professionnelle tout au long de la vie (extrait) - décembre 2013 - 2 pages.

Document n° 8 : « Agir contre l'illettrisme » - Eduscol, portail national des professionnels de l'éducation - 3 juillet 2013 - 2 pages.

Document n° 1

L'illettrisme en questions : état des lieux

[...]

" Avant je me disais toujours le principal est que j'ai les bras. Savoir lire, écrire (...) ça servait à rien. Mais maintenant je me dis, si j'avais su quand j'étais jeune, j'aurais appris."
Franck, agent de surface / releveur

Quels mots pour en parler ?

Halte aux amalgames

Illettrisme ? Analphabétisme ? Français Langue Etrangère ? De quoi parle-t-on exactement ? Les amalgames sont nombreux dès qu'il est question d'illettrisme. Ces termes désignent pourtant des situations bien distinctes. S'accorder sur leur sens constitue un préalable indispensable à toute décision.

Comment définir l'illettrisme ?

Selon l'Agence Nationale de Lutte Contre l'Illettrisme (ANLCI), « *l'illettrisme qualifie la situation de personnes de plus de 16 ans qui, bien qu'ayant été scolarisées, ne parviennent pas à lire et comprendre un texte portant sur des situations de leur vie quotidienne et/ou ne parviennent pas à écrire pour transmettre des informations simples. Pour certaines personnes, ces difficultés en lecture et écriture peuvent se combiner, à des degrés divers, avec une insuffisante maîtrise d'autres compétences de base comme la communication orale, le raisonnement logique, la compréhension et l'utilisation des nombres et des opérations, la prise de repères dans l'espace et dans le temps, etc. Il s'agit pour elles de réapprendre, de réacquérir les compétences de base dans le cadre de la formation* ».

NB : nous nous référerons à cette définition fixée par l'ANLCI tout au long de ce guide.

Repère

L'Agence Nationale de Lutte Contre l'Illettrisme (ANLCI) : un organisme de référence

Créée en 2000 sous forme de Groupement d'Intérêt Public (GIP), elle est composée de partenaires publics et privés. Sa mission consiste à veiller à ce que les principes de base de la lutte contre l'illettrisme soient connus de tous, pris en compte et inscrits au centre des politiques et des pratiques.

Concrètement, le rôle de l'ANLCI s'articule autour de trois axes forts :

- **Mesurer** : elle est chargée de promouvoir les actions en faveur de l'accès de tous à la lecture, l'écriture et les compétences de base ;
- **Organiser** : elle fédère les moyens mobilisés par l'État, les collectivités territoriales, les entreprises et la société civile dans la lutte contre l'illettrisme ;
- **Outiller** : elle accompagne les acteurs engagés dans la prévention et la lutte contre l'illettrisme, afin d'améliorer la qualité et l'efficacité des services proposés aux personnes concernées.

Illettrisme et analphabétisme : quelle différence ?

Contrairement à l'illettrisme, l'analphabétisme concerne les personnes qui n'ont jamais été scolarisées. Il s'agit donc pour elles d'entrer dans un premier apprentissage.

Qu'est-ce-que l'apprentissage du Français Langue Etrangère (FLE) ?

Il s'agit de l'apprentissage du français dont peuvent bénéficier les nouveaux arrivants en France dans le cadre de la politique linguistique en faveur des migrants. Les personnes concernées ne maîtrisent pas la langue française.

Qu'entend-on par « remise à niveau » ?

Elle désigne les besoins des personnes ayant globalement acquis la maîtrise des compétences de base (oral, écrit, lecture, mathématiques, raisonnement logique) mais éprouvant des difficultés lors de leur utilisation dans certains contextes.

Quelles difficultés rencontrent les personnes en situation d'illettrisme ?

Dans la sphère privée

- Emprunter un livre, lire des journaux pour s'informer ;
- Retirer de l'argent dans un distributeur, payer avec sa carte bancaire, remplir un chèque ;
- Lire les panneaux, les plans, les noms de rues, prendre le train ;
- Effectuer une liste de courses ;
- Lire le cahier de correspondance de ses enfants ;
- Décrypter la notice d'un médicament, le mode d'emploi d'un appareil ménager ;
- Répondre à un courrier administratif ;
- Régler une facture, faire ses comptes, etc.

Dans la sphère professionnelle

- Comprendre les consignes de travail ;
- Respecter les règles d'hygiène, de sécurité ;
- Mieux communiquer avec les clients et ses collègues ;
- Lire un contrat de travail, un bulletin de paie, un planning, les horaires de travail ;
- S'orienter dans l'entreprise ;
- Remplir un bon de commande, régler une facture ;
- Lire le mode d'emploi d'une machine en associant un texte à des schémas ;
- Calculer des quantités et des tarifs, etc.

Zoom

Internet et l'« illectronisme »

Dans les pays industrialisés, un quart des adultes ne posséderaient pas les compétences en lecture et en écriture nécessaires pour naviguer sur internet. On parle alors d'« illectronisme ». Ce terme désigne une méconnaissance du vocabulaire, des outils, des usages, de la culture et des références numériques, qui laisse certains adultes en dehors du mouvement électronique et entraîne souvent une exclusion professionnelle ou sociale.

L'illettrisme en questions : état des lieux

Le saviez-vous ?

Du latin *Illitarus*

Le mot illettrisme est adopté en 1981 par le fondateur d'ATD Quart Monde, Joseph Wresinski.

Issu du latin *illitteratus* signifiant « ignorant », ce néologisme désigne les Français qui, bien qu'ayant été scolarisés, ne maîtrisent pas suffisamment la langue française.

L'exception française

En France, les termes illettrisme et analphabétisme désignent deux situations différentes. Dans les deux cas, on constate une absence ou une capacité insuffisante à lire et à écrire en langue française.

La lutte contre l'illettrisme s'est développée en France parallèlement à la politique de formation linguistique des migrants.

L'approche globale des autres pays

De nombreux autres pays et organisations internationales optent pour une approche plus globale : l'analphabétisme, un terme unique qui désigne la situation des personnes qui ne maîtrisent pas la langue écrite. Mais l'origine de la situation, l'itinéraire des personnes concernées et les modalités d'accompagnement diffèrent.

Repère

La lutte contre l'illettrisme, priorité nationale depuis 1998

Une étape importante est franchie avec la loi d'orientation de lutte contre les exclusions du 29 juillet 1998 qui érige la lutte contre l'illettrisme en priorité nationale.

L'article L 121-2 du Code de l'éducation précise : « *cette priorité est prise en compte par le service public de l'éducation ainsi que par les personnes publiques et privées assurant une mission de formation ou d'action sociale. Tous les services publics contribuent de manière coordonnée à la lutte contre l'illettrisme dans leurs domaines d'action respectifs* ».

L'illettrisme, grande cause nationale 2013

Le Premier ministre a attribué à la lutte contre l'illettrisme, en 2013, le label Grande cause nationa e. C'est une étape très importante rendue possible grâce à la mobilisation de soixante-quatre organisations nationales, fédérées par l'ANLCI.

La campagne de communication grand public permettra de mieux faire connaître une réalité présente partout mais invisible, de faire évoluer les représentations encore tenaces et d'aider les personnes à sortir de la gêne, premier pas indispensable pour oser réapprendre.

" Quand on va à la banque, on est un petit peu bloqué. Quand on doit remplir un papier, eh bien, on peut pas, il faut demander de le faire faire."
Pascal, agent de production

Illettrisme en France : qui est concerné ?

Au-delà des clichés

- « *L'illettrisme concerne surtout les jeunes* » ;
- « *C'est dans les Zones Urbaines Sensibles que les personnes en situation d'illettrisme sont les plus nombreuses* » ;
- « *Quand on ne sait ni lire ni écrire, on ne peut pas travailler* » ;
- « *L'illettrisme touche d'abord les immigrés* ».

Les idées reçues autour de l'illettrisme ont la vie dure.

Quelles sont les personnes concernées ?

Deux enquêtes nationales permettent de mieux cerner leur profil :

- L'enquête Information Vie Quotidienne (IVQ) pilotée par l'Institut National de la Statistique et des Etudes Economiques (INSEE), l'ANLCI et les principaux services statistiques ministériels et instituts de recherche publics. Elle permet de mesurer le niveau de compétence de la population adulte à l'écrit, en calcul et en compréhension orale ;
- La Journée Défense Citoyenneté (JDC) au cours de laquelle le niveau de lecture de plus de 740 000 jeunes de 17 ans est évalué. En 2011 :
  - 80,3 % sont des lecteurs efficaces ;
  - 10,4 % sont des lecteurs en difficulté de lecture ;
  - 4,8 % sont des lecteurs en grande difficulté.

Repère

Des tests de repérage lors de la Journée Défense et Citoyenneté (JDC)

Conformément à la loi du 28 octobre 1997, tous les jeunes français d'environ 17 ans - soit plus de 740 000 garçons et filles en âge de quitter l'enseignement obligatoire - sont appelés depuis 2000 à participer à une JDC. Ils effectuent un test de dépistage des difficultés de lecture.

Trois grandes compétences sont évaluées :

- **L'automatisation des mécanismes** d'identification des mots ;
- **La compétence langagière** ;
- **Les traitements complexes** requis par la compréhension d'un document.

Cinq profils sont repérés :

- **Profil 1** : pas de mécanisme efficace de traitement des mots écrits et une compréhension très déficiente ;
- **Profil 2** : déficit de compréhension sans doute lié à un niveau lexical très faible ;
- **Profil 3** : niveau de lexique correct mais la lecture reste laborieuse par manque d'automaticité dans le traitement des mots ;
- **Profil 4** : jeunes capables de lecture à voix haute avec un niveau de lexique correct mais avec une mauvaise compréhension de ce qu'ils lisent ;
- **Profil 5** : lecteurs efficaces dont les bases sont solides et qui réussissent les épreuves de lectures complexes.

Combien?

16 % des personnes de 18 à 65 ans résidant en France éprouvent des difficultés dans les domaines fondamentaux de l'écrit.

Pour **11 %** d'entre eux, ces difficultés sont graves ou fortes.

Parmi ceux qui ont été scolarisés en France, **7 %** peuvent donc être considérés en situation d'illettrisme, soit deux millions et demi d'adultes.

Quel âge ?

4,8 % des jeunes de 17 ans peuvent être considérés en situation d'illettrisme, selon les critères de l'ANLCI.

10,4 % d'entre eux rencontrent des difficultés de lecture [3].

Par ailleurs, les performances en calcul se dégradent avec l'âge mais l'amélioration globalement enregistrée au fil des générations n'est plus de mise chez les plus jeunes.

Femmes ou hommes ?

Les hommes, plus souvent que les femmes, éprouvent des difficultés à l'écrit mais c'est l'inverse en calcul.[1] Le résultat des tests de l'enquête du Projet International pour le Suivi des Acquis (PISA) auprès des élèves de 15 ans indique que les filles s'en sortent mieux que les garçons en ce qui concerne la compréhension de l'écrit [4].

Où ?

Contrairement aux idées reçues, les personnes en situation d'illettrisme ne vivent pas, majoritairement, dans les grandes villes : plus d'un quart d'entre elles vivent dans les zones rurales.

RSA ?

20 % des allocataires du RSA sont en situation d'illettrisme.

ZOOM

Les jeunes en difficulté de lecture dans l'hexagone :

- plus de 12 % : Picardie
- de 8 à 12 % : Nord Pas-de-Calais, Champagne-Ardenne, Lorraine, Basse-Normandie Bretagne, Centre, Poitou-Charentes, Limousin, Corse

moins de 8 % : autres régions de l'hexagone

" Je me sens plus à l'aise. Avant, on me disait, quand il y avait une panne :
'Tiens Pascal, tu peux remplir le papier?' . Bon je m'arrangeais toujours pour filer un peu, pour ne pas dire que je ne savais pas écrire ; "
Pascal, agent de production

Et dans le monde du travail ?

Renouer avec les apprentissages

Contrairement aux idées reçues, illettrisme et emploi ne sont pas incompatibles : plus de la moitié des personnes en situation d'illettrisme exercent un travail.

Néanmoins, sur un marché de l'emploi de plus en plus sélectif, l'illettrisme freine toute évolution professionnelle. L'enjeu consiste donc aujourd'hui à ce que les personnes en situation d'illettrisme soient accompagnées et puissent renouer avec l'apprentissage des compétences clés.

Repère

L'illettrisme dans le Code du travail

Extrait du livre IX du Code du travail : *« la lutte contre l'illettrisme fait partie de l'éducation permanente. L'Etat, les collectivités territoriales, les établissements publics, les établissements d'enseignement publics et privés, les associations, les organisations professionnelles, syndicales et familiales, ainsi que les entreprises y concourent chacun pour leur part. Les actions de lutte contre l'illettrisme sont des actions de formation. Les coûts de ces actions sont imputables au titre de l'obligation de participation au financement de la formation professionnelle ».*

Qu'entend-on par compétences clés ? [5]

Le Parlement européen a défini en 2006 les huit compétences clés jugées nécessaires à tout individu pour son épanouissement et son développement personnels, sa citoyenneté active, son intégration sociale et dans l'emploi :

- Communication en langue maternelle ;
- Communication dans une langue étrangère ;
- Culture mathématique, scientifique et technologique ;
- Culture numérique ;
- Apprendre à apprendre ;
- Compétences interpersonnelles, interculturelles et compétences sociales et civiques - esprit d'entreprise ;
- Sensibilité culturelle.

Et par socle fonctionnel des compétences ? [5]

La lutte contre l'illettrisme consiste d'abord à mettre à la portée de tous un socle fonctionnel des compétences de base qui sont le noyau dur des compétences clés. Son acquisition constitue une première étape et un levier d'évolution pour aller plus loin.

Les actions de lutte contre l'illettrisme visent donc un double objectif :

- Faire en sorte que les personnes concernées réalisent de manière autonome les activités courantes de la vie quotidienne qui nécessitent le recours à l'écrit et aux autres compétences (compétences de degrés 1 et 2) ;
- Garder le cap vers l'objectif final de l'acquisition pleine et entière des compétences de base, celui de l'accès à l'autonomie dans la société de la ıissance (compétences de degrés 3 et 4).

Un obstacle au maintien dans l'emploi

Les situations d'illettrisme constituent souvent un obstacle au maintien dans l'emploi. Quand l'entreprise évolue en matière de nouvelles technologies, il est souvent trop tard : les salariés qui exerçaient leur travail sans plus avoir à lire les consignes, voient leur savoir-faire brutalement remis en cause et se retrouvent alors démunis pour s'adapter aux nouvelles exigences.

Un frein à l'évolution professionnelle

Les situations d'illettrisme freinent l'évolution professionnelle, l'accès aux responsabilités et à la sécurisation des parcours professionnels. Dans le monde du travail actuel où chacun est susceptible de changer plusieurs fois d'emploi, l'illettrisme conduit à une impasse : il devient difficile d'accepter un nouveau poste, de rechercher un emploi ou de se reconvertir. Les emplois ne requérant jamais de savoirs en lecture et en écriture se raréfient, même parmi les emplois dits « peu qualifiés ».

Un sujet tabou

L'illettrisme soulève souvent un sentiment d'échec voire de honte chez les personnes concernées. La manière dont la question est abordée dans l'entreprise dissuade les salariés de s'en ouvrir à leur employeur et leurs collègues. Apparenté parfois à un handicap, l'illettrisme demeure souvent caché. C'est encore un sujet tabou.

Des « compétences invisibles »

La plupart des personnes en situation d'illettrisme exercent un métier. Pour contourner les difficultés rencontrées, elles se sont forgées une culture et ont acquis des connaissances et un savoir-faire, sans avoir recours à l'écrit. On parle alors de « compétences invisibles ».

Zoom

Un numéro Indigo® autour de l'illettrisme

Les centres de ressources illettrisme assurent, sur le territoire national, une mission d'information et de premier accueil par le biais du numéro Indigo® illettrisme. La ligne téléphonique informe les institutions (administrations, Missions Locales, Pôle emploi, réseaux associatifs, acteurs du monde économique...), les formateurs, les publics et toute personne désireuse de s'engager dans la lutte contre l'illettrisme.

Info Service illettrisme : N° Indigo 0 820 33 34 35

Repère

Illettrisme et emploi en France[1]

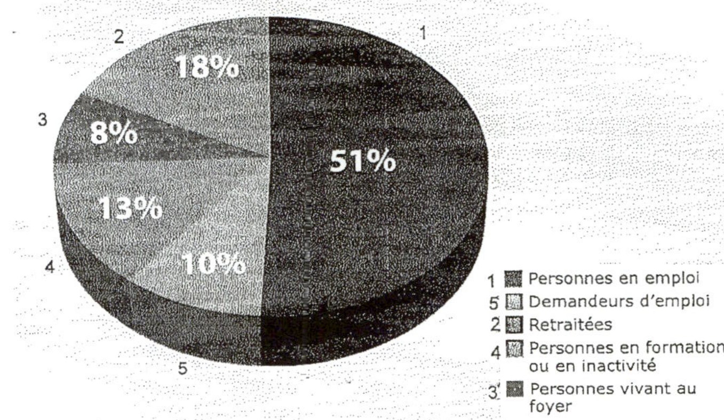

Note de lecture : parmi les personnes en situation d'illettrisme

"C'est par rapport à mon métier que je fais, peintre en bâtiment. Et comme il faut apprendre plus les calculs et que je ne suis pas fort en maths, je suis venu pour apprendre exprès les mathématiques."
Gregory, peintre en bâtiment

Comment mieux se repérer : le cadre national de référence de l'ANLCI

Les mêmes principes pour tous

Objectif ? Que les principes de base de la lutte contre l'illettrisme soient mieux connus, pris en compte et inscrits au cœur des politiques et des pratiques sur le terrain.

Le cadre national de référence a été élaboré avec plus d'une centaine d'institutions représentatives des services de l'Etat, des collectivités territoriales, des entreprises, de la société civile et de la communauté scientifique.

Il comprend des recommandations pour faciliter l'action des acteurs concernés : pouvoirs publics, entreprises et société civile.

Il fixe des repères utiles à tous.

Il invite chaque entreprise à développer sa propre dynamique, tout en s'appuyant sur des lignes de force communes, inscrites dans le cadre d'une politique nationale de lutte contre l'illettrisme cohérente.

Il contribue à trouver des solutions concrètes aux problèmes que rencontrent les acteurs de la lutte contre l'illettrisme.

Il permet enfin à chacun d'avoir les cartes en main pour mieux se situer, dialoguer avec ses partenaires, décider et agir plus efficacement.

[...]

Zoom

La question centrale des compétences de base

Quelles que soient leurs appellations - savoirs de base, compétences fondamentales ou compétences transversales - les compétences sont au centre de la question de la formation destinée aux personnes en situation d'illettrisme.

Selon l'ANLCI, les compétences de base recouvrent trois domaines principaux :

- Les compétences langagières : communication orale, communication écrite (lecture, écriture) ;
- Les compétences mathématiques : capacité à manier les nombres (c'est-à-dire la numératie), compter, opérer sur des grandeurs ;
- Les compétences cognitives : raisonnement logique, résolution de problèmes, repérage dans l'espace et dans le temps, concentration, mémorisation, etc.

Document n° 2

Faire reculer l'illettrisme grâce à la « Grande Cause nationale 2013 »

L'illettrisme a été désigné « Grande Cause nationale 2013 » par le Premier ministre, répondant ainsi favorablement au collectif « Agir ensemble contre l'illettrisme », composé de plus de 60 associations.

« Avec 2,5 millions de personnes concernées (7 % de la population de 18-65 ans), **la lutte contre l'illettrisme est un enjeu de cohésion sociale**. Source d'exclusion, l'illettrisme constitue une gêne au sein de la famille et de la vie citoyenne. Les personnes concernées le dissimulent et ont tendance à s'exclure, sortant parfois du parcours de soins voire des droits fondamentaux. »

« Enjeu social, **la lutte contre l'illettrisme est aussi un enjeu économique.** Une meilleure maîtrise des savoirs et compétences de base, permet de réduire les conséquences liées à l'exclusion sociale et la précarité économique. » Bien que plus de la moitié (51 %) des personnes concernées par l'illettrisme exerce une activité, leur évolution professionnelle reste extrêmement restreinte. Pour Michel Sapin, « l'accès aux savoirs de base constitue l'un des fondements de l'inclusion sociale, de la possibilité de s'épanouir dans son emploi ou encore d'accéder à la qualification ».

Réapprendre c'est possible !

« L'objectif du collectif « Agir ensemble contre l'illettrisme » est de mettre en place **un programme de prévention en familiarisant dès le plus jeune âge les enfants avec l'univers des mots, en accompagnant les parents pour suivre leur scolarité, et en évitant le décrochage scolaire, qui peut amener vers l'illettrisme** : « on s'aperçoit que lorsque les adolescents décrochent, quittent l'école, des phénomènes de désapprentissage sont à l'œuvre », constate George Pau-Langevin, Ministre déléguée à la Réussite éducative. "

« Réapprendre c'est possible », c'est l'un des mots d'ordre du collectif dont l'objectif est aussi d'établir **un programme d'intervention pour donner à tous l'accès à la lecture, l'écriture et aux compétences de base.**

Chiffres-clés

L'illettrisme est méconnu et assorti de fausses croyances. Contrairement à une opinion répandue :

- l'illettrisme concerne en grande partie des personnes ayant été scolarisées ;

- le phénomène touche tous les âges, tous les domaines et tous les espaces de vie ;

- quelque 53 % des personnes âgées de plus de 45 ans et plus de la moitié (51 %) exerce une activité professionnelle. Pour eux, il s'agit de réapprendre, de renouer avec les formations de base : lire, écrire, compter.

www.anlci.gouv.fr

Document n° 3

Cohésion sociale

Lutte contre l'illettrisme : un chantier de longue haleine

Le 15 novembre s'achèvent, à Lyon, les « assises nationales et européennes de l'illettrisme ». Un événement destiné à renforcer la mobilisation des acteurs face à un fléau qui touche 7 % des personnes de 18 à 65 ans. En effet, si d'importants progrès ont été accomplis, le phénomène est loin d'être enrayé.

Dans notre société fondée en grande partie sur la réussite scolaire, l'illettrisme demeure fortement stigmatisé et les personnes concernées multiplient les stratégies pour éviter de laisser paraître leurs lacunes. Or l'invisibilité qui en découle masque un chiffre sans appel : les difficultés de lecture et d'écriture touchent 2,5 millions de personnes en France.

Si le phénomène n'est pas nouveau, il n'est apparu comme un « problème social » qu'à partir des années 1980, lorsque l'écrit a commencé à prendre une place centrale. Face à la montée des exigences sociales, professionnelles, culturelles et économiques, l'illettrisme est devenu un frein pour communiquer, utiliser des biens et des services, accéder à l'emploi, aux soins, au logement, à l'information... S'attaquer à ce problème est alors apparu indispensable pour répondre à un double enjeu : de cohésion sociale en aidant les personnes à (re)trouver une autonomie dans leur vie quotidienne et à sortir du sentiment de dévalorisation de soi, et d'insertion professionnelle en visant une élévation des compétences de base.

Dès 1984, un premier rapport a été publié sur le sujet (1), suivi la même année par la création du Groupement permanent de lutte contre l'illettrisme (GPLI). Mais c'est la loi d'orientation de lutte contre les exclusions du 29 juillet 1998 qui a fait de la lutte contre ce fléau une priorité politique, plusieurs fois réaffirmée depuis. Créée en octobre 2000 en remplacement du GPLI, l'Agence nationale de lutte contre l'illettrisme (ANLCI), groupement d'intérêt public qui dispose d'une équipe nationale et de chargés de mission régionaux, en est le bras armé (voir encadré, page 23).

Résultat : en 2011, 7 % des adultes de 18 à 65 ans étaient en situation d'illettrisme (contre 9 % en 2004) (2) et près de 100 000 d'entre eux bénéficiaient d'une action de formation (contre 60 000 en 2004) (3). S'il y a bien un effet de génération, « *la mobilisation commence aussi à produire ses fruits. Une dynamique s'est installée* », se réjouit Hervé Fernandez, directeur de l'ANLCI.

GRANDE CAUSE NATIONALE

Reste que, malgré les progrès, le phénomène est loin d'être enrayé. Alors que la crise économique accentue le risque d'exclusion des personnes qui ne maîtrisent pas les compétences de base, le nombre d'actions proposées reste largement en deçà des besoins. Dans ce contexte, l'attribution cette année du label « grande cause nationale » au collectif « Agir ensemble contre l'illettrisme » – à la suite de la mobilisation de 65 associations et organisations nationales (4) autour de l'ANLCI – va dans le bon sens. L'importante opération de communication qui a suivi (notamment un spot informatif diffusé à la radio et à la télévision) a visé à informer les personnes concernées mais aussi à changer les représentations du grand public. Des assises régionales ont été organisées de mai à juillet en France pour comprendre les enjeux locaux, mieux connaître les réponses mises en œuvre et imaginer de nouvelles coopérations entre les acteurs, et un ouvrage intitulé *L'illettrisme* a été publié (5). Enfin, et surtout, le 14 novembre, lors des « assises nationales et européennes de l'illettrisme » (6), George Pau-Langevin, ministre déléguée à la réussite éducative, a présenté un plan de mobilisation de l'Education nationale sur le sujet.

Au crédit du label « grande cause nationale », l'appui du gouvernement qui, tout au long de l'année, a rappelé l'importance de la lutte contre l'illettrisme : non seulement celle-ci est citée en préambule de la loi sur la refondation

La création du mot « illettrisme », néologisme inventé en 1981 par ATD quart monde, a permis de le distinguer clairement de l'analphabétisme. Alors que ce dernier renvoie à la situation de personnes qui n'ont jamais été scolarisées, l'illettrisme concerne celles qui, bien qu'ayant été scolarisées en France, n'ont pas acquis une maîtrise suffisante de la lecture et de l'écriture pour être autonomes dans la vie quotidienne : elles ont des difficultés à rédiger un chèque, écrire une liste de courses, lire des panneaux indicateurs, déchiffrer une notice de médicaments ou un mode d'emploi, se repérer dans un planning de travail... L'illettrisme se différencie également de la situation des personnes en apprentissage du français langue étrangère (FLE), qui concerne des migrants arrivés en France sans maîtriser notre langue.

« Apprendre que le mot "pyjama" vient d'Inde, c'est l'occasion d'évoquer la géographie, de s'ouvrir sur le monde »

de l'école et dans la circulaire de l'Education nationale de préparation de la rentrée 2013, mais des directives ont aussi été données aux préfets de région dans le cadre du plan pour l'inclusion sociale. En outre, les ministres de l'Education nationale et du Travail ont saisi le Conseil national de la formation professionnelle tout au long de la vie pour qu'il se dote d'orientations en la matière. Enfin, des moyens du Fonds paritaire de sécurisation des parcours professionnels (FPSPP) ont été dégagés pour freiner l'illettrisme dans les entreprises.

C'est toutefois sur le terrain que la lutte contre l'illettrisme se joue véritablement. Elle mobilise, souvent depuis des années, quantité d'acteurs issus de différents secteurs (social, culturel, éducatif, professionnel, sanitaire...). En réponse aux situations très diverses (
les chemins empruntés sont multiples. Située à Chaumont (Haute-Marne), l'association d'éducation populaire Initiales, également pôle régional de ressources culturelles pour la lutte contre l'illettrisme et organisme de formation, a choisi comme axe d'intervention principal la culture. Elle anime, grâce à son équipe pluridisciplinaire, un réseau de plus de 200 structures (sociales, de formation ou culturelles) en Champagne-Ardenne. Son festival de l'écrit permet chaque année à des personnes en difficulté d'écriture de rédiger des textes libres destinés à être partagés dans un journal édité pour l'occasion – les meilleurs d'entre eux sont récompensés lors d'une remise de prix. Des ateliers d'écriture et de (ré)apprentissage de la langue sont également l'occasion d'aborder l'écriture comme facteur de lien social et de découverte culturelle. *« Apprendre que le mot "pyjama" vient d'Inde, c'est l'occasion d'évoquer la géographie, de s'ouvrir sur le monde »*, note Edris Abdel Sayed, le directeur pédagogique régional. Il n'y a toutefois pas de recette miracle : *« Chaque situation d'illettrisme est différente : il faut s'appuyer sur les centres d'intérêt des personnes et sur leurs compétences pratiques et symboliques. Par exemple, pour un jeune qui veut devenir boucher, nous allons commencer par le mettre à l'aise avec le vocabulaire professionnel – nom des viandes, des couteaux... – et avec les calculs simples – poids, prix... – pour qu'il dépasse ses blocages et ait envie d'aller plus loin. »*

Si réapprendre est possible quel que soit son âge et selon des méthodes variées, la clé de la réussite suppose d'éviter le cours magistral, précise le sociologue Hugues Lenoir : *« Il faut faire en sorte que les personnes soient actives en s'appuyant sur des méthodologies alternatives comme la pédagogie Freinet où les savoirs prennent sens puisqu'ils offrent l'accès à la compréhension, la communication et l'autonomie. Pour limiter l'échec scolaire, cette "déscolarisation" du processus pédagogique mériterait d'être généralisée à l'école, mais on en est encore loin ! En revanche, elle est bien avancée dans le secteur associatif. »*

LA VIE DE TOUS LES JOURS

« C'est indiqué en gros dans notre hall : "Ici, on n'est pas à l'école" », fait remarquer Rose-Marie Ryan, directrice des ateliers de formation de base au sein d'Emmaüs-Solidarité à Paris. Point de manuels scolaires en effet : les formateurs utilisent de nombreux documents de la vie de tous les jours (administratifs notamment) comme supports d'apprentissage, qu'ils exploitent selon le niveau des personnes et les objectifs à atteindre (fixés individuellement en début de session). En outre, les ateliers de formation de base se doublent d'ateliers culturels, artistiques ou citoyens, qui *« font travailler d'autres fonctions cognitives et rendent les personnes plus disponibles aux apprentissages de l'écriture et de la lecture »*, explique Rose-Marie Ryan.

Au-delà de la pédagogie, renouer avec l'écrit suppose, pour les adultes, *« un déclic psychologique : il faut les aider à évaluer que les aspects négatifs de l'illettrisme qu'ils vivent au quotidien sont supérieurs aux aspects considérés comme positifs du type "je suis capable de m'en sortir malgré tout" »*, souligne le sociologue Benoît Hess. Pour cela, il faut pouvoir s'appuyer sur un objectif qui se situe au-delà de l'apprentissage des savoirs de base. Il peut s'agir de l'acquisition d'une autonomie sociale. Dans de nombreux cas, c'est le levier professionnel qui motive les personnes : pour trouver ou conserver un emploi, faire face à des changements d'organisation de l'entreprise, réussir une évolution professionnelle... Situation fréquente : une personne qui a passé plusieurs dizaines d'années dans la même entreprise se voit proposer une promotion. Faute d'un niveau de lecture-écriture suffisant, elle décline l'offre de crainte de ne pas être en capacité d'écrire un rapport ou d'effectuer un calcul simple... Aussi l'employeur a-t-il un rôle central à jouer. D'autant qu'en organisant des actions de lutte contre l'illettrisme, il y gagne une élévation du niveau de compétences de ses salariés.

DIX ANS D'EFFORTS

Dès 2003, l'Agence nationale de lutte contre l'illettrisme (ANLCI), chargée de coordonner tous les acteurs concernés au plan institutionnel et sur le terrain (Etat, collectivités territoriales, entreprises, partenaires sociaux, associations...), s'est dotée d'un cadre de référence (1) visant à organiser une politique nationale transversale – de la petite enfance aux seniors *via* la prévention, l'éducation et la formation des adultes. Principale avancée : l'élaboration d'une définition partagée de l'illettrisme, qui a servi de socle pour la conduite d'enquêtes destinées à mieux cerner le public – notamment en produisant des statistiques (avec une première enquête nationale de l'INSEE en 2004). C'est sur cette base commune qu'ont pu être formalisés des plans régionaux de lutte contre l'illettrisme sous l'égide des préfets de région, des recteurs et des présidents de conseils régionaux.
Depuis 2004, avec le soutien du Fonds social européen, l'agence a impulsé un « forum permanent des pratiques » qui, tout en formant les acteurs et les structures, repère, promeut et diffuse les bonnes pratiques aux plans national et régional – en particulier par le biais de guides et de référentiels. •

(1) Consultable sur http://goo.gl/bU1BzI.

« Les apprentissages sont souvent liés à la profession exercée et les possibilités de transfert aux situations de la vie quotidienne sont limitées »

Quatre fédérations départementales ADMR de la région Centre l'ont bien compris. Constatant que de nombreuses aides à domicile étaient fragilisées par rapport à la lecture et à l'écriture, elles ont mis en place, entre 2012 et 2013, des parcours de formation alternant acquisition de savoirs de base et de savoirs techniques avec le soutien d'Uniformation. « *En amont, nous avons construit une grille de positionnement avec le centre ressources illettrisme et analphabétisme* [CRIA] *du département à partir du référentiel "compétences clés" de l'ANLCI et de nos fiches de poste d'aide à domicile,* explique Lydie Gentilhomme, responsable des ressources humaines et de la formation de la fédération du Loir-et-Cher. *Environ un tiers de nos salariées, en priorité celles qui étaient sans diplôme ni qualification, ont été reçues individuellement par le CRIA qui a émis, selon les besoins de chacune, des préconisations concernant la durée de la formation à suivre : 35, 70 ou 105 heures.* » Intitulée « Compétences clés en situation professionnelle », la formation mise en œuvre par l'organisme de formation Forcadis pour le volet « savoirs de base » et par l'Institut du travail social de Tours pour le volet « métier » avait pour fil rouge la communication en situation professionnelle. Il s'agissait notamment d'aider les salariées à mieux transmettre leurs observations (à l'écrit dans les cahiers de liaison et à l'oral auprès de leur responsable) et d'accompagner celles qui, engagées dans un projet de validation des acquis de l'expérience, étaient freinées par leurs difficultés d'écriture et d'expression orale.

De surcroît, la formation a contribué à l'amélioration de leur vie quotidienne, « *par exemple, pour remplir des papiers, calculer des pourcentages de réduction pendant les soldes, mieux comprendre les leçons de leurs enfants scolarisés...* », énumère Lydie Gentilhomme. Certaines, réticentes au départ, se disent prêtes à recommencer l'expérience. Seul bémol : les 105 heures de formation ne sont pas suffisantes pour les salariées les plus en difficulté. D'où la volonté des ADMR de leur proposer rapidement une formation complémentaire.

DES COMPÉTENCES FRAGILES

« *Il y a certes quelques expérimentations intéressantes du côté des employeurs, mais les apprentissages sont souvent liés à la profession exercée et les possibilités de transfert aux situations de la vie quotidienne sont limitées* », modère toutefois Hugues Lenoir. Sans compter, poursuit-il, que les compétences acquises en entreprise sont rarement pérennes : « *Les personnes ont du mal à les activer régulièrement sur le long terme et les services RH ne cherchent pas assez à ce que ces nouveaux savoirs soient mobilisés dans les situations de travail, si bien qu'ils finissent par s'éroder.* » Le mot « illettrisme » est inconvenant en entreprise, constate plus globalement Benoît Hess : côté employeurs, communiquer sur le sujet n'est pas sans danger vis-à-vis des clients qui peuvent soudain douter de la qualité du produit ou du service rendu ; pour les personnes concernées, en faire état, c'est éprouver un sentiment de honte non seulement auprès de leurs responsables mais aussi de leurs collègues. Au point que, très souvent, pour compenser leurs lacunes, « *elles ne vont pas compter leurs heures et montrer une motivation à toute épreuve, parfois en prenant des risques pour leur santé* », regrette Benoît Hess.

Alors que l'intervention à l'âge adulte se révèle complexe, la prévention apparaît incontournable. Une grande partie des situations d'illettrisme prenant racine très tôt, il est nécessaire d'agir dès les premiers apprentissages de la petite enfance. Dans le cadre d'une action éducative familiale, dispositif coordonné par l'ANLCI depuis 2008, l'association Le pied à l'étrier, à Bollène (Vaucluse), propose des ateliers de lecture parents-enfants au sein des écoles et des cours d'acquisition des compétences de base orientés vers le fonctionnement de l'école pour les parents d'enfants scolarisés. « *L'intérêt est double : pour les parents qui vont se familiariser avec le système scolaire et pour les enfants dans la mesure où l'on sait que l'amélioration des savoirs de base des parents se répercute sur leur scolarité* », explique Floriane Barthélémy, directrice de l'association.

La prévention concerne aussi les jeunes dont les difficultés de lecture et d'écriture semblent s'aggraver – comme le constatent les missions locales. « *Autrefois, il existait une sorte de contrat implicite selon lequel en fonction des résultats obtenus à l'école, on avait un emploi, un logement... Aujourd'hui, comme les études ne permettent plus de trouver cet équilibre, de nombreux jeunes y renoncent* », s'inquiète Hugues Lenoir. Or les premières années qui suivent la sortie du système scolaire sont celles où les plus fragiles risquent de perdre leurs bases en lecture et en écriture par manque de pratique. C'est pourquoi « *il faudrait pouvoir continuer à les solliciter grâce à un suivi adapté* », souligne Hervé Fernandez.

DES ACTIONS POUR LES SALARIES EN INSERTION

Il n'est pas rare que les salariés en insertion connaissent des difficultés de lecture et d'écriture. Pour y répondre, le réseau national Chantier école mène depuis une dizaine d'années des actions en partenariat avec l'Agence nationale de lutte contre l'illettrisme. Après avoir créé un guide et une malette pédagogique sur le sujet, il met en œuvre, depuis 2012, une expérimentation visant à accompagner les structures dans la création d'outils pédagogiques préparant la validation du certificat de qualification professionnelle (CQP) (1) des salariés polyvalents en parcours d'insertion. Dans ce cadre, des périodes de professionnalisation d'une durée de 150 à près de 400 heures sont proposées en fonction des besoins des personnes, en partenariat avec Uniformation, l'organisme paritaire collecteur agréé de la branche. Répartie en quatre modules qui renvoient à des compétences en matière de santé et sécurité au travail, de savoirs techniques, de savoir-être et de savoir-faire (parmi lesquelles lire et écrire, appréhender le temps et l'espace, utiliser les mathématiques en milieu professionnel), la formation devrait à terme bénéficier à 3000 salariés par an. •

(1) Certification spécifique créée, délivrée et reconnue par une branche professionnelle.

Document n° 4

Les causes de l'illettrisme

Dans un premier temps, l'expérience des acteurs de terrain permet de relever une multiplicité de causes qui souvent se combinent entre elles :

- Un passé scolaire douloureux, des situations de rupture, des difficultés familiales, professionnelles, sociales, des situations de travail où le recours à l'écrit n'est pas nécessaire.
- Un effritement des compétences de base lorsqu'elles ne sont pas utilisées, pratiquées, des problèmes de santé, etc.

Agir contre l'illettrisme, c'est permettre à chacun d'acquérir ou de réacquérir ce socle fonctionnel, cette base de la base en lecture, écriture et calcul, ces compétences de base nécessaires aux actes simples de la vie quotidienne, pour être plus autonome dans sa vie familiale, professionnelle et citoyenne.

La notion d'illettrisme, directement liée aux transformations sociétales et à ses exigences sociales, culturelles, politiques et économiques, évolue en permanence dans une société où les exigences augmentent.

Les conséquences de l'illettrisme

- Le développement d'un sentiment de dévalorisation de soi
- Les difficultés à communiquer, à s'exprimer, à échanger
- Les difficultés à utiliser des biens et des services, à accéder aux soins, au logement, etc.
- Les difficultés à accéder à l'information, à construire de nouvelles connaissances
- Les difficultés à accéder à l'emploi, à faire face aux changements dans son entreprise
- Les difficultés à participer à la vie sociale et culturelle

Les formes de l'illettrisme

- Ne pas savoir se repérer dans le temps et dans l'espace et circuler seul
- Ne pas pouvoir faire ses courses
- Ne pas savoir prendre un médicament
- Ne pas savoir lire une notice
- Ne pas savoir utiliser un appareil
- Ne pas pouvoir suivre la scolarité de son enfant
- Ne pas pouvoir entrer dans la lecture d'un livre
- Ne pas pouvoir retirer de l'argent d'un distributeur automatique
- Ne pas pouvoir lire un schéma
- Ne pas savoir lire une consigne de travail ou de sécurité
- Ne pas savoir lire un planning d'horaires de travail
- Ne pas savoir calculer des quantités
- Ne pas pouvoir communiquer avec son entourage au travail (clients, collègues, etc.)

Si l'un de vos proches ou vous-même êtes confronté à l'une ou plusieurs de ces situations, il s'agit peut-être d'une forme d'illettrisme.

Source : ANLCI - 2013

Document n° 5

L'évolution de l'illettrisme en France

Agence Nationale de Lutte Contre l'Illettrisme

POUR L'ACCÈS DE TOUS À LA LECTURE, À L'ÉCRITURE ET AUX COMPÉTENCES DE BASE

anlci

ANLCI – NOUVELLE ÉDITION – JANVIER 2013

DES CHIFFRES POUR ÉCLAIRER LES DÉCISIONS

Avec le renouvellement de l'enquête Information et Vie Quotidienne en 2011-2012 nous disposons pour la première fois de chiffres fiables sur l'évolution de l'illettrisme en France depuis 2004 : en 2011 le taux d'illettrisme est moins élevé qu'en 2004 (7 % en 2011, contre 9 % en 2004). 2500000 personnes âgées de 18 à 65 ans et scolarisées en France sont en situation d'illettrisme (3 100 000 personnes en 2004).

L'enquête Information et Vie Quotidienne réalisée pour la première fois en 2004/2005 par l'INSEE en partenariat avec l'Agence Nationale de Lutte Contre l'Illettrisme qui permet d'établir le taux d'illettrisme chez les personnes âgées de 18 à 65 ans a été reconduite en 2011/2012 avec les mêmes outils de mesure que ceux utilisés pour les besoins de l'enquête initiale de 2004 (Modules de tests fournis par l'ANLCI). Cette nouvelle enquête a été conduite auprès d'un échantillon de 13750 personnes, âgées de 16 à 65 ans vivant en France métropolitaine, ce qui représente environ 40 millions de personnes. Elle fournit des indications précises sur les personnes confrontées à l'illettrisme.

Dans cette enquête comme dans celle de 2004, des modules spécifiques, dont le module ANLCI, proposent un certain nombre d'épreuves passées au domicile des enquêtés et permettent de mesurer les compétences en lecture, écriture, calcul, de ces personnes en s'appuyant sur des situations rencontrées dans la vie de tous les jours (lire un programme de télévision, comprendre un bulletin météo, écrire une liste de courses, etc.).

S'agissant de la mesure de l'illettrisme qui qualifie la situation de personnes qui ont été scolarisées en France mais ne maîtrisent pas la lecture ou l'écriture pour être autonomes dans des situations simples de la vie quotidienne, l'exploitation de l'enquête par l'Agence Nationale de Lutte Contre l'Illettrisme a évidemment porté sur la population âgée de 18 à 65 ans et qui a déclaré avoir été scolarisée en France, soit 90 % des personnes interrogées. Au-delà de la mesure de l'illettrisme au sens strict (incapacité à lire ou écrire), la nouvelle enquête offre des indications sur les personnes ne maîtrisant pas les compétences en calcul. L'enquête met en évidence que 15 % des personnes âgées de 18 à 65 ans scolarisées en France ont de graves difficultés avec le calcul (18 % ont de graves ou fortes difficultés dans au moins un des quatre domaines mesurés par l'INSEE : lecture, compréhension, écriture, calcul).

Rappel : L'enquête a été menée auprès des ménages, ce qui exclut les personnes vivant en foyers ou prisons. En 2011-2012, elle a été menée en France métropolitaine avec cinq extensions régionales en Métropole et deux en Outremer. Les modules de tests fournis par l'ANLCI ont été commandés en 2001 au PsyEF dirigé par J-M. Besse (Université de Lyon II).

Se mettre d'accord sur les mots : un préalable essentiel à la décision

Illettrisme, analphabétisme, apprentissage du français : 3 problèmes différents

- Un adulte qui a été scolarisé mais qui n'a pas acquis une maîtrise suffisante de la lecture, de l'écriture et du calcul doit réapprendre, renouer avec les formations de base. Il doit reacquérir et consolider ses compétences de base. C'est la lutte contre l'illettrisme.
- Un adulte qui n'a jamais été scolarisé doit tout apprendre, il est en situation d'alphabétisation.
- Un nouvel arrivant en France doit apprendre le français. Il apprend une nouvelle langue, c'est le français langue étrangère dans le cadre de la politique linguistique en faveur des migrants.

POUR L'ACCÈS DE TOUS À LA LECTURE, À L'ÉCRITURE ET AUX COMPÉTENCES DE BASE
Agence Nationale de Lutte Contre l'Illettrisme - www.anlci.gouv.fr

Illettrisme et territoires

La moitié des personnes en situation d'illettrisme vit dans des zones faiblement peuplées :
26 % dans les zones rurales (28 % en 2004),
22,5 % dans des villes de moins de 20 000 habitants (21 % en 2004).

L'autre moitié vit dans des zones urbaines :
14 % dans les villes de plus de 20 000 habitants (17 % en 2004),
27,5 % dans les villes de plus de 100 000 habitants (24 % en 2004),
10 % en région parisienne (idem en 2004).

Et les quartiers couverts par la politique de la ville ?
10 % des personnes en situation d'illettrisme vivent dans les ZUS (idem en 2004).
Mais attention : dans les Zones Urbaines Sensibles le pourcentage de personnes en situation d'illettrisme est deux fois plus élevé que dans la population sur laquelle a porté l'exploitation de l'enquête (14 % au lieu de 7 % (18 % au lieu de 9 % en 2004)).

Illettrisme et emploi

Plus de la moitié des personnes en situation d'illettrisme ont un emploi.
51 % des personnes en situation d'illettrisme sont dans l'emploi (57 % en 2004)
10 % sont au chômage (11 % en 2004)
17,5 % sont retraités (14 % en 2004)
13,5 % en formation ou en inactivité (10 % en 2004)
8 % sont au foyer (8 % en 2004)

Sur l'ensemble de la population,
6 % de ceux qui sont dans l'emploi (8 % en 2004) et 10 % des demandeurs d'emploi (15 % en 2004) sont confrontés à l'illettrisme.

ILLETTRISME ET MINIMA SOCIAUX

20 % des allocataires du RSA sont en situation d'illettrisme (26% en 2004).

Parmi les personnes allocataires du RSA (RMA, RSO) la proportion des personnes en situation d'illettrisme est donc trois fois plus élevée que dans l'ensemble de la population concernée.

Illettrisme et langue maternelle

70 % des personnes en situation d'illettrisme utilisaient exclusivement le français à la maison à l'âge de 5 ans (74 % en 2004).

On note globalement que 6 % des personnes qui utilisaient exclusivement le français à la maison à 5 ans sont en situation d'illettrisme (8 % en 2004) contre 16 % de celles qui utilisaient uniquement une langue étrangère ou régionale au même âge (20 % en 2004).

POUR L'ACCÈS DE TOUS À LA LECTURE, À L'ÉCRITURE ET AUX COMPÉTENCES DE BASE
Agence Nationale de Lutte Contre l'Illettrisme - www.anlci.gouv.fr

Document n° 6

ILLETTRISME ET EMPLOI

[...]

1.3. L'illettrisme est de plus en plus un frein à l'emploi

Etre illettré n'empêche pas d'avoir un emploi, ni, surtout, de disposer de véritables compétences professionnelles, appréciées en tant que telles par les employeurs. Pourtant, la maîtrise imparfaite de la communication écrite (et orale) devient de plus en plus handicapante du fait des évolutions technologiques et organisationnelles à l'œuvre dans les entreprises et les administrations.

Les enquêtes sur les techniques et l'organisation du travail (enquêtes TOTTO) menées en 1987 et 1993 mettaient déjà en évidence, sur une période assez courte, la régression de l'oral de vive voix dans les instructions transmises aux salariés et l'augmentation de la part de l'écrit dans cette transmission.

Ainsi, la part des salariés recevant leurs instructions de travail exclusivement de vive voix avait chuté de 38 % en 1987 à 29 % en 1993. A l'inverse, la part des salariés recevant des instructions importantes par écrit était passée de 47 % en 1987 à 55 % en 1993. La réception d'instructions par voie phonique était passée de 38 % à 43 % et celle qui transite par l'intermédiaire d'une machine de 4 % à 10 %[5].

Du coup, les salariés les moins qualifiés et les moins lettrés, habitués à une supervision orale directe de proximité, se retrouvent souvent en situation délicate lorsque la coordination du travail s'élargit à l'écrit.

Du fait de la robotisation croissante et de la dématérialisation du travail, la part langagière augmente dans le contenu de travail. Les activités de surveillance et de contrôle se développent et se généralisent, en lieu et place des activités physiques sur les machines.

De même, la restructuration des entreprises à travers la flexibilité, les démarches de certification de la qualité (démarches ISO) ou le développement de la sécurité amènent de nouvelles formes de rationalisation du travail où l'écrit joue un rôle essentiel. Ainsi, les documents écrits abondent de plus en plus dans les organisations, qu'il s'agisse de modes opératoires, de procédures qualité, de fiches d'autocontrôle, de consignes de sécurité, de bordereaux de commande ou de livraison, de notices d'utilisation des machines, etc.

Dans le secteur du bâtiment par exemple, les normes qualité (ISO 9001) imposent de remplir les documents de chantier. L'entreprise attend des ouvriers, non seulement qu'ils soient capables de transmettre un certain nombre d'informations dans le cadre d'un *reporting* journalier, mais encore qu'ils puissent communiquer dans les meilleurs conditions avec la hiérarchie comme avec les riverains qu'ils sont amenés à rencontrer, notamment en vue de préserver l'image de l'entreprise auprès des clients.

Si la non maîtrise de l'écrit peut être un handicap dans les situations de travail, elle limite également les possibilités de reconversion ou de promotion professionnelle, particulièrement dans la fonction publique, où celle-ci prend le plus souvent la forme de concours. Ainsi, c'est parfois l'échec aux tests permettant l'accès aux remises à niveau, en vue de la préparation aux concours, qui constitue le facteur déclenchant les actions de formation aux savoirs fondamentaux.

Enfin, la recherche d'emploi, comme d'ailleurs toutes les démarches administratives, est rendue plus difficile par la non maîtrise de l'écrit.

Pour toutes ces raisons, la lutte contre l'illettrisme dans le monde du travail doit constituer une priorité des politiques de formation professionnelle et de l'emploi.

---

[5] Voir Frédéric Moatty, « Instructions de travail écrites et bas niveaux de qualification », in Christiane El Hayek (dir.), *Illettrisme et monde du travail,* coll. « En toutes lettres », Paris, La documentation française, Ministère de l'emploi et de la solidarité, 2000.

[...]

c) Les actions de lutte contre l'illettrisme au travail montent en puissance sous l'impulsion de l'ANLCI, mais leur ampleur reste encore bien en deçà des enjeux

Sous la double impulsion de la législation et des travaux de l'ANLCI, une prise de conscience que l'illettrisme d'une part était une réalité, y compris chez les salariés, d'autre part représentait un problème pour les salariés comme pour la bonne marche de l'entreprise, a eu lieu. Les activités à forte concentration de main d'œuvre peu qualifiée et pouvant connaître, en parallèle, des tensions dans leurs besoins de recrutement ont été les premières à se saisir du problème et à élaborer des dispositifs de formation appropriés (propreté, industrie agro-alimentaire, ...). Au-delà de ces secteurs d'activité, une prise de conscience se diffuse, mais lentement, et la question de l'illettrisme chez les salariés reste encore souvent un tabou.

Dans son rapport de 1999 sur l'illettrisme, Marie-Thérèse GEFFROY [7] faisait le constat que, dans les entreprises comme dans les collectivités publiques, il existait « des réalisations exemplaires mais isolées » et que les actions de lutte contre l'illettrisme étaient souvent mises en œuvre lors des « situations de crise » (les mutations économiques dans un sens large : restructurations, évolution des technologies ou des procédures, etc.) et « plus rarement comme action préventive », bien que des exemples existent (propreté et économie sociale notamment).

Elle faisait aussi le constat « d'un financement complexe et fragile » qui fait appel à des acteurs nombreux, chaque nouveau dispositif demandant un montage financier *ad hoc*, difficile à construire.

En ce qui concerne les formations elles-mêmes, Mme GEFFROY faisait le constat d'une organisation dispersée, souvent méconnue, ni coordonnée ni capitalisée, hétérogène en qualité et au modèle économique fragile, au moins pour les organismes concentrés sur l'apprentissage des savoirs fondamentaux.

Qu'en est-il dix ans plus tard ? Les choses ont évolué dans le bon sens. Tout d'abord, l'objet même de la lutte contre l'illettrisme a été clairement défini, grâce aux travaux de l'ANLCI. Ensuite, le nombre de branches, d'entreprises et d'organismes de financement de la formation professionnelle (OPCA – organismes paritaires collecteurs agréés) qui se sont mobilisés autour de la lutte contre l'illettrisme s'est très nettement accru :

- douze accords de branche sur la formation professionnelle (propreté, agro-alimentaire, intérim, économie sociale, BTP, etc.) font ainsi référence à la lutte contre l'illettrisme sous des angles divers : accès à la qualification, professionnalisation, maintien de l'employabilité, maîtrise des compétences de base, etc. ;
- des accords cadres ont été passés entre l'ANLCI et quinze OPCA, dans la propreté (FAF propreté), l'agro-alimentaire (Agefaforia), l'intérim (Faf TT), l'économie sociale ou médico-sociale (Unifaf, Uniformation, Habitat formation), le BTP (GFC-BTP, l'OPCA BTP), les commerces de gros (Intergros), le textile (FORTHAC), l'artisanat (Opcams), l'hôtellerie (FAFIH), la production agricole et l'élevage (FAFSEA), mais aussi les deux OPCA inter-professionnels (Agefos-PME et OPCALIA) ;

---

[7] Marie-Thérèse GEFFROY, *Lutter contre l'illettrisme*, Rapport à la ministre de l'emploi et de la solidarité et à la secrétaire d'Etat à la Formation professionnelle, 1999

- un accord cadre a aussi été signé avec le Centre national de la fonction publique territoriale (CNFPT) ;
- en 2006, le Fonds unique de péréquation (FUP), dans le cadre d'un accord conclu avec l'Etat et le Conseil national de la formation professionnelle tout au long de la vie (CNFPTLV), a décidé de consacrer 33 millions d'euros sur deux ans au financement des services d'ingénierie pour la mise en place d'actions de lutte contre l'illettrisme pour ces OPCA ;
- le 4 octobre 2010, le Fonds paritaire de sécurisation des parcours professionnels (FPSPP, qui remplace le FUP) a lancé un appel à projets auprès des OPCA et des OPACIF pour co-financer avec le FSE des formations permettant l'acquisition d'un socle de connaissances et de compétences pour les salariés. Les actions doivent bénéficier à des salariés issus de PME/PMI et de TPE, de bas niveaux de qualification, des personnes en situation d'illettrisme ou ne maîtrisant pas les savoirs de base, les femmes et les jeunes entrant ou en situation précaire dans l'entreprise, les travailleurs handicapés et les salariés de plus de 45 ans.

Quelques exemples d'actions de lutte contre l'illettrisme au travail

Une branche pionnière : la branche propreté

La branche propreté a été pionnière en matière d'actions de lutte contre l'illettrisme pour ses salariés. Elle rassemble aujourd'hui 433 000 salariés, dont 95 % de niveau V ou infra. Les actions de lutte contre l'illettrisme ont vu le jour sous l'impulsion de grands groupes tels que Veolia ou le groupe Onet, avec le soutien de la branche et des OPCA concernés.

La branche propreté a entamé une démarche spécifique de maîtrise des écrits professionnels à partir de 1998 : il s'agit de formations par groupes de huit au plus, de 250 heures par personne en moyenne, réparties sur 6 à 8 mois à raison de deux séances de trois heures par semaine. Ces formations s'appuient sur un réseau de 45 organismes, dont les formateurs ont reçu une formation de deux jours. Chaque organisme s'engage à mutualiser ses supports pédagogiques.

La formation est financée par les fonds de professionnalisation. Elle bénéficie à environ 900 personnes par an, pour un coût pédagogique moyen de 6 000 euros par personne.

Au-delà de ces actions, la branche propreté projette d'élaborer un socle de compétences de base de la branche, qui s'appuie sur le Référentiel des compétences clés de l'ANLCI et qui puisse s'articuler avec les Certificats de qualification professionnelle (CQP) de la branche.

L'exemple d'un secteur industriel : l'industrie alimentaire et les actions de l'OPCA Agefaforia

Le secteur des industries alimentaires regroupe 6 800 entreprises et 250 000 salariés : 63 % des entreprises comptent moins de 10 salariés. Les salariés sont à 58 % des ouvriers et à 23 % des employés. L'illettrisme touche environ 15 % des salariés, notamment sur certains ateliers (production, conditionnement, logistique).

Une première expérience de formation aux savoirs fondamentaux avait été menée dans les années 1990 : nécessitant l'utilisation d'outils multimédias, elle n'avait pas attiré les personnes vraiment en difficulté. Fort de cette première expérience, le secteur s'est rapproché des secteurs pionniers dans la lutte contre l'illettrisme (propreté, BTP) et a travaillé avec un organisme expert sur cette question, Récif, pour élaborer un dispositif spécifique : MSF (maîtrise des savoirs fondamentaux).

Le travail d'ingénierie de la formation est assuré par Agefaforia et Récif, il est financé sur un fonds mutualisé dédié. Les formations sont réalisées par des organismes de formation sélectionnés, qui répondent à un cahier des charges précis. Il les contraint notamment à suivre une démarche, à mettre à disposition tous les supports produits et à respecter un coût cible de 150 euros HT par heure groupe. Chaque année, ces actions concernent environ 500 salariés, pour un coût pédagogique moyen de 3 000 euros et une durée moyenne de 120 à 140 heures par formation.

Conseil d'orientation pour l'emploi - 30 novembre 2010 (extrait)

Document n° 7

PREVENTION ET LUTTE CONTRE L'ILLETTRISME

[...]

Le 31 mai 2013, le Ministre en charge du travail, de l'emploi de la formation professionnelle et du dialogue social et le Ministre en charge de l'éducation nationale ont saisi le Conseil national de la formation professionnelle tout au long de la vie (CNFPTLV) pour faire des propositions en vue de fixer des objectifs et des orientations stratégiques en matière de prévention et de lutte contre l'illettrisme dans les prochaines années.

De juin à novembre, un groupe de travail reflétant la composition quadripartite du CNFPTLV a été réuni sous la présidence de Danielle Kaisergruber. En partant des rapports précédents sur ce thème : rapports de l'IGAS et l'IGEN en 2012, du Conseil d'Orientation de l'Emploi en 2010, du Conseil d'Analyse de la Société en 2009, le Groupe de travail a procédé à une douzaine d'auditions pour enrichir sa réflexion à travers les expériences et les analyses menées par différents types d'acteurs dans ce domaine tout au long de la vie des personnes. Ces travaux ont été menés en complète synergie avec l'ANLCI. L'Agence a participé à l'animation des travaux et a contribué à la rédaction du rapport avec les Ministères en charge de l'éducation nationale et de la formation professionnelle, ainsi que des représentants des partenaires sociaux et des régions. Les orientations et les recommandations permettront aux pouvoirs publics et aux instances dirigeantes de l'Agence d'enrichir son plan d'action pour les années à venir en déterminant des priorités, des actions nouvelles à mener, des initiatives à prendre. La liste des participants et la liste des organismes audités figurent en annexe.

La prévention et la lutte contre l'illettrisme sont multiformes et transversales aux habituelles séparations administratives et institutionnelles. Ce sont des actions qui doivent prendre place tout au long du parcours des personnes et véritablement tout au long de la vie : de la petite enfance à l'âge adulte. De la sensibilisation des maîtres dès les classes maternelles, à la formation des employés dans les services aux personnes âgées, ou au service militaire adapté Outre Mer, les auditions ont permis d'étayer les analyses et de concrétiser les recommandations qui seront faites au long des trois parties du rapport :

- Prendre la mesure du problème,

- Agir sur tous les fronts et tout au long de la vie, de la petite enfance à la formation des salariés en emploi et des demandeurs d'emploi,

- Coopérer en région dans la lutte contre l'illettrisme.

Tels sont les axes de ce rapport qui conclut sur quatre grandes familles de propositions mises en exergue :

- faire baisser le taux d'illettrisme de deux points d'ici 2018, le mesurer pour chaque région et en évaluer les résultats.

- concentrer les actions sur deux priorités à des âges différents de la vie : d'une part en matière de prévention de l'illettrisme chez les enfants et les adolescents par des actions vigoureuses de formation des enseignants et de sensibilisation des familles, d'autre part

par des mesures en direction des plus de 45 ans et des résidents en zones rurales ou **urbaines sensibles qu'ils soient salariés ou demandeurs d'emploi.**

- développer et renforcer une organisation territoriale et partenariale de la prévention et de la lutte contre l'illettrisme en pérennisant les postes de chargés de mission dans les régions et en plaçant les plans régionaux de lutte contre l'illettrisme sous l'égide des CCREFP (Comités de Coordination Régionaux de l'Emploi et de la Formation Professionnelle).

- renforcer la mise à disposition d'outils de repérage et de prévention, de capitalisation des bonnes pratiques, ainsi que la sensibilisation des professionnels de l'orientation ; encourager les initiatives porteuses d'innovation et de partenariat entre le monde de l'éducation et de la formation et le monde de la recherche.

Enfin, compte tenu de l'importance du problème pour l'économie et la société, s'agissant des perspectives pour les années à venir et pour prolonger la grande cause nationale, **une journée nationale de prévention et de lutte contre l'illettrisme se tiendrait chaque année le 8 septembre**, date de la journée internationale de l'alphabétisation.

Les nombreuses contributions des Ministères, des Conseils régionaux, des partenaires sociaux, des acteurs de la lutte contre l'illettrisme sont présentées en annexes du rapport. Le CNFPTLV les remercie vivement de leur participation.

"Prévention et lutte contre l'illettrisme" - (Introduction (extrait)

CNFPTLV – décembre 2013

Document n° 8

Agir contre l'illettrisme

Si l'illettrisme est bien un phénomène post-scolaire à proprement parler, les difficultés rencontrées très tôt par l'élève peuvent en être des signes précurseurs. C'est donc dès l'école maternelle et tout au long de la scolarité obligatoire qu'il faut prévenir l'illettrisme en apportant des réponses adaptées aux facteurs de vulnérabilité, afin d'assurer une forme d'irréversibilité des acquis de base : c'est le cœur même des missions de l'éducation nationale.

Qu'est-ce que l'illettrisme ?
L'illettrisme désigne la situation d'une personne qui a bénéficié d'apprentissages mais qui n'a pas acquis - ou qui a perdu - la maîtrise de la lecture et de l'écriture, en raison d'apprentissages trop fragiles. Dès lors, cette personne ne possède pas les compétences de base pour être autonome dans les situations simples de la vie courante et se trouve particulièrement exposée au risque d'exclusion sociale.
Souvent invisible, l'illettrisme est pourtant une réalité partout présente. Aujourd'hui, 2,5 millions de personnes se trouvent en situation d'illettrisme, soit 7 % des personnes ayant été scolarisées en France et âgées de 18 à 65 ans (Insee, enquête « Information et vie quotidienne »). Les évaluations menées dans le cadre de la Journée défense et citoyenneté soulignent que, si 80,3 % des jeunes Françaises et Français de 17 ans sont des lecteurs efficaces, 10,4 % sont en difficulté de lecture et 4,8 % en grande difficulté.

« [...] L'éducation nationale, les familles, les associations, les collectivités, chacun a un rôle dans la prévention de l'illettrisme. Il convient désormais de donner une impulsion nationale et d'accompagner la mise en cohérence du travail de tous les acteurs.
L'illettrisme demeure une réalité relativement méconnue, que les pouvoirs publics ont tardé à appréhender. Le Premier ministre a fait de la lutte contre l'illettrisme la grande cause nationale de l'année 2013. Le Gouvernement entend ainsi prendre la mesure d'un sujet qui suppose un engagement fort et une action concertée des ministères concernés ».

Prévenir l'illettrisme à l'école

La refondation de l'École a pour objectif d'agir le plus précocement possible pour lutter contre les inégalités et favoriser des apprentissages durables et plus solides. Pour ce faire, 60 000 postes supplémentaires seront créés sur la durée du quinquennat pour l'enseignement scolaire ; ils permettront de répondre aux grands axes de la réforme :
• recruter de nouveaux maîtres et restaurer une formation de qualité ;
• donner la priorité à l'école primaire, notamment avec le dispositif « plus de maîtres que de classes » et la scolarisation des enfants de moins de trois ans dans les secteurs socialement défavorisés ;
• redéfinir les missions de l'école maternelle, pour en faire un cycle unique et la fonder sur une pédagogie adaptée à l'âge des enfants permettant de jouer un rôle majeur dans le repérage des difficultés et la réduction des inégalités ;
• renforcer les liens entre école maternelle et école élémentaire, école et collège, collège et lycée, pour favoriser la continuité des apprentissages et accompagner les transitions d'un degré à un autre.

Car le rôle crucial de l'école est, d'abord, de favoriser l'entrée dans le langage et son appropriation à travers l'expression orale, puis d'apprendre à tous les enfants à lire, à comprendre les textes, à s'exprimer à l'oral et à l'écrit de manière fluide et efficace. Tout au long de la scolarité, les apprentissages qui permettent d'acquérir une bonne maîtrise de la langue française se poursuivent, dans l'ensemble des disciplines. Des dispositifs d'aide sont prévus pour accompagner les élèves les plus fragiles et garantir des apprentissages plus solides.

Le ministère de l'éducation nationale se mobilise, au plan académique et au plan national, pour développer la recherche et l'expérimentation, consolider la formation des enseignants et mettre à leur disposition des outils et des ressources utiles à l'exercice de leurs missions.

Le ministère de l'éducation nationale développe également des actions partenariales avec l'ensemble des acteurs, et notamment le monde associatif, à destination des enfants et des adolescents. Elles visent à favoriser l'accès aux livres et à la lecture, le goût des mots et le plaisir du texte.

Enfin, pour produire tous ses effets, la prévention de l'illettrisme doit être menée dans une relation de confiance avec les familles, grâce à un dialogue restauré entre l'École et les parents, afin d'accompagner au mieux l'enfant en difficulté, tout particulièrement dans les secteurs touchés par la grande pauvreté.

Lutter contre l'illettrisme après la scolarité obligatoire

Lors de la Journée Défense et Citoyenneté (JDC), les jeunes âgés de 17 ans et plus passent un test de compréhension de l'écrit. Ce dernier vise à repérer les jeunes en difficulté avec la maîtrise de la lecture et la compréhension de l'écrit.

Les jeunes scolarisés qui se trouvent dans cette situation bénéficient d'un accompagnement renforcé dans les établissements dont ils dépendent.

Pour venir également en aide à ceux qui ne sont plus scolarisés, un travail est actuellement en cours pour leur offrir des possibilités de réapprentissage, notamment par le biais des plateformes de suivi et d'appui aux décrocheurs.

Remédier à l'illettrisme des adultes : une grande cause nationale

Le Premier ministre a souhaité faire de la lutte contre l'illettrisme la « grande cause nationale» pour l'année 2013. Il marque ainsi la volonté du Gouvernement de se mobiliser afin que chacun puisse acquérir les compétences fondamentales nécessaires pour accéder au savoir, à la culture, à l'emploi, à la formation professionnelle et à l'épanouissement personnel, et pour participer pleinement à la vie démocratique.

Un soutien à la parentalité pour mieux accompagner la scolarité des enfants

Si la prévention de l'illettrisme figure au cœur de l'action du ministère de l'éducation nationale, la participation à des actions de formation des adultes dans ce domaine ne saurait pour autant être absente de sa mission d'éducation, dans le cadre de partenariats, notamment avec l'Agence nationale de lutte contre l'illettrisme (ANLCI).

Dans ce contexte, les actions éducatives familiales (AEF) ont un rôle majeur à jouer pour fédérer des actions qui s'adressent aux parents en situation d'illettrisme ou de grande fragilité linguistique et à leurs enfants.

Des formations spécifiques pour les adultes

Les Greta (groupements d'établissements publics locaux d'enseignement) proposent des formations spécifiques pour les adultes en situation d'illettrisme, en s'appuyant sur des certifications pour valider les compétences des salariés.

L'enseignement en milieu pénitentiaire

Pour mieux répondre aux besoins des détenus et éviter de nouvelles ruptures dans leur parcours, l'administration pénitentiaire a mis en place un plan d'action contre l'illettrisme.

Des enseignants de l'éducation nationale assurent l'enseignement. Priorité est donnée aux détenus qui ne savent pas lire ou compter, ainsi qu'à ceux qui n'ont pas reçu d'instruction élémentaire ou de formation professionnelle.

Eduscol, portail national des professionnels de l'éducation ; 3 juillet 2013

Proposition de corrigé

Département de X Le ...

Rapport à l'attention de Monsieur le chef de service

Objet : l'illettrisme en France.

L'illettrisme concerne près de 3 millions de personnes en France. Ce phénomène concerne aussi les enfants : 10 % d'entre eux sont des illettrés potentiels à terme.

Face à cette problématique, les collectivités s'organisent pour lutter contre ce fléau, déclaré « grande cause nationale ».

Ce rapport présentera l'ampleur du phénomène (I), et proposera des solutions pour lutter contre celui-ci (II).

I. L'illettrisme : un phénomène de grande ampleur

A. Les enjeux de la lutte contre l'illettrisme

- Source : enquête IVQ (INSEE)
- Journée de défense citoyenne
- Panorama précis : 2,5 millions d'adultes (7 % des Français qui ont été scolarisés), 4,8 % de jeunes de plus de 17 ans.

On rencontre surtout ces personnes en zone rurale.
Ces difficultés sont autant d'obstacles dans la vie quotidienne et mènent à un sentiment d'échec et de dévalorisation, voire d'exclusion sociale.
La moitié de ces personnes sont salariées, et mettent en place des stratégies de contournement et d'évitement. Elles ont néanmoins du mal à comprendre des consignes.
Cette situation est un frein à la recherche d'emploi, l'évolution de carrière, etc.

B. La lutte contre l'illettrisme mobilise une pluralité d'acteurs

- Cadre juridique : loi d'orientation de lutte contre les exclusions de juillet 1998 ; le Code du travail stipule que cette lutte relève de l'État, des collectivités territoriales, des établissements d'enseignement, des organisations syndicales, des associations, etc.
- Grande cause nationale
- Des acteurs partenaires : ANLCI, Éducation nationale, entreprises, collectivités territoriales, familles. Le CNFPTVL et l'EN déterminent des orientations.
- Objectifs : faire baisser de 2 points le taux d'illettrisme d'ici 2018, lutte constante en formation initiale et professionnelle.

Un comité de coordination de lutte contre l'illettrisme établi dans chaque région
Renforcement de la prévention dans les écoles, soutien à la parentalité

Les enjeux sont tels, que le département s'engage dans une action partenariale afin d'accompagner efficacement les personnes relevant de l'illettrisme.

II. Des propositions opérationnelles visant à lutter contre l'illettrisme

A. Une démarche partenariale au service d'un projet ambitieux

- Diagnostic : repérage des publics concernés : établissements scolaires, Pôle emploi, entreprises, missions locales, associations, service RSA du département, écoles de la 2e chance).

Aide au diagnostic pour mieux comprendre la problématique, les profils : enquêtes IVQ et INSEE

- Bilan : ASE recueille les informations, les centralise (analyse, synthèse, formalisation)
- Objectif : faire régresser le taux d'illettrisme dans le département

- Enjeux : cohésion sociale et égalité des chances, enjeu économique
- Faisabilité : à budget constant
- Organisation du projet :
• comité de pilotage : président du département, maires, élus éducation, associations, ANLCI, la Région (compétence formation professionnelle)
• comité technique : membres de l'Éducation nationale, CNFPT, Greta, médiathèque, crèches, centre de loisirs
• l'ASE fait l'interface entre les 2 comités

Prévoir éventuellement des groupes de travail si des thématiques plus précises sont définies.

B. Un plan d'actions pour réduire le taux d'illettrisme

- Prévention et sensibilisation

Action de communication pour informer sur les aides possibles.
Action sur la lecture : foire aux livres, ateliers en médiathèques, mettre les jeunes en contact avec le livre dans les structures petite enfance

- Formation

Nouer des partenariats public/privé (entreprises)
Créer une grille de positionnement pour repérer le public à partir des compétences clé du référentiel ANLCI. Objectif : définir les besoins des salariés, mener la même action en interne (au département) et dans les services municipaux.

- Mise en place d'un numéro vert destiné aux personnes qui décident de s'engager dans la lutte contre l'illettrisme

Conclusion facultative mais préconisée : mettre en place des indicateurs qualitatifs et quantitatifs. Prévoir des rencontres avec d'autres départements pour comparer les actions proposées.

Autre proposition de plan

Cette autre proposition de plan offre une approche de formulation des titres différente.

I. L'illettrisme, un phénomène alarmant qui mobilise les pouvoirs publics
A. L'ampleur du phénomène
B. La lutte contre l'illettrisme : une priorité nationale

II. La prévention de la lutte contre l'illettrisme dans le département fondée sur le partenariat
A. Une méthodologie de projet qui s'appuie sur un repérage ciblé des illettrés
B. Les actions de lutte contre l'illettrisme axées sur la prévention et la formation

PARTIE 2

Épreuve orale d'admission : entretien avec le jury

Méthodologie et conseils

1. Le cadre réglementaire

L'épreuve d'entretien avec le jury est l'unique épreuve d'admission du concours d'assistant territorial socio-éducatif.

L'intitulé réglementaire de l'épreuve est reproduit ci-après.

Décret n° 2013-646 du 18 juillet 2013 fixant les modalités d'organisation du concours pour le recrutement des assistants territoriaux socio-éducatifs (extrait)

[...]

2° Une épreuve orale d'admission consistant en un entretien, ayant pour point de départ un exposé du candidat sur sa formation et son projet professionnel, permettant au jury d'apprécier sa capacité à s'intégrer dans l'environnement professionnel au sein duquel il est appelé à travailler, sa motivation et son aptitude à exercer les missions dévolues aux membres du cadre d'emplois (durée : 20 minutes, dont 5 minutes au plus d'exposé ; coefficient 2).

À NOTER

Vous trouverez en annexe une note de cadrage indicatif élaborée par les membres d'une cellule pédagogique nationale associant des représentants des centres de gestion de la fonction publique territoriale. Nous vous invitons à la lire attentivement.

2. L'exposé du parcours professionnel

Le jury va évaluer :
- la curiosité professionnelle du candidat ;
- son intérêt pour les projets innovants ;
- son envie de progresser ;
- sa capacité à faire part de son enthousiasme ;
- sa volonté de se former, d'acquérir et de développer des aptitudes professionnelles ;
- son comportement pendant l'épreuve.

A. Les consignes

- Le candidat doit présenter son parcours de formation et professionnel (privé et/ou public) ou associatif sous la forme d'un **exposé structuré**, clair sans dépasser le temps imparti, fixé dans la note de cadrage du centre de gestion organisateur.
- Le jury n'interrompt pas le candidat sauf pour l'inviter à conclure si les 5 minutes sont atteintes.
- Le jury peut accorder la totalité du barème dès lors que l'exposé dure 3 minutes et qu'il correspond aux attentes de fond et de forme.
- N'ayant **ni notes, ni documents, ni CV**, le candidat doit mémoriser son exposé tout en restant naturel. Une intervention apprise par cœur peut se retourner contre le candidat (trou de mémoire) en plus d'être artificielle. Il faut donc se souvenir des points clés, se donner des points de repère chronologiques par exemple.
- Le candidat qui se limiterait à un déroulement de CV serait sanctionné. L'objectif de l'entretien est bien de se mettre en valeur. En conséquence, il devra plutôt valoriser les compétences qu'il a acquises de telle ou telle expérience. Ne pas oublier qu'il s'agit d'un entretien d'embauche.
- Ne pas accabler le jury par un grand nombre de dates. Au contraire, sélectionner trois ou quatre dates clés dans votre parcours suffit.
- L'exposé doit être construit autour d'un **plan**. C'est une nécessité pour une communication claire. Il faut porter son choix sur une construction interne classique : passé/présent/futur.
- Ne pas négliger les aspects formels : expression claire, juste, vocabulaire précis voire technique, utilisation du « je », éviter le « on » et les formes passives. Travailler votre positionnement : « Je suis acteur de ma carrière et de son évolution ».
- Ne pas négliger les aspects comportementaux : élocution claire, bonne tenue, bon maintien, regard qui prend tous les membres du jury en considération (même le plus discret), peu de gestes mais pas de posture figée ni de fermeture (bras croisés) : montrer son désir de communiquer, ses aptitudes relationnelles même si la communication est unilatérale.

B. Proposition d'un plan du parcours professionnel

Ne pas exposer un CV froid avec une accumulation de postes et de dates. Au contraire, présenter les différents emplois en analysant leurs bénéfices, voire leurs failles qui ont permis d'en tirer des leçons.

a. Une brève introduction

Décliner l'identité, la situation familiale (si elle donne du sens au parcours), le parcours scolaire et/ou universitaire, et annoncer le plan choisi.

b. Le développement articulé autour du passé, du présent et de l'avenir

Sélectionner et classer chronologiquement les épisodes les plus riches en termes de savoir-faire et de savoir-être.

■ **Le passé**

Poser une date. L'expérience professionnelle peut avoir débuté dans le secteur privé. Ne pas l'occulter, ce n'est en aucun cas un tabou. Choisir les événements les plus forts, les plus significatifs, porteurs de sens, ceux qui constituent une plus-value pour le recruteur territorial.

Si l'expérience professionnelle commence par le secteur public : procéder de la même façon.

Quelle que soit la fonction, le poste occupé : focaliser les missions et surtout les compétences acquises ou affinées durant cette expérience.

Passage du privé au public : éviter les lieux communs tels que :
« J'ai intégré la fonction publique car j'aime le service public. »
« J'adore lire. »
« Je recherchais la sécurité de l'emploi. »

Au contraire, expliquer cette orientation, argumenter et surtout ne pas se contenter d'une explication lapidaire et convenue : le jury risquerait de revenir sur ce point !

À noter : le jury n'est pas là pour juger de tel ou tel choix mais pour évaluer la pertinence des arguments, la logique du projet. Montrer votre engagement par des choix conscients dans un exposé simple, dynamique qui donne du sens à la démarche.

■ **Le présent**

Le présent est votre objectif : c'est ce qui intéresse le recruteur, donc il faut arriver assez vite à cette focalisation.

Il s'agit de décliner la/les expérience(s) dans la collectivité actuelle. Présenter brièvement l'institution, préciser la direction, le service, le poste, les missions qui vous incombent. Là encore, faire ressortir les compétences que cela implique, l'intérêt que cela suscite chez vous.

Ne pas oublier de présenter les projets auxquels vous participez, les formations suivies, etc. et le projet professionnel que vous poursuivez (voie externe).

Vous devez pouvoir expliquer pourquoi vous souhaitez accéder à ce poste.

■ **L'avenir**

Vous devez montrer votre capacité à vous projeter dans l'emploi futur : vos objectifs professionnels, votre motivation, votre aptitude à l'encadrement, votre désir d'évoluer vers des fonctions à plus fortes responsabilités.

c. Une brève conclusion

Il s'agit plutôt d'une phrase destinée à clore votre exposé et à indiquer que vous êtes prêt à répondre aux questions du jury.

C. Qu'est-ce qu'une compétence ?

Une compétence est la convergence d'un **savoir** (des connaissances), d'un **savoir-faire** (pratiques) et d'un **savoir-être** (comportement relationnel).

a. Compétences clés

Je peux/je sais :

- respecter des délais
- superviser d'autres personnes
- résoudre des problèmes
- enseigner aux autres et donner des directives claires
- gérer le travail d'autres personnes
- organiser et gérer des projets
- parler en public
- assumer des responsabilités
- planifier le travail quotidien ou des événements spéciaux
- suivre des instructions
- trouver des solutions novatrices aux problèmes

b. Compétences en matière de données et d'information

Je peux/je sais :

- faire un budget, gérer de l'argent
- noter des faits, classer des renseignements par dates
- analyser des données, faire des vérifications et tenir des dossiers
- vérifier l'exactitude des renseignements
- prêter attention aux détails
- enquêter sur des résultats afin de les clarifier
- trouver des réponses, recueillir de l'information
- faire des calculs
- évaluer
- dresser un inventaire
- tenir des dossiers financiers
- faire des recherches et rédiger des rapports

c. Compétences en encadrement

Je peux/je sais :

- organiser des réunions ou des activités sociales
- avoir l'esprit de compétition lorsque cela est nécessaire
- prendre des décisions
- diriger le travail d'autres personnes
- participer à l'établissement des objectifs de mon équipe
- expliquer des choses aux autres
- résoudre des problèmes

- motiver les gens
- régler des différends
- planifier des activités et les mettre en œuvre
- prendre des risques lorsqu'il le faut
- organiser et présider une réunion
- faire preuve de confiance en soi

d. Compétences en relations interpersonnelles

Je peux/je sais :

- aider les autres et en prendre soin
- gérer les conflits, résoudre des problèmes
- conseiller les gens
- faire preuve de tact et de diplomatie
- interroger les gens
- faire preuve de gentillesse et de compréhension
- savoir écouter attentivement
- négocier
- être extraverti
- faire preuve de patience
- être courtois et sociable
- superviser, enseigner
- être exigeant lorsqu'il le faut
- faire confiance aux gens
- suivre mon intuition

e. Compétences en communication

Je peux/je sais :

- m'exprimer clairement
- parler aisément avec les autres
- créer et parler de nouvelles idées
- préparer des exposés
- être créatif
- faire des recherches dans une bibliothèque ou sur Internet
- établir mon propre réseau d'experts, de personnes-ressources, de partenaires
- être logique
- parler en public
- rédiger des rapports clairs et concis
- bien travailler avec les autres

D. La description de vos expériences professionnelles

a. La matrice

Prenez un peu de temps pour renseigner cette grille, avant de vous lancer dans la rédaction de votre parcours.

Mois et/ou années					
Organisation, type de structure, secteur, localisation					
Intitulé du poste occupé, fonction					
Conditions d'accès à ce poste (opportunité, choix, contrainte, etc.)					
Missions principales					
Motif du départ ou changement					
Je suis en mesure de… (compétences)					
Difficultés rencontrées					
Actions entreprises pour les surmonter					

ASTUCE

N'oubliez pas d'utiliser les éléments figurants sur votre fiche de poste !

b. Les verbes moteurs

Voici une liste de verbes d'action pouvant vous aider dans l'analyse de vos motivations :

Décider	Gérer	Diriger	Administrer	Produire
Arrêter	Acquérir	Animer	Administrer	Appliquer
Choisir	Amortir	Commander	Classer	Effectuer
Conclure	Assainir	Conduire	Compter	Exécuter
Décider	Budgéter	Confier	Enregistrer	Faire
Déterminer	Comptabiliser	Définir	Établir	Produire
Éliminer	Consolider	Déléguer	Gérer	Réaliser
Fixer	Économiser	Diriger	Inventorier	(+ autres activités à caractère répétitif requérant des habiletés techniques)
Juger	Enrichir	Gouverner	Ranger	
Opter	Équilibrer	Guider	Recenser	
Régler	Exploiter	Impulser	Régir	
Résoudre	Gagner	Inspirer	Répertorier	
Trancher	Gérer	Instituer		
	Investir	Manager		
	Optimiser	Piloter		
	Rentabiliser	Présider		

Organiser	Communiquer	Développer	Chercher	Former
Aménager	Communiquer	Accroître	Analyser	Animer
Anticiper	Dialoguer	Améliorer	Calculer	Apprendre
Arranger	Discuter	Augmenter	Chercher	Conduire
Coordonner	Échanger	Commercialiser	Consulter	Développer
Distribuer	Écouter	Conquérir	Enquêter	Éduquer
Établir	Exprimer	Déclencher	Étudier	Entraîner
Organiser	Informer	Développer	Examiner	Éveiller
Planifier	Interviewer	Élargir	Expérimenter	Former
Préparer	Négocier	Étendre	Observer	Instruire
Prévoir	Partager	Implanter	Prospecter	Sensibiliser

Programmer	Rédiger	Lancer	Rechercher	Transformer
Répartir	Renseigner	Progresser	Sonder	
Structurer	Transmettre	Promouvoir		

CONTRÔLER	CRÉER	NÉGOCIER (COMMERCIAL, SOCIAL)	CONSEILLER
Apprécier	Adapter	Acheter	Aider
Contrôler	Améliorer	Arbitrer	Clarifier
Enquêter	Concevoir	Argumenter	Comprendre
Éprouver	Construire	Conclure	Conseiller
Évaluer	Créer	Consulter	Diagnostiquer
Examiner	Découvrir	Convaincre	Éclairer
Expérimenter	Élaborer	Démontrer	Écouter
Mesurer	Imaginer	Discuter	Guider
Prouver	Innover	Influencer	Inciter
Superviser	Inventer	Négocier	Orienter
Surveiller	Renouveler	Persuader	Préconiser
Tester	Transformer	Placer	Proposer
Valider	Trouver	Proposer	Recommander
Vérifier		Sélectionner	

c. Les fiches métiers

■ Assistant de service social (source Onisep)

Nature du travail

• Entre urgence et long terme

Endettement, violence conjugale, difficulté à se loger, enfant en danger... les problèmes auxquels est confronté l'ASS (assistant de service social) sont très divers. S'il doit répondre aux urgences, le travail de ce « généraliste du social « s'inscrit surtout dans la durée. Avec, à chaque fois, le souci d'apporter une aide et un accompagnement sur mesure aux personnes qui le sollicitent.

• Entretiens et réglementation

Des entretiens réguliers, dans le cadre de permanences ou de visites à domicile, constituent la base du métier. Tenu au secret professionnel, l'ASS crée une relation de confiance tout en gardant un certain recul. Après avoir analysé la situation, il propose des solutions. Connaissant bien les organismes et les dispositifs d'aide sociale, il informe les personnes de leurs droits, les aide à remplir un dossier administratif ou les oriente vers le service le plus pertinent (caisse d'allocations familiales, OPHLM-offices publics d'habitations à loyer modéré, Pôle emploi...). En amont et en aval, il effectue un important travail administratif : suivi de la réglementation, gestion de dossiers, comptes rendus d'enquêtes, statistiques...

Compétences requises

• Sens du contact et autonomie

Ce métier, très féminisé (95 % de femmes), repose sur les relations humaines. Face à des personnes fragilisées, l'approche de l'ASS (assistant de service social) est essentielle. Il doit créer une relation de confiance, tout en restant clairvoyant. Même s'il bénéficie du soutien d'une équipe, ce travailleur social fait preuve d'une grande autonomie. Savoir gérer son temps est impératif pour répondre à de multiples demandes en parallèle.

• Bon équilibre

Il faut beaucoup de maturité et d'équilibre personnel pour affronter des situations de détresse. Suivre un cas difficile, parfois sur une longue période, exige patience et optimisme. Et une certaine force de conviction pour faire adhérer la personne au projet. Très engagé, l'ASS doit accepter de ne pas pouvoir satisfaire toutes les demandes. Il doit aussi savoir gérer des réactions de mécontentement. Discret, il est tenu au secret professionnel.

■ Conseiller en économie sociale et familiale (source Onisep)

Missions

• Information et conseil

Dans le cadre de sa mission, le CESF (conseiller en économie sociale et familiale) poursuit un objectif principal : lutter contre l'exclusion sociale en favorisant l'autonomie et la socialisation des personnes ou des familles en difficulté. C'est un acteur du développement social en milieu urbain ou rural. Il intervient auprès de différents publics : bénéficiaires du RSA (revenu de solidarité active), personnes handicapées, gens du voyage, femmes isolées, etc. Il est amené à dispenser informations et formations dans tous les domaines de la vie quotidienne : budget, cuisine, etc.

• Initier des projets collectifs

L'organisation d'actions collectives constitue une part importante de son activité. Le conseiller peut par exemple mettre en place un système d'aide aux devoirs ou organiser des rencontres à thème pour encourager les contacts entre des personnes isolées du même quartier. Il organise des stages d'alphabétisation ou d'insertion professionnelle, en lien avec d'autres intervenants de l'insertion.

Compétences requises

• Compétences diversifiées

Pour agir concrètement dans le quotidien des personnes en difficulté, le CESF possède des compétences techniques et pratiques diversifiées dans différents domaines comme l'habitat, le logement, la santé, la vie sociale et culturelle.

• Qualités humaines

Côtoyant la précarité et parfois confronté à l'agressivité, le CESF doit être doté d'un solide équilibre psychologique et d'un optimisme fort. Indispensables aussi pour exercer le métier : le sens du contact et de l'écoute, le sens de l'aide, la diplomatie. Ainsi qu'une bonne aisance en public pour animer les réunions.

• **Disponibilité et sens de l'équipe**
Dans le cadre de la politique définie par son service, le conseiller dispose d'une certaine autonomie dans l'organisation de son travail. Sa mission l'amène cependant à intervenir fréquemment en soirée et le week-end. Multipliant les partenariats avec d'autres professionnels, il doit posséder des aptitudes au travail en équipe.

Éducateur spécialisé (source Onisep)

Nature du travail

• **Accompagner divers publics**
Enfants ou adultes handicapés, personnes confrontées à des difficultés sociales, mineurs en danger, anciens détenus, etc. l'éducateur spécialisé accompagne tous ces publics avec comme objectifs la responsabilisation, l'accès à l'autonomie et l'insertion sociale. Ainsi, il conseille des mères célibataires, encadre les jeunes d'un quartier, ou élabore des projets éducatifs pour les personnes déficientes intellectuelles.

• **Redonner confiance**
En foyer d'accueil ou en institut médico-éducatif, l'éducateur spécialisé établit des repères dans la vie quotidienne des personnes dont il s'occupe : règles de civilité, d'hygiène, d'alimentation, etc. Ses outils : le théâtre, le sport, l'informatique, etc. Il organise des sorties culturelles, des ateliers d'alphabétisation, du soutien scolaire, etc. Il intervient auprès de divers organismes (établissements scolaires, banques, Pôle emploi, bailleurs sociaux, etc.) pour résoudre les difficultés administratives et financières.

• **Favoriser l'insertion sociale**
Dans le cadre de l'AEMO (action éducative en milieu ouvert), il est mandaté par l'ASE (aide sociale à l'enfance) ou le tribunal pour travailler auprès de mineurs en danger (parents violents, risques sanitaires, etc.). L'éducateur dit « de rue » peut aussi intervenir dans les quartiers difficiles pour prévenir la délinquance et favoriser l'insertion sociale des jeunes.

Compétences requises

• **Équilibre personnel**
Confronté à des situations souvent dramatiques et toujours complexes, l'éducateur spécialisé doit avoir un solide équilibre psychologique et le sens des réalités. À l'écoute des autres, il sait aussi se montrer ferme dans ses décisions et persévérant dans ses actions.

• **Altruisme**
Devenir éducateur spécialisé nécessite un réel intérêt pour les problèmes sociaux et humains. Il faut aussi être capable de construire des projets de vie avec des personnes en difficulté pour développer leurs capacités de socialisation, d'autonomie et d'intégration sociale et professionnelle.

E. Exemples de parcours

a. Des erreurs à éviter

L'exemple qui suit permet de faire ressortir les « manques » dans un parcours, c'est-à-dire les points sur lesquels des précisions sont attendues afin que les missions, compétences et motivations apparaissent clairement.

Les commentaires et ajouts sont en rouge.

Bonjour, ~~Je me présente~~ je m'appelle : XX, je suis conseillère en ESF depuis cinq ans au sein d'un service social départemental. Ce département recense plus d'1 327 000 habitants.

Il faut faire une phrase pour introduire le plan que vous allez suivre.

1. Parcours professionnel

J'ai toujours désiré effectuer un métier s'inscrivant dans les relations humaines et en prise directe avec les préoccupations de la société. Pourquoi ? Qu'est-ce qui a motivé ce choix ? J'ai donc décidé de m'orienter vers le métier de CESF car son champ d'intervention est multiple. C'est-à-dire ? Quelles missions vous attirent et pourquoi ? Elle travaille sur un double registre : aussi bien en préventif-curatif qu'en individuel-collectif. Ce métier me permet de m'épanouir sur un plan professionnel et personnel. Pourquoi ? Comment ? Ainsi, mes expériences dans le cadre de ma formation qualifiante au sein de deux collectivités territoriales différentes et du milieu associatif (épicerie sociale) m'ont permis d'appréhender la culture territoriale à travers plusieurs logiques d'interventions. Lesquelles précisément ? J'ai pu obtenir mon DECESF dans le cadre d'une formation en alternance à temps plein sur un poste au sein de trois services sociaux départementaux avec ma référente. Quelles étaient vos différentes missions ? Par ce biais, j'ai pu construire une posture professionnelle très enrichissante grâce aux missions. Décrivez cette posture. Cette expérience m'a confortée dans mon choix professionnel d'intégrer la FPT où j'ai pu apprécier la plus-value du partenariat en mettant en lien la théorie et ma pratique. Quelle est la plus-value de la fonction publique ? Suite à l'obtention du DECESF, j'ai poursuivi mes fonctions de CESF auprès de la même collectivité où j'ai pu approfondir mes acquis et développer d'autres compétences. Lesquelles ? Quelles difficultés avez-vous rencontrées ? Comment les avez-vous résolues ? Depuis donc cinq ans, j'évolue dans le cadre des MASP et de la protection des majeurs vulnérables (réforme des PJ du 5/03/2007) ainsi que des AEB en prévention des expulsions locatives en développant des partenariats avec les bailleurs sociaux, établissements publics, préfectures et associations locales. Explicitez les acronymes.

Faites une phrase de transition.

2. Motivations, projets

~~Ayant été formée~~ Tournure « -ant » à éviter au sein de différentes collectivités, je suis très attachée aux principes de service public Lesquels et pourquoi ? et j'aspire à poursuivre mon parcours au sein de la FPT. Aujourd'hui, je souhaiterais continuer à évoluer au sein de la collectivité afin de mener à terme les actions collectives en cours et pérenniser mes engagements. En effet, forte de propositions, ~~dynamique et rigoureuse~~ À éviter, faites ressortir vos COMPÉTENCES, je participe actuellement à une action collective autour de la problématique des impayés locatifs en collaboration avec des ASS et des partenaires locaux ; également à la construction du site qualifiant avec la REDS + ASS Explicitez les acronymes permettant d'optimiser l'accueil des stagiaires.

En accueillir me paraît important afin de continuer à transmettre les valeurs de nos métiers C'est-à-dire ? et parallèlement permettre de maintenir cette veille sociale sur ma pratique. En quoi cela consiste-t-il ? Enfin, un groupe de travail territorial ayant pour sujet « Les aides financières comme outil de travail et non comme finalité » est en cours de réflexion. Quel est l'intérêt ? Qu'est-ce que cela vous apporte en termes de compétences ? La méthodologie de projet enseignée en formation m'a apporté de la rigueur dans mes interventions individuelles mais aussi collectives, ce qui m'a permis par ailleurs de développer et de transmettre des compétences de communication, de synthèse et de pédagogie. Tout au long de mes expériences, j'ai pu trouver ma place rapidement au sein des équipes exprimer mes points de vue et mon expertise tout en m'intégrant ou en élaborant plusieurs projets. Je suis investie dans un travail de réflexion partagée en vue de la création d'une épicerie sociale et solidaire sur notre territoire. Pourquoi ? En effet, je porte un intérêt vif au développement social local impliquant un étayage partenarial fort avec les élus, les responsables et les partenaires locaux. C'est normal, c'est votre métier ! Quelles compétences mettez-vous ici au service de l'intérêt général ?

Mes motivations et mes projets confortent mon choix afin d'intégrer la PFT. Je souhaite ~~être fonctionnaire~~ Formulation à éviter, c'est un statut et non un projet professionnel afin de poursuivre mon évolution professionnelle et étayer ma pratique notamment par la formation. ~~Je me projette~~ par ~~la suite car être titulaire de mon grade~~ À terme, je pourrais envisager une évolution de carrière sur un poste à responsabilité.

~~Mesdames, Monsieur les membres du jury, je vous remercie de votre attention.~~ J'ai fini mon exposé.

b. Un bon exemple

Cet exemple de parcours, contrairement au premier, met en évidence les missions, compétences et motivations du candidat.

Les points forts de cette présentation sont soulignés.

Bonjour,

Je suis CESF depuis 2014. Actuellement j'occupe un poste d'ASS au sein d'une clinique privée de rééducation.

Je vais vous présenter les principales étapes de mon parcours : dans un premier temps, ma formation initiale et mes expériences professionnelles passées, puis mes fonctions actuelles et enfin mes motivations et projets.

I. Formation initiale et missions passées

<u>En novembre 2014,</u> j'ai obtenu mon diplôme d'État de CESF. Son obtention était liée à la réalisation de plusieurs stages, et plus particulièrement l'un d'entre eux.

En troisième année, j'ai effectué un stage de quatre mois dans un centre psychothérapique. <u>C'est un établissement de santé privé d'intérêt collectif, qui assure des missions de service public de psychiatrie de secteur. Ma mission principale</u> était d'accompagner des jeunes atteints de handicap psychique vers un rétablissement et une insertion sociale satisfaisante. Je mettais en place des accompagnements aussi bien individuels que collectifs.

<u>Ce stage m'a permis d'acquérir et de renforcer différentes compétences.</u> J'ai appris à effectuer un diagnostic social, à mettre en place une relation d'aide, un accompagnement, je sais conduire des actions collectives, j'ai acquis une meilleure connaissance du public et des dispositifs existants et, enfin, ce stage m'a vraiment permis de mieux comprendre l'importance du positionnement professionnel dans le travail social.

<u>À l'issue de mon diplôme,</u> j'ai effectué un remplacement comme <u>déléguée mandataire judiciaire à la protection des majeurs, au sein de l'UDAF</u>.

J'étais chargée d'assurer des <u>missions</u> de protection. Je mettais en place des mesures de curatelle et tutelle, sur demande du juge des tutelles.

Mon intervention allait de la gestion du patrimoine (mobilier et immobilier) à la gestion de la vie quotidienne de la personne majeure (recherche de logement, paiement des factures, demandes d'aides diverses, etc.).

J'ai enrichi mes compétences sociales et économiques et j'en ai acquis de nouvelles dans le domaine juridique.

J'ai développé le sens de la rigueur, des capacités d'analyse, de l'autonomie, et j'ai renforcé ma capacité à gérer des situations de tension.

Une fois ce remplacement effectué, j'ai été recrutée, en 2016, sur un poste d'assistante de service sociale au sein d'une clinique de rééducation, ce qui m'amène à vous présenter mes missions actuelles.

II. Mes missions actuelles

Mes missions actuelles sont de conseiller, d'orienter et d'accompagner aussi bien les personnes accueillies que leur famille.

Par exemple, je les aide dans les différentes démarches administratives, dans la préparation du retour à domicile, etc. L'expertise technique fait également partie de mes missions. Lors de réunion, j'apporte des éléments à caractère social, qui sont complémentaires au domaine médical.

Cette fonction m'a permis d'acquérir de nouveaux savoir-faire et savoir-être : je sais hiérarchiser les actions, j'ai acquis une meilleure connaissance des dispositifs existants et des partenaires, j'ai professionnalisé mes écrits, j'ai développé un certain sens de la pédagogie (et la capacité à m'interroger sur les pratiques professionnelles).

III. Mes motivations et projets

En ce qui concerne mes motivations et projets, le stage effectué au sein du centre psychothérapique m'a fait connaître les valeurs du SP.

Outre les valeurs traditionnelles comme l'égalité et la neutralité, ce qui m'attire, c'est une logique différente de la recherche de profit (comme dans une entreprise), c'est le fait de placer l'usager au cœur des volontés politiques.

Aujourd'hui, je veux davantage contribuer à la cohésion sociale, être plus en proximité des habitants et plus près de la prise de décision.

Je souhaite intégrer la FPT, notamment un département, et plus particulièrement un service « Personnes âgées », mes différentes expériences m'ayant permis d'acquérir une bonne connaissance de ce public et de leurs aidants.

J'aimerais ainsi être référente de l'APA, qui constitue la principale aide à destination des personnes âgées en perte d'autonomie, et ainsi travailler en collaboration avec l'équipe médicale et les différents partenaires extérieurs.

J'aimerais ensuite prendre la responsabilité d'une équipe et la fédérer autour de projets transversaux.

Plus tard, j'aimerais préparer le concours de conseiller socio-éducatif.

J'ai terminé ma présentation.

3. Les questions

Votre exposé est maintenant terminé, le jury entame les questions sur les champs suivants :

- retour éventuel sur l'exposé ;
- l'environnement professionnel ;
- l'environnement territorial.

Connaissances indispensables

1 | L'environnement professionnel

1. L'e-administration

Il s'agit de l'administration en ligne, comme la dématérialisation des procédures simples.

Elle facilite les démarches administratives des usagers, des entreprises et des fournisseurs. Elle représente un gain de temps, s'adresse au plus grand nombre, évite des déplacements et désengorge les services d'accueil. Ses bénéfices sont donc environnementaux, sociaux et économiques. Elle s'inscrit dans le concept de développement durable

2. Les différents types de management

- **Le management persuasif**

Il suppose un manager très charismatique, avec de fortes aptitudes dans les relations humaines (beaucoup d'échanges, de communication). Il a aussi de bonnes aptitudes à guider et orienter son équipe, a une bonne faculté d'écoute, est ouvert aux propositions et se montre très efficace dans ses prises de décisions. C'est un manager qui sait mettre en place la cohésion de l'équipe, et ce dans une vision partagée de l'entreprise, du projet. Il est fédérateur et sait stimuler, encourager, reconnaître.

- **Le management participatif**

Le manager se positionne au centre de l'équipe mais reste décisionnaire. Il a une bonne capacité d'analyse, sait se projeter grâce à ses facultés d'écoute, de partage et à ses aptitudes relationnelles. Il est tout à fait capable de consensus et sait motiver ses collaborateurs.

■ **Le management directif**

Il est fondé sur une forte organisation et sur un relationnel limité. Le manager directif est donc ferme, prend des décisions efficaces, se montre expert, rapide et a tendance à privilégier la quantité.

■ **Le management délégatif**

Il se caractérise par la responsabilisation de l'équipe. Le manager est ouvert aux initiatives, aux innovations, aux propositions. Il est lui-même plutôt créatif. Son équipe travaille dans une bonne ambiance, dans la confiance et dans l'énergie.

3. Être un bon manager

Un bon manager est avant tout quelqu'un qui sait motiver et animer son équipe par ses compétences et non par la peur des sanctions. Il sait aussi se faire respecter (il ne s'agit pas de se faire aimer !), en entendant les besoins de son équipe et en sachant prendre du recul. Il entretient peu de relations personnelles et reste en retrait lors des conflits (à moins que la situation exige qu'il tranche ou qu'il se positionne en médiateur). Par ailleurs, c'est quelqu'un qui « va sur le terrain », qui essaie de comprendre et qui écoute (il peut ouvrir un espace de parole, une boîte à idées). Il prend des décisions, certes, mais il les explique. Il soutient son personnel et instaure la confiance : il développe les compétences, place la bonne personne au bon endroit, communique, stimule la formation, détecte les moments de démotivation, dynamise, encourage et conseille. Enfin, l'équipe a une « feuille de route » claire, connaît les objectifs à atteindre. Des bilans réguliers sont organisés.

4. Communication entre une collectivité et sa population

■ Les supports traditionnels : dépliants, affiches, brochures, etc.

■ Les supports de proximité : journal local, publications mensuelles, trimestrielles etc.

■ Les supports audiovisuels : vidéos, films, TV régionale, etc.

■ Les supports numériques : site de la ville, e-newsletter ou lettre d'information.

■ La démocratie participative : conseil ou comité de quartier, atelier urbain, référendum local, questionnaire, sondage, enquête, débat public.

5. Le « *burn-out* »

L'**épuisement professionnel** est surtout connu sous l'appellation anglaise *burn-out*. Selon l'Organisation mondiale de la santé (OMS), il se caractérise par « un sentiment de fatigue intense, de perte de contrôle et d'incapacité à aboutir à des résultats concrets au travail ».

C'est en 1969 que le terme « *burn-out* » a été utilisé pour la première fois. Il a fait l'objet de nombreuses définitions depuis.

Dans les années 1970, on réservait l'expression aux employés du domaine de la relation d'aide, très engagés sur le plan émotionnel dans leur travail, comme les infirmières, les médecins, les travailleurs sociaux et les enseignants. Maintenant, on sait que tous les travailleurs – de l'ouvrier au chef d'entreprise – peuvent être exposés au *burn-out*.

Le *burn-out*, ou épuisement professionnel, est lié au travail. Dans la dépression, le travail n'est pas la cause première, mais peut être un facteur aggravant. Dans les cas de *burn-out*, la personne atteinte est toujours en situation de stress chronique, tandis que c'est le cas une fois sur deux pour la dépression. Des différences physiologiques ont également été constatées. Par exemple, les gens déprimés produisent trop de cortisol et ceux qui sont en épuisement professionnel, pas assez.

Du point de vue biologique, les experts ne parviennent pas encore à expliquer complètement ce qui mène à l'épuisement professionnel. Tous les travailleurs qui traversent une période d'épuisement sont en situation de stress chronique. Il s'agit donc d'un important facteur de vulnérabilité. La grande majorité a une charge de travail élevée, à laquelle s'ajoute l'une ou l'autre des sources de tension suivantes :

– le manque d'autonomie : le travailleur ne participe à aucune ou à peu de décisions liées à sa tâche ;

– le déséquilibre entre les efforts fournis et la reconnaissance obtenue de la part de l'employeur ou du supérieur immédiat (salaire, estime, respect, etc.) ;

– le faible soutien social : avec le supérieur ou entre les collègues ;

– la communication insuffisante de la direction aux employés, concernant la vision et l'organisation de l'entreprise.

En plus de ces facteurs, des particularités individuelles entrent en jeu. Par exemple, on ne sait pas très bien pourquoi des personnes vivent plus de stress que d'autres. De plus, certaines attitudes (trop grande importance accordée au travail, perfectionnisme) sont plus fréquentes chez les individus qui vivent de l'**épuisement professionnel**. Selon les recherches, il semble que la faible estime de soi soit un facteur déterminant. En outre, certains contextes de vie, comme de lourdes responsabilités familiales ou encore la solitude, peuvent mettre en péril la conciliation travail-vie personnelle.

Peu importent les sources de stress au travail, il se produit un déséquilibre entre la pression subie et les ressources (intérieures et extérieures, perçues ou réelles) dont on dispose pour l'affronter.

2 | L'environnement territorial

Pour asseoir vos connaissances, vous pouvez télécharger gratuitement le document « Au cœur de la vie publique locale » sur www.wikiterritorial.cnfpt.fr, rubrique « Éditions du CNFPT ».

1. Un cadre d'emplois et des grades

Chaque fonctionnaire appartient à un corps ou un cadre d'emplois relevant d'une catégorie hiérarchique. Dans ce corps ou cadre d'emplois, il est titulaire d'un grade et dans ce grade, d'un échelon.

Le cadre d'emplois des ASE relève de la catégorie B de la fonction publique territoriale, de la filière médico-sociale. Il comprend les grades d'assistant territorial socio-éducatif et d'assistant territorial socio-éducatif principal.

2. La loi Le Pors et la loi Déontologie

La loi **Le Pors** du 13 juillet 1983 et la loi Déontologie du 21 avril 2016 sont relatives aux droits et obligations des fonctionnaires :

- droits : rémunération, formation, mobilité, syndicat, participation, etc. ;
- obligations : obéissance hiérarchique, service, discrétion, réserve, secret professionnel, dignité, probité, impartialité, respect du principe de laïcité, etc.

Le 21 avril 2016 a été promulguée la loi relative à la déontologie et aux droits et obligations des fonctionnaires : la **loi « Déontologie »** entend insuffler une nouvelle culture de la transparence dans la fonction publique, notamment par le renforcement des obligations déontologiques des agents territoriaux.

3. La loi Déontologie

La **loi relative à la déontologie** et aux droits et obligations des fonctionnaires a été définitivement **adopté le 8 avril 2016**.

■ Il **renforce certaines valeurs et obligations** : devoir d'exercer ses fonctions avec impartialité, probité, dignité et intégrité ; obligation de neutralité, respect de la laïcité. Mais, le **devoir de réserve n'est pas explicitement inscrit** dans la loi. Toutefois, le devoir de réserve est un principe jurisprudentiel, constituant une obligation consubstantielle à tout emploi public.

■ Afin de prévenir les conflits d'intérêts, tout agent public qui, dans l'exercice de ses fonctions, est potentiellement exposé à des conflits d'intérêts, doit désormais remplir une **déclaration exhaustive de ses intérêts** avant d'être nommé à un poste à responsabilité ; cette déclaration sera intégrée dans le dossier individuel de l'agent et soumise à des garanties de confidentialité.

■ Tout fonctionnaire a désormais le droit d'être accompagné d'un **référent déontologue** chargé de l'aider à respecter ses obligations déontologiques en lui donnant des conseils.

■ Il **renforce la protection des lanceurs d'alerte**. La protection des lanceurs d'alerte concerne non seulement la dénonciation des crimes et délits, mais aussi les conflits d'intérêts. L'agent public ne peut pas être sanctionné pour avoir dénoncé de bonne foi un conflit d'intérêts. En outre, aucune mesure qui viendrait freiner sa carrière ne peut être prise contre lui.

■ Il **allonge la durée de validité de la liste d'aptitude à quatre ans**.

■ Le plan de titularisation des contractuels mis en place en 2010 est **prolongé jusqu'en 2018**.

■ Le dispositif actuel sur le **cumul d'activités** est modifié. Un agent voulant créer une entreprise doit désormais solliciter un temps partiel, avec la possibilité de réaliser des « activités accessoires » (comme les services à la personne) et monter une micro-entreprise.

4. La politique de la ville

La politique de la ville désigne la politique mise en place par les pouvoirs publics pour revaloriser les zones urbaines en difficulté et réduire les inégalités entre les territoires. Cette politique a été initiée, en France, il y a environ 30 ans, alors que le « problème des banlieues » émergeait.

Plusieurs mesures et dispositifs se sont succédé et superposé, aboutissant à un mille-feuille réglementaire obérant la lisibilité, voire dans certains cas, l'efficience de la politique de la ville.

La politique de la ville a fait l'objet d'une réforme récente qui a abouti à la promulgation de **la loi du 21 février 2014 de programmation pour la ville et la cohésion urbaine**.

La politique de la ville réformée repose sur **un nouveau cadre contractuel** : dorénavant un contrat unique de ville signé entre le préfet, l'EPCI et la commune qui se substitue aux contrats CUCS et ANRU. Les EPCI vont en assurer le pilotage stratégique en animant et coordonnant la démarche ; les communes conservent un rôle de pilotage opérationnel et de garant de la prise en compte des réalités de proximité.

La géographie prioritaire, c'est-à-dire l'identification et la délimitation des quartiers les plus fragiles, est le pivot de la politique de la ville : dorénavant, un périmètre unique est créé, à savoir le quartier prioritaire de la politique de la ville. La politique de la ville va désormais concerner **1 300 quartiers en métropole, 200 en outre-mer, 702 villes, soit 5 millions de citoyens.**

La politique de la ville réformée poursuit donc **trois objectifs majeurs** :
- une participation accrue des habitants dans l'élaboration et la mise en œuvre des contrats de ville (conseils citoyens) ;
- un contrat de ville unique et global, à l'échelle intercommunale sur la période 2014-2020 ;
- un nouveau programme de renouvellement urbain : à hauteur de **5 milliards d'euros pour l'ANRU** sur la période **2014-2024**, pour 200 quartiers déclarés d'intérêt national ; **15 autres milliards** seront mobilisés par les collectivités locales et des bailleurs.

Les crédits consacrés à la politique de la ville **en 2016**, dans son volet « cohésion sociale », s'élèvent à **438 millions d'euros**.

La mise en œuvre de la politique de la ville réformée relève du **Commissariat général à l'égalité des territoires** (CGET) ; il pilote la mobilisation collective des services de l'État, des élus, des institutions et des acteurs de terrain, pour changer concrètement la vie des habitants des quartiers. Le CGET est issu du regroupement de la DATAR, du secrétariat général du comité interministériel des villes (SGCIV) et de l'Agence nationale pour la cohésion sociale et l'égalité des chances (Acsé).

Au 7 janvier 2016, **435 contrats de ville** « nouvelle génération » étaient **signés**, soit pratiquement 100 % (438 contrats prévus).

5. L'intercommunalité

Au départ, la France est un **État centralisé** qui gère toutes les politiques locales. Mais, en 1982, les **lois de décentralisation** sont promulguées face aux difficultés de l'État à tout gérer.

Que disent les lois de décentralisation ? L'État va **transférer** bon nombre de ses compétences vers les collectivités territoriales (communes, départements, régions).

Mais un problème émerge : les communes se voient attribuer beaucoup de charges qu'elles ont bien du mal à assumer car cela demande des budgets importants, du personnel aux compétences très diversifiées, du matériel et une organisation complexe.

Une solution est préconisée : l'**intercommunalité** (regroupement de plusieurs communes).

L'**intercommunalité** permet de mener des actions locales sur un territoire plus large, de maîtriser les coûts, de poursuivre le processus de développement et d'aménagement du territoire dans une plus grande cohérence, de profiter des savoir-faire des collectivités adhérentes à l'intercommunalité, du matériel que certaines communes ont à disposition, du personnel, etc.

Cependant, toutes les intercommunalités ne sont pas identiques, certaines sont plus petites, d'autres plus grandes, d'où **deux formes d'intercommunalité**.

Les syndicats

Ils se dédoublent en :
- syndicats intercommunaux à vocation unique (**SIVU**), donc une seule compétence, par exemple la gestion des déchets ;

– syndicats intercommunaux à vocation multiple (**SIVOM**), donc plusieurs compétences, par exemple les transports et l'assainissement.

■ **Les communautés**

Elles se déclinent en trois types :

– les **communautés de communes** (moins de 50 000 habitants) qui ont pour compétences le développement économique et l'aménagement du territoire ;

– les **communautés d'agglomérations** (plus de 50 000 habitants) qui ont pour compétences le développement économique et l'aménagement du territoire, la politique de la ville, l'habitat, etc. ;

– les **communautés urbaines** (plus de 500 000 habitants) qui ont pour compétences le développement économique et l'aménagement du territoire, la politique de la ville, l'habitat, les transports, la protection de l'environnement, l'assainissement, etc.

Comment l'intercommunalité est-elle gérée ? Par un établissement public de coopération intercommunale (EPCI).

Le **président de l'intercommunalité** est à la tête de l'EPCI. Il représente l'exécutif de l'intercommunalité et a les mêmes attributions que le maire. Il est élu pour six ans par les conseillers communautaires, donc au suffrage universel indirect.

Les **conseillers communautaires** sont élus au suffrage universel direct (donc par les citoyens) lors des élections municipales, c'est l'une des nouveautés de la loi de 2010. Les conseillers représentent l'organe délibérant, ils ont les mêmes attributions que les conseillers municipaux et sont élus pour six ans.

La **loi de 2010** contraint les collectivités à se regrouper en intercommunalités avec une date butoir : juin 2014. Elle prévoit en outre la constitution de huit métropoles : Lyon, Lilles, Bordeaux, Nice, Strasbourg, Nantes, Toulouse et le Grand Paris.

À NOTER

Pour plus d'informations, vous pouvez télécharger gratuitement le document « Intercommunalité : mode d'emploi » sur www.adcf.org, rubrique « L'interco ».

6. La clause de compétence générale

La clause de compétence générale est issue de la loi municipale de 1884 puis étendue par les lois de décentralisation de 1982 aux autres collectivités territoriales.

Ainsi, le conseil municipal, le conseil départemental et le conseil régional règlent par leurs délibérations, respectivement les affaires de la commune, du département et de la région. La clause générale de compétence est un élément de la libre administration des collectivités territoriales ; mais elle peut constituer un obstacle à la rationalisation de l'intervention publique locale.

La clause de compétence générale permet d'agir dans un domaine donné, au nom d'un intérêt local, alors que la loi n'a pas expressément reconnu une compétence spéciale. Elle correspond **aux compétences dites « facultatives »** des collectivités territoriales, par opposition aux compétences « obligatoires » transférées.

La clause de compétence générale concerne uniquement les collectivités territoriales ; elle ne vaut pas pour les EPCI, régis par le principe de spécialité, qui ne peuvent agir que dans le cadre des compétences qui leur sont attribuées.

La clause de compétence générale peut toutefois être source de dilution des responsabilités, de doublons, de manque de transparence et d'enchevêtrement des compétences entre les différents échelons territoriaux (le mille-feuille territorial).

Aussi, la clause de compétence générale, supprimée pour les régions et départements par la loi du 16 décembre 2010, a été rétablie par la loi du 27 janvier 2014. Mais, **elle a de nouveau été supprimée avec la loi NOTRe du 7 août 2015**.

7. Les compétences des collectivités territoriales

A. Les compétences de la commune

La commune est la collectivité administrative de premier « niveau » de proximité.

Au **13 janvier 2016** (données INSEE), la France a vu le nombre de communes diminuer et passer en deçà de la « barre » des 36 000 communes, suite aux créations de 320 communes nouvelles. On est dorénavant à **35 585 communes**.

Les **principales compétences de la commune** peuvent être classées en deux grandes catégories, celles dites traditionnelles et celles résultant de la décentralisation.

a. Les compétences traditionnelles des communes

- l'état civil, à savoir l'enregistrement des actes qui concernent les naissances, les mariages et les décès ;
- l'organisation des élections par le maire, au nom de l'État ;
- la protection de l'ordre public local (police municipale, circulation et stationnement, prévention de la délinquance) ;
- l'entretien des voies communales.

b. Les compétences issues de la décentralisation

- en matière d'**éducation**, construction et entretien des écoles maternelles et élémentaires (compétence obligatoire) ; elle peut proposer un service public de restauration (compétence non obligatoire) ;
- en matière d'**urbanisme** et d'**aménagement du territoire**, le maire instruit et délivre les permis de construire ; il est en charge de l'élaboration des documents d'urbanisme qui portent les projets d'aménagement du territoire (PLU, ZAC) ;
- en matière **environnementale**, la commune entretient les espaces verts, assure la distribution de l'eau et l'assainissement ainsi que la collecte et le traitement des déchets ;

- dans le **domaine culturel**, la commune a la charge des musées et des bibliothèques municipales (compétence non obligatoire) et peut favoriser l'éducation et la création artistique ;
- dans le **domaine sanitaire et social**, la commune dispose de prérogatives importantes : gestion du CCAS (compétence obligatoire uniquement à partir de 1 500 habitants depuis la loi NOTRe du 7 août 2015), gestion des structures d'accueil de la petite enfance, des accueils de loisirs (compétence non obligatoire) ;
- en matière de **sports** et de **loisirs**, la commune finance et gère les équipements sportifs et peut verser des subventions à des clubs sportifs (compétence non obligatoire), elle assure la promotion touristique et finance les équipements qui y sont destinés (offices de tourisme).

Avec la loi NOTRe, **le bloc communal conserve la clause de compétence générale** : il peut intervenir sur tous les sujets d'intérêt local dès lors qu'il ne s'agit pas d'une compétence relevant exclusivement d'une autre collectivité.

B. Les compétences du département

La France compte **96 départements** en métropole et **5 outre-mer** (Guadeloupe, Guyane, Martinique, La Réunion et Mayotte). Par la **loi du 27 juillet 2011**, la Guyane et la Martinique ont été érigées en **deux collectivités territoriales uniques**, ayant à la fois des compétences départementales et des compétences régionales, avec une effectivité depuis le 1er janvier 2016.

La **loi du 2 mars 1982** fait du département une collectivité avec un exécutif propre, le président du conseil général (désormais appelé conseil départemental).

Le département est divisé en cantons qui servent chacun à l'élection d'un conseiller départemental, afin d'assurer la représentation de la diversité des territoires du département.

La **loi du 17 mai 2013** a supprimé le conseiller territorial et l'a remplacé par un **binôme paritaire élu dans un canton élargi**. Cette même loi a désigné l'assemblée délibérante (jusqu'alors « conseil général ») sous le nom de « **conseil départemental** ».

La réforme territoriale issue de la **loi NOTRe** (Nouvelle Organisation territoriale de la République) du **7 août 2015**, avec la suppression de la clause de compétence générale.

Les principales compétences du département sont dorénavant les suivantes :

- la loi NOTRe réaffirme le rôle de chef de file de l'**action sociale et des solidarités** : PMI, protection des mineurs, agrément des crèches ; RSA, aides aux handicapés, allocation personnalisée à l'autonomie (APA), MDPH, contribution à la résorption de la précarité énergétique ; élaboration d'un **schéma départemental d'amélioration de l'accessibilité des services**, pour renforcer l'offre de services dans les zones présentant un déficit d'accessibilité (art. 98 loi NOTRe).
- Ainsi, des **maisons de services au public** peuvent être créées, en remplacement des maisons de service public ;

- construction, équipement, entretien des collèges, équipement sportif des collèges ; gestion des personnels techniques ouvriers de services des collèges (environ 100 000 agents) ;
- seuls les **services de transport spécial des élèves handicapés** vers les établissements scolaires sont dorénavant à la charge du département ;
- construction, entretien de la voirie départementale ;
- SDIS, police de la circulation sur voirie départementale ;
- compétence culturelle : bibliothèques départementales de prêt, services d'archives départementales, musées, protection du patrimoine, etc.
- Avec la loi NOTRe, le département détient, dans les domaines de la culture, du sport, du tourisme, de la promotion des langues régionales et de l'éducation populaire, une **compétence partagée** avec les communes, les régions et les collectivités à statut particulier (art. 103).

Pour **l'avenir des conseils départementaux**, trois solutions sont actuellement envisagées par le gouvernement :

– dans les départements dotés d'une métropole, la fusion des deux structures pourra être retenue ;
– lorsque le département compte des intercommunalités fortes, les compétences départementales pourront être assumées par une fédération d'intercommunalités ;
– enfin, dans les départements, notamment ruraux, où les communautés de communes n'atteignent pas la masse critique, le conseil départemental sera maintenu, avec des compétences clarifiées.

C. Les compétences de la région

La région est la plus jeune des collectivités territoriales. Ses compétences ont été grandement augmentées, notamment avec la réforme du 13 août 2004.

Une nouvelle réforme d'importance, liée à la modernisation et rationalisation de l'action publique, modifie le nombre des régions. Ainsi, une carte à **13 régions** a été adoptée le **25 novembre 2014** : 6 régions demeurent toutefois inchangées, à savoir Bretagne, Pays-de-la-Loire, Centre, Île-de-France, Provence-Alpes-Côte d'Azur, Corse. Cette nouvelle carte est effective au 1er janvier 2016.

Avec la loi NOTRe, la région possède dorénavant des compétences exclusives et des compétences partagées avec les départements.

a. Les compétences exclusives

- **Chef de file de l'action économique :**

  – planification, programmation des équipements et aménagement du territoire ;
  – attribution d'aides directes ou indirectes aux entreprises (politique d'incitation à l'implantation, à la création sous forme de prêts, avances ou primes) ;
  – animation des pôles de compétitivité ;
  – élaboration et exécution de la partie régionale du contrat de plan : objectifs à moyen terme du développement économique, social, et culturel de la région.

■ **L'éducation et la formation professionnelle :**

– construction, équipement, entretien des lycées, équipement sportif des lycées ;
– formation professionnelle continue et apprentissages pour les jeunes et les adultes.

■ **L'aménagement du territoire et des transports :**

– **au 1er janvier 2017** : la construction, l'aménagement et l'exploitation des gares publiques routières de voyageurs relevant du département (exception faite pour les régions Île-de-France et Auvergne-Rhône-Alpes sur le territoire de la métropole de Lyon) ; gestion des lignes ferroviaires d'intérêt local à des fins de transport de personnes ou de marchandises ;
– gestion des transports ferrés régionaux de voyageurs, schéma régional des transports, gestion (au 1er janvier 2017) des 272 ports préalablement de la compétence des départements, entretien et gestion des aérodromes civils ;
– **au 1er septembre 2017** : les transports routiers non urbains des personnes, réguliers ou à la demande ; les transports scolaires ; la desserte des îles ;
– plan régional d'élimination des déchets, réserves et parcs régionaux naturels ;
– schéma régional d'aménagement du territoire.

■ **La gestion des programmes européens (FEDER, FEADER et une partie du FSE) :**

Les régions sont compétentes pour la gestion des fonds européens, depuis la loi « Maptam » de janvier 2014. Elles sélectionnent et coproduisent avec les autres collectivités les projets territoriaux.

b. Les compétences partagées avec les départements

– tourisme (la région est désignée chef de file pour le tourisme) ;
– culture, sport ;
– promotion des langues régionales ;
– éducation populaire ;
– lutte contre la fracture numérique et aménagement numérique.

8. La loi Maptam

La **loi du 27 janvier 2014** de modernisation de l'action publique territoriale et d'affirmation des métropoles (**loi Maptam**) fait partie de **l'acte III de la décentralisation**.

Les principales dispositions de la loi Maptam sont les suivantes :

■ **Rétablissement de la clause de compétence générale** pour les régions et les départements et **rationalisation** dans l'exercice des compétences. Le conseil départemental ou le conseil régional statue ainsi sur tout objet relevant de ses compétences obligatoires, telles que fixées par les lois et règlements, et sur tout objet d'intérêt départemental ou régional (compétences non obligatoires).

■ **Désignation de collectivités chefs de file.** La loi clarifie les conditions d'exercice de certaines compétences pour lesquelles plusieurs collectivités territoriales sont amenées à intervenir, en instaurant des **chefs de file** :

– **la région**, pour le développement économique, le soutien à l'innovation, les aides aux entreprises, l'aménagement et le développement durable du territoire, la protection de la biodiversité, la qualité de l'air, l'intermodalité et la complémentarité entre les modes de transport, le soutien à l'enseignement supérieur et à la recherche ;
– **le département** pour l'action sociale, l'aménagement numérique, le développement et la contribution à la résorption de la précarité énergétique, l'autonomie des personnes, la solidarité territoriale ;
– **les communes** pour la mobilité durable, l'organisation des services publics de proximité, l'aménagement de l'espace, le développement local.

■ **Création d'un nouvel organe de concertation : la CTAP (conférence territoriale de l'action publique) :**

– instaurée dans chaque région et présidée par le président du conseil régional ;
– elle rend des avis sur tous les sujets relatifs à l'exercice de compétences et à la conduite de politiques publiques nécessitant une coordination ou une délégation de compétences entre les collectivités territoriales et leurs groupements ;
– composée des membres de droit, tels le président du conseil régional, les présidents des conseils départementaux, les présidents des EPCI de plus de 30 000 habitants, un représentant élu des EPCI de moins de 30 000 habitants ; elle compte également des représentants des communes et des autres EPCI de moins de 30 000 habitants, mais ceux-ci ne sont pas membres de droit ;
– elle a donc pour mission d'établir un **pacte de gouvernance territoriale**.

■ **Achèvement de la carte intercommunale en Île-de-France :**

– dans les départements de l'Essonne, de Seine-et-Marne, du Val-d'Oise et des Yvelines, les EPCI à fiscalité propre ayant leur siège dans l'unité urbaine de Paris (définition INSEE) doivent regrouper plusieurs communes d'un seul tenant et sans enclave formant un ensemble d'**au moins 200 000 habitants** ;
– un projet de schéma régional de coopération intercommunale a fait l'objet de concertation. Au 1er juillet 2015 : les projets de création, fusion et modification de périmètres d'EPCI à fiscalité propre ont été arrêtés par les préfets de départements de grande couronne ; leur création a pris effet au 1er janvier 2016.

■ **Création de la métropole du Grand Paris au 1er janvier 2016 :**

– EPCI à fiscalité propre à statut particulier ;
– regroupe la commune de Paris, l'ensemble des communes des départements des Hauts-de-Seine, de la Seine-Saint-Denis et du Val-de-Marne, les communes des autres départements de la région d'Île-de-France appartenant, au 31 décembre 2014, à un EPCI comprenant au moins une commune des départements des Hauts-de-Seine, de la Seine-Saint-Denis et du Val-de-Marne et dont le conseil municipal a délibéré favorablement (avant le 30 septembre 2014) ;
– organisée en **territoires**, d'un seul tenant et sans enclave, d'**au moins 300 000 habitants** ;

– dans chaque territoire, création d'un **conseil de territoire** composé des délégués des communes incluses dans le périmètre du territoire.

- **Le statut de métropole précisé :**
  – création d'un **statut spécifique pour la métropole de Lyon**. Précision sur le **statut particulier de la métropole Marseille-Aix-en-Provence** ;
  – création de **9 métropoles dites de « droit commun »** (plus de 400 000 habitants) : Bordeaux, Grenoble, Lille, Nantes, Nice, Rennes, Rouen, Strasbourg et Toulouse. Les élus de Brest et Montpellier peuvent obtenir le même statut pour leur EPCI ;
  – exercice de compétences renforcées par rapport aux intercommunalités classiques, notamment le schéma de cohérence territoriale, l'aménagement des gares situées sur le territoire métropolitain, la gestion du DALO et du contingent de logements préfectoral, la gestion de l'hébergement d'urgence, la gestion du FSL, l'aide aux jeunes en difficulté ;
  – fonction d'autorité organisatrice d'une compétence qu'elle exerce sur son territoire (définition des obligations de service au public, gestion des services publics correspondants) ;
  – création d'une **conférence métropolitaine**, présidée par le président du conseil de la métropole, composée des maires des communes membres. Instance de coordination entre la métropole et les communes membres. Création d'un **conseil de développement** réunissant les représentants des milieux économiques, sociaux, culturels, éducatifs, scientifiques et associatifs de la métropole.

9. La loi NOTRe

La loi portant nouvelle organisation territoriale de la République (NOTRe) constitue le troisième volet de la réforme de l'organisation territoriale, après la loi de modernisation de l'action publique territoriale et d'affirmation des métropoles (loi « Maptam ») et la loi relative à la délimitation des régions.

La loi NOTRe a été promulguée le 7 août 2015. Elle poursuit **cinq objectifs** : simplifier ; mettre en cohérence l'action de l'État sur le territoire ; renforcer la proximité ; améliorer l'efficacité, faire des économies, moderniser les méthodes de travail ; conforter l'équilibre des territoires.

Les **principaux axes de la loi « NOTRe »** sont les suivants :

- la **suppression de la clause de compétence générale** pour les départements et les régions ;
- le **renforcement du rôle de la région** en matière de développement économique ;
- responsable notamment de la politique de soutien aux petites et moyennes entreprises et aux entreprises de taille intermédiaire. En charge d'élaborer un schéma régional de développement économique, d'innovation et d'internationalisation (**SRDEII**), en vue de fixer les orientations régionales pour une durée de 5 ans. A également la charge de l'aménagement durable du territoire ; élaboration d'un schéma régional d'aménagement durable du territoire (**SRADDT**) dans lequel

figureront les orientations stratégiques en matière d'aménagement du territoire, mobilité, lutte contre la pollution de l'air, maîtrise et valorisation de l'énergie, logement et gestion des déchets ;

- le **transfert des compétences des départements à la région en matière de transport, dans les 18 mois** qui suivent la promulgation de la loi. Les services de transport routier départementaux et les transports scolaires seront donc confiés à la région ;
- le département demeure **chef de file dans le domaine de l'action sociale et des solidarités** ;
- le **renforcement de l'intercommunalité** : seuil minimal fixé à 15 000 habitants (et non plus 5 000 habitants) ; intercommunalités organisées autour de « bassins de vie ». Possibilité de dérogations pour les zones de montagne et les territoires peu denses (seuil minimal à 5 000 habitants). En outre, les intercommunalités de 12 000 habitants au moins récemment constituées pourront être maintenues ;
- le **report au 1er janvier 2020 du transfert obligatoire** aux communautés de communes et aux communes d'agglomération des **compétences communales en matière d'eau et d'assainissement** ;
- la **création de la métropole du Grand Paris** est confirmée pour le 1er janvier 2016 ;
- À compter du **1er janvier 2018, la collectivité de Corse deviendra une collectivité à statut particulier** en lieu et place de la collectivité territoriale de Corse et des départements de Corse du Sud et de Haute-Corse.
- l'obligation, pour les collectivités **de plus de 3 500 habitants** et leurs établissements publics, à partir de janvier 2017, de mettre en ligne de façon **gratuite** toutes les données publiques concernant leur territoire : politique d'ouverture des données, dite « open data » ;
- l'**obligation de création d'un CCAS** non plus pour toutes les communes, mais uniquement pour celles **comptant au moins 1 500 habitants**.

10. La loi du 11 février 2015, dite loi handicap

Dans la perspective de rendre les établissements recevant du public (ERP) ainsi que leurs prestations accessibles à tous, notamment aux personnes porteuses d'un handicap, la loi du 11 févier 2005 a imposé aux acteurs privés et publics des normes de construction et d'aménagement à réaliser dans un délai de 10 ans. Ce concept d'accessibilité est entendu de façon très large : accessibilité aux prestations, accessibilité aux outils de communication publique, accessibilité aux technologies de l'information.

Toutefois, plusieurs rapports parlementaires ont mis en évidence l'impossibilité de tenir l'échéance du 1er janvier 2015, au vu des retards manifestes pris, notamment dans le bâti existant et l'accès aux nouvelles technologies.

Aussi, l'État a décidé d'accorder des délais supplémentaires et a assoupli les normes de mise en accessibilité des ERP, pour les collectivités territoriales. Cette décision est assortie d'une contrepartie, un engagement signé des acteurs dans un **agenda d'accessibilité programmée (Ad'AP)**.

La mise en place des Ad'AP permet aux acteurs publics et privés de s'engager sur un **calendrier précis et resserré de travaux d'accessibilité**, permettant de poursuivre en toute sécurité juridique des travaux d'accessibilité après le 1er janvier 2015, dans un délai limité. L'Ad'AP est un **document de programmation technique et financière**.

Le projet d'Ad'AP devait être déposé auprès du préfet **au plus tard le 27 septembre 2015**. En contrepartie, les pénalités prévues par la loi de 2005, pour défaut d'accessibilité, sont suspendues. Le report des délais dépend de la catégorie, classée de 1 à 5, à laquelle appartiennent les ERP. Ainsi pour les ERP de 5e catégorie, représentant près de 80 % du cadre bâti, le report est de **3 ans maximum**, soit une mise aux normes pour 2018. Le report est de 6 ans pour les travaux concernant les ERP ayant une capacité de 300 à plus de 1 500 personnes, classés de 1 à 4. Le report est de **9 ans** pour les travaux dits de patrimoine constitués de plusieurs ERP de 5e catégorie.

11 Le décret du 24 janvier 2013 relatif à la réforme des rythmes scolaires

En 2010, l'Académie nationale de médecine a mis en évidence l'inadaptation de la semaine de 4 jours d'école aux rythmes biologiques des enfants. De plus, le classement de la France n'a cessé de se dégrader, au sein des pays de l'OCDE, quant au niveau scolaire à l'entrée en 6e (30e rang sur 45) avec une réelle aggravation des difficultés scolaires.

Ainsi, par **décret Peillon du 24 janvier 2013**, le gouvernement lance, dans le cadre de la loi de refondation de l'école républicaine, la **première étape** de la réforme des rythmes scolaires.

Les **objectifs** sont les suivants :
- favoriser la réussite scolaire de tous, en assurant un plus grand respect des rythmes naturels d'apprentissage et de repos de l'enfant ;
- favoriser les apprentissages fondamentaux et l'égalité des chances ;
- avoir une approche globale du temps de l'enfant ;
- penser l'école pas seulement comme un lieu d'instruction mais aussi comme un lieu de vie et d'éducation.

Les **grandes lignes de la réforme** :
- 24 h d'enseignement réparties sur 9 demi-journées (retour à la semaine de 4 jours et demi), une journée ne doit pas dépasser 5 h 30 et une demi-journée 3 h 30, la pause méridienne doit être au minimum d'1 h 30 ;
- possibilité de proposer des temps d'activités périscolaires, complémentaires, au service public de l'éducation (activités sportives, culturelles, artistiques, etc.), afin de développer la curiosité intellectuelle et renforcer le plaisir d'apprendre et d'être à l'école ; tout enfant devant être pris en charge jusqu'à 16 h 30 ;
- élaboration du projet éducatif de territoire (PEDT) : mise en place d'un partenariat entre la commune, les services de l'État (Éducation nationale, jeunesse et

sport) et les associations locales ; l'objectif est de mobiliser toutes les ressources du territoire, au service d'une ambition éducative rendant les parcours éducatifs cohérents et complémentaires ;

– financement de la réforme : fonds spécifique d'amorçage mis en place par l'État, initialement pour deux ans, correspondant à 50 euros versés par élève, majorés de 40 euros pour les communes éligibles à la DSU cible, à la DSR cible ou pour les communes d'outre-mer ; mais, fin 2014, le gouvernement a décidé de rendre pérenne cette aide de l'État, dorénavant dénommée « **fonds de soutien aux communes** », sous réserve de la signature d'un PEDT.

Avec le **décret Hamon du 8 mai 2014** : mise en œuvre de la **deuxième étape** de la réforme ; ce décret complémentaire permet, **à titre expérimental, deux adaptations possibles** :

– la première adaptation permet de regrouper les activités périscolaires sur une seule et même demi-journée – un après-midi – tout en maintenant les 5 jours d'enseignement, répartis alors sur 8 demi-journées ;

– la deuxième adaptation est la possibilité de réduire le nombre d'heures d'école par semaine, tout en maintenant les 9 demi-journées sur 5 jours, en raccourcissant la durée des grandes vacances scolaires d'été.

Troisième étape de la réforme : la transformation du fonds d'amorçage **en fonds de soutien pérenne** depuis le 1er janvier 2015 (article 96 de la loi de finances 2015).

Mais, cette pérennisation est conditionnée à **la signature d'un PEDT**. L'objectif est de **généraliser les PEDT**.

12. La laïcité

La laïcité est un fondement de la République française (cf. Déclaration des droits de l'homme et du citoyen de 1789) : « **Les hommes naissent et demeurent libres et égaux en droits [...] Nul ne doit être inquiété pour ses opinions, même religieuses, pourvu que leur manifestation ne trouble pas l'ordre public établi par la loi.** »

En 1905, conformément à la loi de séparation de l'Église et de l'État, « la République ne reconnaît, ne salarie ni ne subventionne aucun culte ».

En 1946, le principe de laïcité est inscrit dans le préambule de la Constitution.

La laïcité, c'est l'obligation de l'État de ne pas intervenir dans les convictions de chacun et l'égalité de tous devant la loi, quelle que soit leur religion. Cela implique la liberté de conscience et de culte, la libre organisation des Églises, leur égalité juridique, le droit à un lieu de culte, la neutralité des institutions envers les religions, ainsi que la liberté d'enseignement.

C'est donc un fondement de la République française.

La laïcité, c'est d'abord un impératif de neutralité :

– La **neutralité des lieux, des locaux** : interdiction par la **loi de mars 2004** de porter au sein des établissements scolaires des signes par lesquels on reconnaît immédiatement l'appartenance religieuse (voile islamique, kippa, croix de dimension excessive, etc.) ; interdiction, par la **loi du 10 octobre 2010**, de dissimuler son visage dans l'espace public, à savoir sur les voies publiques, dans les lieux ouverts au public ou affectés à un service public ; le non-respect de cette interdiction est puni d'une amende. Il est toutefois à préciser que cette loi du 11 octobre 2010 n'est pas une loi de laïcité mais **une loi d'ordre public**. Charte des services publics **du 13 avril 2007** qui interdit aux usagers de faire du prosélytisme dans les lieux publics.

– La **neutralité des interventions des collectivités** : les collectivités territoriales ne peuvent pas subventionner, financer sur leurs propres budgets l'exercice d'un culte ; elles peuvent toutefois inscrire des dépenses relatives à des services d'aumônerie et destinées à assurer le libre exercice des cultes dans les établissements publics d'enseignement (écoles, collèges, lycées), les hôpitaux, asiles et prisons ; les collectivités sont toutefois tenues d'entretenir les lieux de culte dont elles sont propriétaires.

– Le **principe de neutralité des agents publics** : les agents concourent à l'exécution de missions de service public, les agents sont donc tenus au respect du principe de neutralité ; ils ne doivent pas manifester leurs croyances religieuses, ni faire de prosélytisme. Le non-respect de la règle de neutralité constitue une faute personnelle, passible d'une sanction disciplinaire. De plus, au nom de la protection du droit des usagers, les agents du service public ont interdiction de privilégier ou de dénigrer tout citoyen en raison de ses opinions philosophiques ou spirituelles.

La laïcité, c'est aussi le respect de toutes les croyances :

– **côté usagers** : les usagers sont égaux devant le service public ; ils ont le droit d'exprimer leur conviction religieuse, tout en respectant le bon ordre, la sécurité et la tranquillité publique. Les usagers qui sont accueillis à temps complet dans un service public, tels les établissements médicaux-sociaux, hospitaliers ou pénitentiaires ont droit au respect de leurs croyances et peuvent participer à l'exercice de leur culte ;

– **côté agents** : les chefs de service peuvent accorder des autorisations d'absence nécessaires aux agents publics désireux de participer aux cérémonies célébrées à l'occasion des principales fêtes propres à leur confession ; ces absences doivent demeurer compatibles avec les nécessités du service.

La jurisprudence du Conseil d'État, en 2012, a apporté des assouplissements dans l'application de la loi de 1905, au nom de la notion « d'intérêt public local » :

– possibilité pour les collectivités de participer aux financements de projets en rapport avec des édifices ou des pratiques ;

– possibilité pour les collectivités de conclure avec une association un bail emphytéotique pour la construction d'un édifice religieux ;

– possibilité de carrés confessionnels dans les cimetières.

En avril 2013, est créé, auprès du Premier ministre, **l'Observatoire de la laïcité**. Il a trois compétences principales : la production d'analyses, d'études et de recherches permettant d'éclairer les pouvoirs publics sur les enjeux liés à la laïcité ; la proposition de mesures pour mieux assurer l'information des agents publics et des usagers des services publics sur la laïcité ; la possibilité d'être consulté par le Premier ministre ou les ministres sur des projets de textes législatifs ou réglementaires.

En septembre 2013 est publiée la Charte de la laïcité à l'école, à l'intention des personnels, des élèves et de l'ensemble des membres de la communauté éducative. L'objectif est de rappeler les règles qui permettent de vivre ensemble dans l'espace scolaire et d'aider chacun à comprendre le sens de ces règles, à se les approprier et à les respecter. Cette charte a été affichée dans tous les écoles, collèges et lycées français.

La France se caractérise donc aujourd'hui par une diversité culturelle plus grande que par le passé. La question de la laïcité est donc d'une forte actualité, au titre du bien vivre ensemble et de la fraternité républicaine.

En avril 2016, avec la loi Déontologie, le respect du principe de laïcité par les agents publics devient une obligation statutaire. Il est « ancré » dans le statut général.

13. Les outils légaux et extra-légaux de la démocratie participative

A. Les outils légaux de la démocratie participative

La démocratie participative, c'est le fait d'assurer la participation des citoyens eux-mêmes à la détermination de l'intérêt public local. C'est une nouvelle conception de la prise de décision. La décision est construite et prise avec les citoyens. Cette démocratisation est organisée juridiquement par plusieurs textes règlementaires.

La **loi ATR** (« administration territoriale de la République »), dite loi Joxe, de **1992**, stipule que : « le droit des habitants de la commune à être informés des affaires de celle-ci et à être consultés sur les décisions qui les concernent, indissociable de la libre administration des collectivités territoriales, est un principe essentiel de la démocratie locale ».

La **loi Barnier du 2 février 1995** dit : « toute personne a le droit d'accéder aux informations relatives à l'environnement détenues par les autorités publiques et de participer à l'élaboration des décisions publiques ayant une incidence sur l'environnement ». Elle crée la Commission nationale du débat public (CNDP) qui deviendra une autorité indépendante en 2002.

La **loi sur la solidarité et le renouvellement urbains** (SRU) de **décembre 2000** rend obligatoire la concertation lors de l'élaboration des plans locaux d'urbanisme.

La **loi sur la démocratie de proximité du 27 février 2002** rend obligatoire dans les collectivités de plus de 80 000 habitants la création de conseils de quartier. De plus, la loi prévoit qu'un cinquième des électeurs inscrits sur les listes électorales peuvent saisir le conseil municipal en vue de l'organisation d'une consultation sur une opération d'aménagement relevant de la décision des autorités municipales ; le conseil municipal va délibérer sur le principe et les modalités d'organisation de cette consultation ; sachant que la délibération qui décide de la consultation indique expressément que cette consultation ne vaut que demande d'avis. La loi de février 2002 renforce également le rôle des commissions consultatives compétentes pour les services publics locaux (eau, assainissement, équipements sportifs).

La **révision constitutionnelle de 2003** inscrit **deux principes** à l'article 72-1 de la Constitution :

– le droit de pétition : « les électeurs de chaque collectivité territoriale peuvent, par l'exercice du droit de pétition, demander l'inscription à l'ordre du jour de l'assemblée délibérante de cette collectivité d'une question relevant de sa compétence » ;

– le référendum : « les projets de délibération ou d'acte relevant de la compétence d'une collectivité territoriale peuvent, à son initiative, être soumis, par la voie du référendum, à la décision des électeurs de cette collectivité ».

La **loi du 13 août 2004** apporte une innovation majeure en étendant le processus consultatif à l'ensemble des collectivités territoriales et EPCI ; de plus, la consultation peut être limitée aux électeurs d'une partie du territoire pour les affaires intéressant spécialement ce territoire.

B. Les outils extra-légaux de la démocratie participative

D'autres modes participatifs se sont développés à l'initiative des élus. Certains modes participatifs revêtent une dimension pérenne, d'autres correspondent davantage à des approches thématiques ; de plus, de nouveaux dispositifs liés aux nouvelles technologies émergent.

S'agissant de **modes participatifs à caractère pérenne**, certains dispositifs sont devenus assez classiques : conseils des jeunes, conseil des sages, conseils des aînés, conseils de crèches, conseils de résidents étrangers, agendas 21 locaux, etc.

Des modes participatifs, reposant sur une **approche plus thématique**, se sont également développés : réunion publique, débat public autour d'une sujet particulier ; concertation sur des enjeux d'importance telle la rénovation urbaine ; ateliers urbains ; technique des workshops ou atelier d'urbanisme qui consiste à concevoir certains espaces (jardins, espaces publics, etc.) avec l'assistance de professionnels ; pratique de sondages, panels, jurys citoyens tirés au sort ou conférences de consensus, budgets participatifs, etc.

D'autres dispositifs, plus récents et **plus innovants** ont permis un développement de la démocratie locale, grâce à l'essor des réseaux numériques, de **l'e-démocratie** : blogs interactifs, forums en ligne, flux RSS, logiciel de suivi des relations avec les citoyens, etc.

14 Le Grand Paris

Le Grand Paris est **avant tout un projet urbain, social et économique** visant à faire de l'agglomération parisienne une grande métropole européenne et mondiale attractive. 12 millions d'habitants sont concernés, pour un territoire représentant près d'un tiers du PIB français. C'est donc un véritable enjeu d'attractivité de l'Île-de-France et de la France.

Ce projet **lancé en 2008** par le gouvernement de François Fillon consiste notamment en :

– la création de pôles économiques majeurs autour de Paris et de 10 clusters technologiques, de pôles d'excellence (cf. celui de Paris-Saclay) ;

– la modernisation du réseau de transport public existant et le développement de nouvelles lignes de métro pour la région Île-de-France (près de 34 milliards d'euros) ;
– la construction de 70 000 logements chaque année pendant 25 ans, contre 42 000 actuellement.

Ce projet est porté par une **structure de gouvernance** entre Paris et son agglomération dense, la **métropole du Grand Paris (MGP)**, EPCI à fiscalité propre et à statut particulier, a été créée par la loi « Maptam » du 27 janvier 2014. La création de la métropole du Grand Paris est effective depuis le 1er janvier 2016. Elle est présidée par Patrick Ollier, député-maire de Rueil-Malmaison.

La MGP regroupe **131 communes** (dont Paris) de la première couronne (Hauts-de-Seine, Seine-Saint-Denis et Val-de-Marne) et 7 communes de la grande couronne (Essonne – 6 communes des Portes de l'Essonne – et Val d'Oise – commune d'Argenteuil), soit près de **7,15 millions d'habitants**. Elle est composée de **Paris (1 territoire) et de 11 autres territoires** allant de 300 000 à 700 000 habitants, qui sont des **établissements publics territoriaux (EPT)**. C'est un système inédit de double intercommunalité.

L'organisation :

– La MGP est gouvernée par un **conseil de la métropole**, comptant 209 élus, désignés à la proportionnelle à la plus forte moyenne avec au minimum un conseiller par commune. Il y a 62 conseillers métropolitains parisiens. Le président de la MGP est élu par les conseillers métropolitains, à la majorité absolue.
– Les 12 territoires sont gouvernés par des **conseils de territoire**, composés des conseillers métropolitains de chaque territoire et de conseillers municipaux. Le périmètre et le siège des territoires ont été fixés par décret en Conseil d'État. Chaque conseil de territoire comprend de 72 à 92 membres. Chaque conseil de territoire désigne un président qui ne peut être le président de la MGP.

Les **quatre compétences obligatoires** de la métropole (celles d'une communauté urbaine) sont les suivantes et vont lui être transférées de manière progressive de 2016 à 2018 :

– le développement et l'aménagement économique, social et culturel ;
– la protection et la mise en valeur de l'environnement et la politique du cadre de vie ;
– l'aménagement de l'espace métropolitain, au 1er janvier 2017 ;
– la politique locale de l'habitat au 1er janvier 2017.

Elle va aussi élaborer le plan climat-air-énergie et le schéma directeur des réseaux de distribution d'énergie métropolitains. Elle pourra aussi obtenir une délégation de compétences en matière de logement et un transfert de grands équipements et d'infrastructures par l'État.

Les **dix compétences des territoires** qui vont leur être transférées de manière progressive, de 2016 à 2018 :

– **sept compétences obligatoires en propre** : l'assainissement et l'eau, la gestion des déchets ménagers et assimilés, le plan climat-air-énergie, le PLU, la politique de la ville, l'action sociale d'intérêt territorial, les équipements culturels et sportifs d'intérêt territorial ;

– **trois compétences partagées avec la MGP** : l'aménagement (opérations d'aménagement, actions de restructuration urbaine, constriction de réserves foncières), le développement économique (zones d'activité, actions de développement économique) et habitat (OPH, amélioration du parc immobilier bâti, réhabilitation et résorption de l'habitat insalubre).
La MGP dispose d'un **budget de 65 millions d'euros**.

15. Les grands principes budgétaires

Ces principes, au nombre de **cinq**, font l'objet d'un contrôle exercé par le préfet et la chambre régionale des comptes (CRC), au titre du contrôle budgétaire.

- **Premier principe : le principe d'annualité**

Le budget vaut pour 12 mois, du 1er janvier au 31 décembre.

Il doit être voté au plus tard le 15 avril de l'année à laquelle le budget s'applique (30 avril en année électorale).

- **Deuxième principe : le principe de l'équilibre**

Les deux sections investissement et fonctionnement doivent être votées respectivement en équilibre : les recettes et les dépenses doivent s'équilibrer à l'intérieur de chacune des deux sections du budget.

Les recettes et les dépenses doivent être évaluées de façon sincère : les inscriptions budgétaires doivent tenir compte de tous les éléments de fait et de droit connus ou prévisibles au moment du vote du budget.

- **Troisième principe : le principe d'unité**

Toutes les recettes et les dépenses figurent dans un **document budgétaire unique**, le budget général de la collectivité (logiciel M14).

Toutefois, d'autres **budgets, dits annexes**, peuvent être ajoutés au budget général afin de retracer l'activité de certains services (par exemple, le budget du CCAS). Les services publics industriels et commerciaux gérés directement par les communes doivent, quant à eux, obligatoirement figurer dans un budget annexe.

- **Quatrième principe : le principe d'universalité**

Toutes les opérations de dépenses et de recettes sont indiquées dans leur intégralité : c'est l'exigence **de sincérité** des documents budgétaires, c'est le fait également que les recettes financent indifféremment les dépenses. C'est le principe de non-affectation d'une recette à une dépense.

- **Cinquième principe : le principe de spécialité des dépenses**

Une dépense n'est autorisée que pour un service et un objet particuliers. Ainsi, les crédits sont affectés à un service, ou à un ensemble de services, et sont spécialisés par chapitre groupant les dépenses selon leur nature ou selon leur destination.

16. Les différents documents budgétaires

On compte **cinq** documents budgétaires.

- **Le budget primitif (BP)**

On y trouve toutes les recettes et dépenses prévues et autorisées pour une année civile. Le budget primitif est obligatoire. Un budget supplémentaire et des décisions modificatives peuvent apporter des corrections en cours d'année.

- **Le budget supplémentaire (BS)**

Il intervient pour réajuster, en cours d'exercice, les prévisions du budget primitif. Le BS est aussi un budget de report ; quand le BP est élaboré, les résultats de l'exercice précédent qui s'achève ne sont pas encore connus. Le BS répercute ainsi, en cours d'année, les résultats de l'exercice comptable écoulé.

- **Les budgets annexes**

Ces documents présentent annuellement les opérations budgétaires propres à certaines missions de service public, notamment le service de l'eau, le service de l'assainissement.

- **Le compte administratif (CA)**

Il est voté au plus tard le 30 juin de l'année N + 1. On y trouve toutes les recettes et les dépenses effectivement exécutées, c'est le résultat de l'exercice clos. Le compte administratif est le relevé exhaustif des opérations financières, des recettes et des dépenses qui ont été réalisées dans un exercice comptable donné.

- **Le compte de gestion**

Il est confectionné par le trésorier, comptable de la collectivité.

C'est une **double tenue de compte** qui décrit en permanence la situation patrimoniale de la collectivité, c'est-à-dire tout ce que la collectivité possède, tout ce qu'elle doit ou ce qu'on lui doit et la situation de la trésorerie (les disponibilités). C'est le comptable qui est chargé d'encaisser les recettes et de payer les dépenses ordonnancées par l'ordonnateur (organe exécutif de la collectivité). Le compte de gestion retrace les opérations budgétaires en dépenses et en recettes, selon une présentation analogue à celle du compte administratif.

Le compte de gestion est également soumis au vote de l'assemblée délibérante qui acte ainsi la stricte concordance avec le compte administratif.

17. Les dépenses obligatoires de la commune

Les dépenses obligatoires d'une commune sont celles prévues par la loi ; la liste des dépenses obligatoires est codifiée dans le CGCT.

Ces dépenses obligatoires doivent donc être inscrites au budget de la commune, sachant que si une dépense obligatoire n'est pas inscrite au budget, le représentant de l'État peut l'inscrire d'office.

Sont ainsi obligatoires les **dépenses suivantes** :

- les **dépenses de personnel** : les rémunérations des agents – englobant les charges sociales ; les indemnités de fonction des élus locaux, les cotisations pour financer les organismes de formation ;
- les **dépenses d'entretien et de maintien en bon état des équipements** : dépenses d'entretien des voiries communales, des cimetières, etc. ;
- les **dépenses relatives à certains services publics** : dépenses liées au service d'enlèvement des ordures ménagères, aux services de salubrité publique, au service d'éducation (fonctionnement de l'enseignement primaire), au service de santé publique, au service de transports publics, etc. ;
- les **dépenses concernant la participation d'une commune** aux dépenses d'une autre collectivité territoriale : participation au financement des dépenses de fonctionnement et d'investissement d'un collège quand un ou plusieurs enfants fréquentent un collège du département situé dans une commune différente du lieu d'habitation de l'élève ; dépenses relatives au financement d'un organisme de coopération intercommunale lorsqu'elle en est membre ;
- la **dotation aux amortissements et aux provisions** : dépense obligatoire de la section de fonctionnement pour toute commune de plus de 3 500 habitants.

18. Un marché public

Le Code de marchés publics donne une définition du marché public.

Les marchés publics sont les contrats conclus, par écrit, à titre onéreux entre les pouvoirs adjudicateurs et des opérateurs économiques publics ou privés, pour répondre à leurs besoins en matière de travaux, de fournitures ou de services. On entend par pouvoirs adjudicateurs, les personnes morales de droit public suivantes :

– l'État et ses établissements publics autres que ceux ayant un caractère industriel et commercial ;

– les collectivités territoriales et les établissements publics locaux, les EPCI.

Un marché public est donc un accord écrit, actant de l'accord de volonté entre au moins deux personnes dotées de la personnalité juridique, pour répondre aux besoins de l'administration publique en matière de fournitures, services et travaux.

La passation d'un marché public est soumise à des règles de publicité, de mise en concurrence et d'impartialité.

L'acheteur public doit se conformer à différents types de procédures, déterminés notamment en fonction du montant, de la nature du marché (travaux, fourniture ou services) et du type d'acheteur public (État, collectivités territoriales ou établissements publics). En fonction des montants hors taxe engagés pour l'achat public et de l'objet du marché, les procédures à respecter sont différentes.

Une nouvelle réforme d'importance a pris effet au 1er avril 2016. Il s'agit d'une **refonte des contrats de la commande publique**. L'ensemble des dispositions, jusqu'alors dispersées dans plusieurs textes différents, dont le Code des marchés publics, l'ordonnance du 6 juin 2005 et l'ordonnance du 17 juin 2004 sur les contrats de partenariat, est dorénavant rassemblé en un **seul corpus**. Le Code des marchés publics n'existe plus, on parle d'une « **ordonnance relative aux marchés publics** » avec des décrets d'application.

Dès le 1er janvier 2017, les collectivités devront accepter les factures électroniques provenant des grosses entreprises. Et l'ensemble des marchés publics devra être **dématérialisé en 2018**. D'ores et déjà, pour favoriser la dématérialisation des procédures, la signature électronique obligatoire des offres disparaît.

Ce travail de modernisation doit aboutir à la **création d'un code de la commande publique qui intégrera notamment le nouveau régime des concessions (ex. DSP)**.

19. La loi du 14 mars 2016 relative à la protection de l'enfance

Cette loi vient renforcer les avancées de la loi du 5 mars 2007 et précise, sous forme d'une feuille de route, les points à améliorer dans l'intérêt de l'enfant.

Deux axes sont renforcés :
- la prise en compte des besoins de l'enfant ;
- l'articulation des acteurs institutionnels.

A. La prise en compte des besoins de l'enfant

a. Le volet préventif pendant la période périnatale

- Renforcer l'entretien du 4e mois de grossesse.
- Renforcer les missions des centres parentaux pour la prise en charge des enfants et des parents.

b. Améliorer le repérage et le suivi des enfants en danger

- Limiter les ruptures dans la vie de l'enfant en lui assurant plus de stabilité quant à son lieu de vie (limiter les allers-retours dans les familles et lieux d'accueil).
- Désigner un médecin référent dans chaque département. Il facilitera l'interaction entre les professionnels de santé et les services de protection de l'enfance.
- Mieux communiquer avec les animateurs, enseignants pour une remontée plus efficace des informations préoccupantes. L'autorité judiciaire doit pouvoir intervenir plus rapidement.
- L'objectif est de mieux encadrer les retours à domicile des enfants confiés.

c. L'accompagnement vers l'autonomie des jeunes confiés à l'aide sociale à l'enfance (ASE)

- Garantir la constitution d'un pécule pour l'enfant. Le montant de l'allocation de rentrée scolaire sera maintenu sur un compte bloqué (à la caisse des dépôts et consignations) jusqu'à la majorité du jeune.

■ Mise en place d'un projet d'accès à l'autonomie (avec un entretien un an avant la majorité).

■ Révision régulière de la situation de l'enfant confié à l'ASE (entre autres : aménagement de l'exercice de l'autorité parentale, meilleure communication entre le juge des enfants et le juge des affaires familiales, facilitation de l'adoption simple, etc.).

B. L'articulation des acteurs institutionnels

a. Vers plus de coordination et de transversalité entre les acteurs institutionnels

■ Outre l'ASE gérée par les départements, une instance nationale pour la protection de l'enfance doit être créée (CNPE) dans le but de favoriser l'impulsion nationale pour juguler les disparités entre les territoires.

■ Information à renforcer auprès du préfet en cas de dysfonctionnement dans un établissement.

■ Mise en place de protocoles départementaux de prévention.

b. Soutenir les professionnels

■ Les missions de l'Observatoire de l'enfance (ONPE) et des observatoires départementaux de la protection de l'enfance (ODPE) sont renforcées.

■ Affiner la formation des professionnels afin que leurs pratiques soient en adéquation avec les réalités de terrain.

Entraînement

REMARQUE Les questionnaires qui suivent ne peuvent en aucun cas être exhaustifs. Ce ne sont que des pistes possibles... Beaucoup de questions ont été rapportées par des candidats ayant passé l'épreuve orale.

L'environnement professionnel

Questions

1. Quelles sont les missions d'un ATSE ?
2. Pourquoi passez-vous ce concours ? Quelles sont vos motivations ?
3. Pourquoi avez-vous fait le choix de la fonction publique ?
4. Qu'est-ce qui vous a conduit à souhaiter exercer les fonctions d'ATSE ?
5. Quels sont vos points forts ? Vos points faibles ?
6. Comment envisagez-vous votre carrière dans cinq ans ?
7. L'un des agents de votre équipe arrive systématiquement en retard. Comment réagissez-vous ?
8. En cas de démotivation de votre équipe, comment réagissez-vous ?
9. Vous chargez votre équipe d'organiser les vacances d'été, or, tous les agents veulent partir à la même période. Comment réagissez-vous ?
10. Qu'attendez-vous de votre supérieur ?
11. Pouvez-vous définir le terme « e-administration » ? Pourquoi est-elle actuellement privilégiée ?
12. Qu'est-ce qui vous met en colère au travail ?
13. Un agent conteste systématiquement vos décisions, votre organisation du travail. Comment réagissez-vous ?
14. Quel type de management souhaiteriez-vous mettre en place ?
15. Que pensez-vous du management directif ?
16. Qu'est-ce qu'un bon manager ?
17. L'un de vos agents se montre agressif. Comment gérez-vous cette situation ?
18. Comment concevez-vous le travail en équipe ?
19. Qu'attendez-vous de vos collaborateurs ?
20. Vous devez vous pencher sur un dossier qui demande de la concentration. Vous demandez donc à vos collaborateurs de ne pas vous déranger. Or, l'un d'entre eux « franchit cet interdit ». Comment réagissez-vous ?
21. Vous prenez une décision concernant l'organisation du travail dans votre service. Vous vous apercevez que vos agents ne l'appliquent pas. Comment réagissez-vous ?

22. L'un de vos collaborateurs a des difficultés à maîtriser le nouveau logiciel comptable. Que faites-vous ?
23. Un nouvel agent vient d'être intégré à votre équipe. Comment l'accueillez-vous ?
24. Comment une collectivité peut-elle communiquer avec la population ?
25. Que pensez-vous de la sanction ?
26. L'un de vos agents est un perfectionniste. Qu'en pensez-vous ?
27. Que peut faire un manager lorsqu'il perçoit un mal-être dans son équipe ?
28. Définissez le terme « *burn-out* ».

L'environnement territorial

Questions

1. Quels sont les droits du fonctionnaire ?
2. Quels sont les devoirs du fonctionnaire ?
3. Présentez votre cadre d'emplois ?
4. Quelles sont les différentes filières de la fonction publique territoriale ?
5. Que vous évoque la loi Le Pors ?
6. Définissez la politique de la ville.
7. Qu'est-ce qu'une intercommunalité ? Quelles sont ses différentes formes ? Ses compétences ? Qu'est-ce qu'un EPCI ?
8. Qu'est-ce que la clause générale de compétences ?
9. Quelles sont les compétences d'une commune, d'un département, d'une région ?
10. Quelles sont les recettes d'une commune ?
11. Quelles sont les dépenses d'une commune ?
12. Qui est l'ordonnateur du budget ?
13. Citez trois grands principes du budget.
14. Définissez le terme « décentralisation ».
15. Définissez le terme « déconcentration ».
16. Que vous évoque la loi du 16 décembre 2010 ?
17. Que pouvez-vous dire sur la loi du 11 février 2005 ?
18. Comment définissez-vous l'acronyme « MAPAM » ?
19. Quels sont les différents types d'intercommunalités ?
20. Qu'est-ce que le contrôle de légalité ?
21. Que vous évoque le décret n° 2013-77 du 24 janvier 2013 ?
22. Qu'est-ce que le projet « Grand Paris » ?
23. Qu'est-ce que la laïcité ? Que pensez-vous de ce principe ?
24. Comment est élu le maire ? Quelles sont ses missions ?
25. Quels sont les principes du service public ?
26. Définissez le CCAS.
27. Qu'est-ce que l'évaluation ?
28. Qu'appelle-t-on la démocratie locale ? Comment peut-on l'exercer ?
29. Qu'évoque pour vous la mutualisation des services ? Quels sont les avantages de cette mutualisation ? Quelles en sont les limites ?

30 Qu'est-ce qu'une communauté de communes ? Comment ses membres sont-ils élus ? Quelles sont les compétences ?

31 Quels sont les recours dont dispose un administré contre une décision de l'administration ?

32 Quelle peut être l'évolution de carrière d'un assistant socio-éducatif ? Quels sont les moyens permettant cette évolution ?

33 Quelles sont les compétences du conseil départemental ? Quelle est son organisation ? Son fonctionnement ?

34 Qu'est-ce que la notion de service public ?

35 Qu'est-ce que l'obligation de réserve ? La discrétion professionnelle ? Le secret professionnel ?

36 Citez trois niveaux de collectivités territoriales.

37 Qu'est-ce qu'un conseiller municipal ?

38 Comment fonctionne le conseil départemental ? Quel est le mode d'élection des conseillers et du président ? Citez quelques-unes de ses compétences.

39 Comment fonctionne le conseil régional ? Quel est le mode d'élection des conseillers et du président ? Citez quelques-unes de ses compétences.

40 Quels sont les organismes consultatifs dans les collectivités ? Quels sont leurs rôles ?

41 Que savez-vous du droit à la formation ?

42 Citez les principaux droits et obligations des fonctionnaires.

43 Quelles sont les différentes positions statutaires ?

44 Qu'est-ce qu'un arrêté ?

45 Mentionnez les grandes étapes de la préparation d'un budget.

46 Que sont les EPCI ?

47 Comment sont créées les structures intercommunales ?

48 Comment définir l'intercommunalité ?

L'environnement social

Questions

1 Quels sont les grands principes de la loi de 2005 sur le handicap ?

2 Quelles sont les dernières évolutions législatives en matière de :
- insertion ;
- logement ;
- handicap ;
- personnes âgées ;
- surendettement ;
- délinquance ;
- protection de l'enfance ;
- femmes victimes de violence ;
- personnes vulnérables.

3 Que savez-vous sur la loi du 5 mars 2007 instituant le droit au logement opposable et portant diverses mesures en faveur de la cohésion sociale sur le logement (Boutin et Dalo).

4 Quelle est la dernière loi traitant du logement et de l'exclusion sociale ?

5 Quelles sont les dispositions relatives à la mise en place du RSA ?

6 Quelle peut être l'évolution de carrière d'un assistant socio-éducatif ? Quels sont les moyens permettant cette évolution ?

7 Quelles sont les dernières évolutions législatives en matière sociale ?

La conception de la fonction, les capacités professionnelles et relationnelles

Questions

1. Donnez des exemples d'animation de réunions collectives, équipe ou usagers.
2. Définissez le travail social et l'éthique.
3. Quelles sont les modalités pour obtenir un logement social ?
4. Comment est prise en compte l'évaluation financière et budgétaire d'un ménage ?
5. Sur quels fondements repose la prévention spécialisée ?
6. Quels sont les institutions ou organismes susceptibles d'octroyer une aide financière ?
7. À qui s'adresse la couverture maladie universelle ?
8. Quel est le droit ou la disposition permettant de garantir un revenu minimum aux personnes handicapées ?
9. Énumérez les particularités des structures médico-sociales permettant l'accueil et l'éducation des enfants porteurs d'un handicap.
10. Est-ce qu'il n'est pas contradictoire que les travailleurs sociaux aient parfois des fonctions d'aide et de contrôle ?
11. Peut-on partager avec un partenaire et donc faire une entorse au secret professionnel, et ce dans l'intérêt de l'usager ?
12. Comment évaluez-vous l'urgence ? Quelles actions mettez-vous en place ?
13. Qu'est-ce qu'une MDPH ?
14. Quels sont les grands axes de la politique sociale de votre collectivité territoriale ?
15. Qu'est-ce qu'une collectivité peut mettre en place en matière de santé ?
16. Comment accompagne-t-on les populations qui n'ont pas accès aux nouvelles technologies ?
17. Dans quelles missions les métiers d'AS, d'ES et de CESF peuvent-ils être complémentaires ? Citez des exemples concrets.
18. Quelle est la démarche d'un assistant socio-éducatif pour aider une équipe à travailler autour d'un projet ?
19. Comment imaginez-vous un travail en binôme ?
20. Quelles sont les différentes étapes d'un projet ?
21. Comment évaluez-vous la qualité des interventions auprès des enfants dans le cadre de l'aide sociale à l'enfance ?
22. Comment évaluez-vous la qualité des transmissions et informations faites aux familles ?
23. Comment préparez-vous une réunion de service et comment l'animez-vous ?
24. Comment susciter l'adhésion de ses collaborateurs ?
25. La délégation est-elle facteur de motivation ?
26. Quels sont les éléments que doit contenir une fiche de poste ?
27. Dans le cadre professionnel, peut-on tout dire ?
28. Quelle place prend la formation pour vous et vos collaborateurs dans votre pratique professionnelle ?
29. Quelles sont les différentes fonctions d'une réunion ?
30. Pour vous, quel est le cadre d'un bon entretien d'évaluation ?
31. Comment abordez-vous la notion de pouvoir hiérarchique dans votre pratique professionnelle ?
32. Le manager doit-il toujours avoir raison ?
33. Le manager doit-il privilégier les résultats au détriment des relations avec son équipe ?

34 À quoi sert un organigramme ?

35 Votre hiérarchie vous fixe des objectifs pour vous et votre équipe : comment les explicitez-vous à cette dernière ? Quels moyens pouvez-vous mettre en œuvre pour les atteindre ? Quels critères vous permettent de vous assurer qu'ils sont atteints ?

36 Lors d'une réunion d'équipe au cours de laquelle est abordée la problématique d'une famille, un collègue porte un jugement de valeur sur la famille concernée. Quelle attitude adoptez-vous et quelle réponse apportez-vous ?

37 Quelles actions peuvent être entreprises lorsqu'une difficulté est perçue dans le lien entre une jeune mère et son enfant ?

38 Comment mettez-vous en place un travail partenarial ?

39 Dans le cadre de la protection de l'enfance, quels partenaires devrez-vous mobiliser ?

40 Citez un partenaire au niveau de la collectivité qui vous paraît représenter un intérêt dans le cadre de vos missions.

41 Existe-t-il l'urgence sociale ?

42 Quel type de partenariat pouvez-vous développer avec les associations de votre territoire ?

43 Qu'est-ce qu'un centre social ?

44 Quelles sont les missions des caisses d'allocations familiales ?

45 Comment intégrez-vous la notion de contrat dans votre quotidien avec les usagers ?

46 Vous êtes face à un usager agressif. Quelle attitude adoptez-vous ?

47 Pouvez-vous citer quelques actions collectives que vous pouvez mettre en place avec les usagers ?

Les éducateurs spécialisés

Questions

1 Quelle est votre conception du métier d'éducateur spécialisé ?

2 Qu'est-ce qu'un ESAT ?

3 Vous recevez un adolescent en échec scolaire qui rencontre des difficultés avec ses parents. Que pouvez-vous proposer pour tenter de trouver une solution aux problèmes de ce jeune ?

4 Les parents d'un enfant entrant en CP et présentant un handicap moteur souhaitent lui permettre de suivre une scolarité en « milieu classique ». Quelles sont les mesures qui peuvent être prises pour permettre l'intégration scolaire de cet enfant ?

5 Un chef d'établissement vous signale qu'un enfant suivi par votre service est régulièrement absent lors des cours, et ce sans motif : que faites-vous ?

6 Dans le cadre de la protection de l'enfance, quelles sont les différentes mesures pouvant être prises en faveur des enfants en difficulté ?

7 Quelles sont les mesures proposées aux jeunes majeurs ? Selon quelles modalités ?

8 Quelles sont les aides et comment s'organise l'accompagnement des enfants porteurs d'un handicap ?

9 Quelles sont les compétences respectives du représentant du président du conseil départemental et du juge des enfants en matière de protection de l'enfance ?

Les conseillers en économie sociale et familiale

Questions

1. Quelle est votre conception du métier de conseiller en économie sociale et familiale ?
2. Un couple avec trois enfants est en situation de surendettement. Quel pourra être votre rôle pour aider cette famille à devenir autonome dans sa gestion budgétaire ?
3. En vous rendant au domicile d'une personne âgée, vous constatez que celle-ci vit dans un état de dénuement extrême. Quelles mesures pouvez-vous lui proposer ?
4. Une famille sollicite votre aide pour une demande de logement social. Quelles actions mettez-vous en œuvre ?
5. Quels projets sociaux peuvent être mis en œuvre au sein d'une association créée par les femmes d'une cité pour favoriser leur insertion professionnelle ?
6. Qu'est-ce que le Fonds Solidarité Logement (FSL) ?
7. Quels sont les droits et devoirs d'un bénéficiaire du RSA ?
8. Quels sont les dispositifs que l'on peut proposer face au vieillissement des parents d'adultes handicapés ?
9. Quels sont les dispositifs de maintien et d'aide à domicile ?

Les motivations, savoir-faire et savoir être

Questions

1. Quelles sont les publications qui vous permettent de mettre à jour vos connaissances professionnelles ?
2. Quelles sont les missions ou tâches que vous appréciez le plus ? Pourquoi ?
3. Quels sont les éléments qui soutiennent votre motivation ?
4. Comment valoriseriez-vous votre métier ?
5. Qu'est-ce qui vous motive à travailler dans le cadre du service public ?
6. Quelles sont les missions que vous souhaiteriez améliorer ? Comment vous y prendriez-vous ?
7. Quel est pour vous l'élément de motivation le plus important ?
8. Comment envisagez-vous la suite de votre déroulement de carrière ?
9. Si vous en aviez la possibilité, que changeriez-vous dans le fonctionnement de votre cadre professionnel pour en améliorer son efficacité ?
10. Quelles sont les qualités nécessaires à l'exercice de votre profession ?

Annexe 1

Cadrage actualisé
01/10/16

Document élaboré par les membres d'une cellule pédagogique nationale
associant des représentants des centres de gestion de la fonction publique territoriale

ASSISTANT TERRITORIAL SOCIO-ÉDUCATIF

Note de cadrage indicatif

La présente note de cadrage ne constitue pas un texte réglementaire dont les candidats pourraient se prévaloir, mais un document indicatif destiné à éclairer les membres du jury, les correcteurs, les formateurs et les candidats.

RAPPORT AVEC PROPOSITIONS OPÉRATIONNELLES À PARTIR D'UN DOSSIER

Concours sur titres

Intitulé réglementaire :
Décret n°2013-646 du 18 juillet 2013 modifié fixant les modalités d'organisation du concours pour le recrutement des assistants territoriaux socio-éducatifs

Une épreuve écrite d'admissibilité consistant en la rédaction d'un rapport, à partir des éléments d'un dossier dans la spécialité, assorti de propositions opérationnelles, portant sur une situation en relation avec les missions exercées par les membres du cadre d'emplois, et notamment sur la déontologie de la profession.

Durée : 3 heures
Coefficient : 1

Le concours peut être ouvert dans trois spécialités :
Assistant de service social
Éducation spécialisée
Conseil en économie sociale et familiale

Le choix de la spécialité est définitif à la clôture des inscriptions.

Dans les spécialités ''**éducation spécialisée**'' et ''**conseil en économie sociale et familiale**'', le concours comprend la présente épreuve de rapport avec propositions, unique épreuve écrite d'admissibilité, dotée d'un coefficient 1, et une unique épreuve orale d'admission, affectée d'un coefficient 2.
Seuls les candidats déclarés admissibles par le jury sont autorisés à se présenter à l'épreuve orale d'admission. Toute note inférieure à 5 sur 20 à l'une des épreuves entraîne l'élimination du candidat.

Dans la spécialité ''**assistant de service social**'', le concours ne comporte pas d'épreuve écrite mais uniquement une épreuve orale d'admission.

L'épreuve de rapport avec propositions vise à évaluer notamment les capacités du candidat à :

- analyser une commande et un dossier afin d'en identifier les éléments utiles au traitement du sujet ;
- mobiliser des connaissances professionnelles pour élaborer des propositions opérationnelles ;
- organiser méthodiquement les informations nécessaires à la rédaction d'un rapport ;
- produire en temps limité un document synthétique parfaitement compréhensible.

L'épreuve ne comporte pas de programme réglementaire.

I- UN RAPPORT POUR QUOI FAIRE ?

La commande comporte une mise en situation qui, si elle doit être exploitée pour satisfaire aux exigences formelles de présentation du rapport (timbre, destinataire, objet...) est essentiellement destinée à permettre au candidat une prise en compte précise des attentes du destinataire.

Le rapport vise d'abord à informer rapidement et efficacement le destinataire, en général en position d'autorité hiérarchique, sur les problématiques essentielles du sujet ; de plus, s'inscrivant le plus souvent dans un processus de prise de décision, le rapport doit présenter des propositions opérationnelles répondant à ce ou ces problèmes.

Le rapport comporte ainsi deux parties distinctes :
- **une première partie, exclusivement rédigée à l'aide des éléments du dossier**, qui informe le destinataire sur les problématiques essentielles du sujet (cadre juridique, contraintes sociales et financières, etc.)
- **une deuxième partie qui présente des propositions opérationnelles**. Cette partie peut valoriser des informations du dossier (par exemple des expériences éclairantes conduites par différents établissements et collectivités) mais fait également appel aux **connaissances du candidat**.

A- En première partie, informer un destinataire de manière fiable et structurée

Le destinataire est supposé ne pas connaître le sujet ni disposer du dossier, il n'a que le rapport pour s'informer et étayer sa réflexion, voire sa décision.

Aussi, il est exclu de restituer les informations de manière allusive ou de faire référence aux textes pour se dispenser d'en exprimer le contenu. Il est donc malvenu de faire apparaître des références aux documents dans le rapport (document 1, document 2, ...). On considère que le dossier disparaît en tant que tel lors de la rédaction de ce rapport : le candidat n'en

Le rapport n'est pas un résumé des textes, il ne s'agit pas de présenter succinctement et successivement les documents du dossier mais de structurer les informations essentielles du dossier par un plan qui reflète l'importance donnée aux différents aspects de ce qu'il convient de transmettre.

B- En seconde partie, présenter des propositions opérationnelles adaptées

L'exploitation du dossier et les connaissances du candidat doivent lui permettre de repérer dans le dossier les informations qui lui permettront de présenter **des propositions réellement opérationnelles**.

Il devra également dépasser les informations du dossier pour dégager **des propositions réalistes, adaptées au contexte**, en précisant le cas échéant les conditions et les moyens de leur réalisation : mode de gestion du projet, étapes du projet, moyens à mobiliser, contraintes...

II- UNE ÉPREUVE SUR DOSSIER

Chaque candidat subit l'épreuve dans la spécialité choisie au moment de son inscription.

A- Une commande précise

Le sujet est présenté sous la forme d'une **commande** qui met précisément le candidat en situation, en lui donnant notamment des informations synthétiques sur la collectivité territoriale ou l'établissement concerné.
Cette commande ne contient que des informations utiles au traitement du sujet. Elle indique précisément la ou les questions que le rapport devra traiter et invite le candidat, en fonction de la situation décrite, à dégager des propositions opérationnelles.
La commande est suivie d'une **liste signalétique des documents**, mentionnant le titre, l'auteur, la source, la date et le nombre de pages de chaque document.

B- Un dossier

Le dossier rassemble au plus une dizaine de documents et compte de l'ordre d'une **vingtaine de pages**.

Il peut comporter des documents de nature (documents juridiques, documents officiels, articles de presse spécialisée ou non...) et de forme (textes, documents graphiques ou visuels…) variées dont le candidat doit mesurer l'importance relative.

Si les informations peuvent être redondantes d'un document à l'autre, aucun document n'est jamais totalement inutile, le dossier ne contenant pas de « document-piège ».

Le candidat devra donc être attentif à ne négliger aucun élément du dossier afin de ne pas omettre d'information essentielle.

C- Une épreuve dans la spécialité, sans programme réglementaire

En l'absence de programme réglementaire, les missions du cadre d'emplois permettent de prendre la mesure du positionnement de l'auteur du rapport au sein de la collectivité ou de l'établissement, du niveau du rapport attendu et du champ des thèmes possibles.

L'intitulé réglementaire de l'épreuve précise que **le thème du rapport porte sur la spécialité au titre de laquelle le candidat concourt**.

Les fonctions notamment exercées dans chaque spécialité sont fixées par le décret n°92-843 du 28 août 1992 modifié portant statut particulier du cadre d'emplois des assistants territoriaux socio-éducatifs.

> **Article 2**
>
> « Les assistants socio-éducatifs exercent des fonctions visant à aider les personnes, les familles ou les groupes connaissant des difficultés sociales, à restaurer leur autonomie et à faciliter leur insertion. Dans le respect des personnes, ils recherchent les causes qui compromettent leur équilibre psychologique, économique ou social. Ils conçoivent et participent à la mise en œuvre des projets socio-éducatifs de la collectivité territoriale ou de l'établissement public dont ils relèvent.
>
> Selon leur formation, ils exercent plus particulièrement leurs fonctions dans l'une des spécialités suivantes :
>
> 1° **Assistant de service social** : dans cette spécialité, les assistants socio-éducatifs ont pour mission de conseiller, d'orienter et de soutenir les personnes et les familles connaissant des difficultés sociales, de les aider dans leurs démarches et d'informer les services dont ils relèvent pour l'instruction d'une mesure d'action sociale. Ils apportent

> leur concours à toute action susceptible de prévenir les difficultés sociales ou médico-sociales rencontrées dans la population et d'y remédier ;
>
> 2° **Éducateur spécialisé** : dans cette spécialité, ils ont pour mission de participer à l'éducation des enfants ou adolescents en difficulté d'insertion et de soutenir les personnes handicapées, inadaptées ou en voie d'inadaptation. Ils concourent à leur insertion scolaire, sociale et professionnelle.
>
> 3° **Conseiller en économie sociale et familiale** : dans cette spécialité, ils ont pour mission d'informer, de former et de conseiller toute personne connaissant des difficultés sociales, en vue d'améliorer ses conditions d'existence et de favoriser son insertion sociale.
>
> Les assistants socio-éducatifs principaux peuvent exercer, suivant leur spécialité, de fonctions de direction d'établissements d'accueil et d'hébergements pour personnes âgées. Ils peuvent être chargés de coordonner l'activité des assistants socio-éducatifs. »

D- Les annales

À titre indicatif, quelques commandes de sujets de précédentes sessions, étant précisé que les concours de la filière médico-sociale ne relèvent pas de sujets nationaux élaborés par la cellule pédagogique nationale.
Nota : le "gras" figurant dans les commandes ci-dessous n'apparaissait pas dans les sujets originaux.

Session 2015, CIG de la petite couronne

Spécialité éducateur spécialisé

Vous êtes éducateur spécialisé à la mission locale de SOCIOVILLE (30 000 habitants).

Récemment, plusieurs de vos camarades travailleurs sociaux ont rencontré, lors d'animations ou d'ateliers organisés par la structure, des demandes spécifiques d'usagers liées à des pratiques ou à des convictions d'ordre confessionnel, auxquels ils ne savaient comment répondre.

Au vu de cette situation et dans l'optique de former les travailleurs sociaux de la mission locale à cette question, votre directeur vous demande, dans un premier temps, de rédiger à son attention et exclusivement à l'aide des documents joints, un rapport sur **la laïcité en lien avec le travail social**. **10 points**

Dans un deuxième temps, et afin de sensibiliser les usagers eux-mêmes aux questions de laïcité, vous formulerez des propositions opérationnelles visant la **mise en place d'un atelier destiné aux 16-25 ans sur le thème « Laïcité et insertion professionnelle »**
10 points

Spécialité conseiller en économie sociale et familiale

Vous êtes conseiller en économie sociale et familiale au sein du centre local d'information et de coordination gérontologique (CLIC) de niveau 2 Les Églantiers, géré par le CCAS de SOCIOVILLE (13 000 habitants).

25% des habitants de la commune ont plus de 65 ans et sont souvent aidés par leurs proches. Un café des aidants a donc été mis en place depuis plusieurs années mais souffre d'un déficit de fréquentation. Par ailleurs, le CCAS, qui gère également le SPASAD (service polyvalent d'aide et de soins à domicile) de la commune, fait le constat d'un épuisement des intervenants sociaux et de santé. Au vu de cette situation, votre directrice décide de mettre en place un nouvel accompagnement conjoint des aidants professionnels et familiaux.

Dans un premier temps vous rédigerez à son attention, exclusivement à l'aide des documents joints, un rapport sur **le rôle des aidants et les difficultés qu'ils rencontrent** dans le cadre de la prise en charge des personnes âgées et des personnes handicapées.
10 points

Dans un deuxième temps, vous formulerez un ensemble de propositions opérationnelles visant **la mise en relation et l'accompagnement des aidants familiaux et professionnels**.

Session 2014, CIG de la grande couronne

Spécialité éducateur spécialisé

Vous êtes assistant socio-éducatif au sein du Département de X. Dans le cadre de la prévention et de la lutte contre l'illettrisme, une réunion de coordination des différents services du département avec les représentants de la région est organisée.

Dans un premier temps, votre chef de service vous demande de rédiger à son attention, exclusivement à l'aide des documents joints, un rapport faisant le point sur la situation de **l'illettrisme en France**. **10 points**

Dans un deuxième temps, il vous demande d'établir un ensemble de propositions opérationnelles visant à **lutter contre l'illettrisme**. **10 points**

Spécialité conseiller en économie sociale et familiale

Vous êtes conseiller(ère) en économie sociale et familiale au CCAS de la commune de X. Dans le cadre de la prévention et de la lutte contre la malnutrition, une réunion de coordination des différents services de la commune avec les représentants du département est organisée.

Dans un premier temps, votre chef de service vous demande de rédiger à son attention, exclusivement à l'aide des documents joints, un rapport faisant le point sur la situation de **la malnutrition en France** et sur **l'intérêt de combattre ce phénomène**. **10 points**

Dans un deuxième temps, il vous demande d'établir un ensemble de propositions opérationnelles visant à **lutter contre la malnutrition à l'échelle communale**. **10 points**

III- LES EXIGENCES DE FORME

A- L'en-tête du rapport

Le rapport doit adopter la forme suivante et reprendre les informations que le candidat trouve en première page du sujet dans la commande et la liste signalétique des documents au dossier.

Collectivité émettrice (Ville de… Service…) *Remarque : aucun nom de collectivité ni de service, existant ou fictif, autre que celui indiqué dans le sujet ne doit être utilisé sous peine d'annulation de la copie.*	Le (date de l'épreuve) *Remarque : la mention du lieu (déjà dans le timbre) n'est pas ici nécessaire. Un nom de lieu existant ou fictif non précisé dans le sujet pourrait constituer un motif d'annulation.*

RAPPORT
à l'attention de Monsieur (ou Madame) le (la).... (destinataire)
exemple : à l'attention de Monsieur le Directeur de l'action sociale

Objet (thème du rapport)

Références : uniquement celles des principaux textes juridiques fondant le rapport (cette mention est facultative)

Remarque : la prudence impose l'abandon de toute mention de signature afin d'éviter une rupture d'anonymat entraînant l'annulation de la copie. De même, aucun paraphe ne devra apparaître sur la copie.

Le barème peut pénaliser faiblement le non-respect des règles formelles de présentation du rapport.

B- Le plan du rapport

Le rapport avec propositions doit comporter **une unique introduction** d'une vingtaine de lignes rappelant le contexte et comprenant impérativement **l'annonce de chacune des deux parties** (partie informative / partie propositions). Les candidats doivent veiller à ce que l'annonce de plan aille au-delà d'une simple annonce de la structure de la copie et porte sur le contenu précis de chacune des parties.

Celles-ci sont organisées en sous-parties. Le plan est impérativement matérialisé par des titres comportant des numérotations en début des parties et sous-parties.

Une transition est attendue entre la première et la deuxième partie.

La conclusion est facultative. Elle peut toutefois brièvement souligner l'essentiel, sans jamais valoriser des informations oubliées dans le développement.

C- Les exigences rédactionnelles

Les parties rédigées du rapport doivent l'être clairement (pas de style télégraphique ou « prise de notes »). Si le rapport comporte des éléments non rédactionnels (schémas, tableaux, etc.), ils doivent être accompagnés d'explications claires.

Le candidat doit restituer les informations par un travail de reformulation. Il ne peut se contenter de recopier intégralement des parties de textes. Les citations directes doivent être réservées aux seuls extraits succincts de textes juridiques, documents officiels, prises de position éclairantes de personnalités qualifiées.

Le rapport doit être concis : **5 à 6 pages** sont nécessaires et suffisantes.

V- UN BARÈME GÉNÉRAL DE CORRECTION

La copie est d'abord évaluée sur le fond avant que des points ne soient, le cas échéant, retirés pour non-respect des règles d'orthographe et de syntaxe voire de présentation.

La première partie, informative, est notée sur 10 points et la partie présentant des propositions opérationnelles sur 10 points.

Cette répartition des points est rappelée sur le sujet.

A- Les critères d'appréciation

Un rapport devrait obtenir la moyenne ou plus lorsqu'il :
- constitue pour son destinataire un moyen d'information et, le cas échéant, d'aide à la décision fiable valorisant de manière objective les questions centrales du sujet,

et
- présente des propositions réellement opérationnelles adaptées au contexte et mobilisant des connaissances précises,

et
- ordonne les informations autour d'un plan clair et structuré (introduction comprenant une annonce de plan, matérialisation des parties et sous-parties),

et
- est rédigé dans un style correct, s'appliquant à reformuler et non à recopier les informations et faisant preuve d'une bonne maîtrise de la langue.

A contrario, un rapport ne devrait pas obtenir la moyenne lorsqu'il :
- élude les enjeux essentiels du sujet ou les solutions prioritaires à envisager,
ou
- laisse apparaître, tant dans l'analyse des problèmes et enjeux que dans les propositions, un réel manque de recul et de connaissance des collectivités territoriales,
ou
- ne fait pas la preuve d'une capacité de synthèse et d'organisation,
ou
- est rédigé dans un style incorrect,
ou
- présente une grave incohérence entre plan annoncé et plan suivi,
ou
- présente un caractère inachevé (sous-partie(s) très insuffisamment développée(s) ou manquante(s) témoignant d'une mauvaise gestion du temps).

B- L'orthographe et la syntaxe

L'évaluation du niveau de maîtrise de la langue est prise en considération dans la note globale attribuée à la copie.

On distingue deux cas de figure :

- les copies dans lesquelles les fautes d'orthographe et de syntaxe participent d'un défaut global d'expression. Ces copies ne sauraient, en tout état de cause, obtenir la moyenne ; elles peuvent même se voir attribuer une note éliminatoire.

- les copies qui, malgré quelques fautes d'orthographe ou de syntaxe, témoignent d'une maîtrise de la langue correcte. Un système de pénalités s'applique alors en fonction du nombre de fautes.

A titre indicatif, le barème suivant pourrait être appliqué :
- *copie négligée (soin, calligraphie, présentation) : - 0,5 point ;*
- *au-delà de 10 fautes d'orthographe ou de syntaxe : - 1 point.*

Annexe 2

Cadrage actualisé
01/10/16

Document élaboré par les membres d'une cellule pédagogique nationale
associant des représentants des centres de gestion de la fonction publique territoriale

ASSISTANT TERRITORIAL SOCIO-ÉDUCATIF

Note de cadrage indicatif

La présente note de cadrage ne constitue pas un texte réglementaire dont les candidats pourraient se prévaloir, mais un document indicatif destiné à éclairer les membres du jury, les examinateurs, les formateurs et les candidats.

ENTRETIEN AVEC UN JURY

Concours sur titres

Intitulé réglementaire :
Décret n°2013-646 du 18 juillet 2013 modifié fixant les modalités d'organisation du concours pour le recrutement des assistants territoriaux socio-éducatifs

Un entretien, ayant pour point de départ un exposé du candidat sur sa formation et son projet professionnel, permettant au jury d'apprécier sa capacité à s'intégrer dans l'environnement professionnel au sein duquel il est appelé à travailler, sa motivation et son aptitude à exercer les missions dévolues aux membres du cadre d'emplois.

Durée : 20 minutes
dont 5 minutes au plus d'exposé
Coefficient : 2 (spécialités : éducation spécialisée / conseil en économie sociale et familiale)

Le concours peut être ouvert dans trois spécialités :
Assistant de service social
Éducation spécialisée
Conseil en économie sociale et familiale

Le choix de la spécialité est définitif à la clôture des inscriptions.

Dans les spécialités "éducation spécialisée" et "conseil en économie sociale et familiale", le concours comporte une épreuve écrite d'admissibilité, affectée d'un coefficient 1, et une épreuve orale d'admission, dotée d'un coefficient 2.
Peuvent seuls être autorisés à se présenter à l'épreuve d'admission les candidats déclarés admissibles par le jury.
Toute note inférieure à 5 sur 20 à l'une des épreuves entraîne l'élimination du candidat.

Dans la spécialité "assistant de service social", le concours ne comporte pas d'épreuve écrite, mais une unique épreuve orale d'admission.

Enfin, aucun candidat ne peut être déclaré admis si la note (spécialité "assistant de service social") ou la moyenne des notes obtenues (spécialités "éducation spécialisée" et conseil en économie sociale et familiale") est inférieure à 10 sur 20.

L'épreuve ne comporte pas de programme réglementaire.

I- UN ENTRETIEN AVEC UN JURY

A- Un entretien

Le libellé de cette épreuve ne doit pas égarer le candidat : l'épreuve ne consiste pas en une conversation "à bâtons rompus" avec un jury, mais repose, après l'exposé du candidat (voir en II), sur des questions du jury destinées à apprécier l'aptitude du candidat à exercer les missions dévolues au cadre d'emplois.

Le libellé réglementaire de l'épreuve ne prévoyant ni sujet tiré au sort ni temps de préparation, les questions posées par le jury appellent des réponses "en temps réel", sans préparation.

L'entretien est précédé d'un bref rappel par le jury des modalités du déroulement de l'épreuve.

Tout candidat dispose de la totalité du temps réglementaire de l'épreuve (20 minutes) qui ne peut éventuellement être interrompue qu'à sa demande expresse.

Le candidat n'est pas autorisé à utiliser des documents pendant l'épreuve, ni CV ni aucun autre document.

B- Un jury

Le "jury plénier" comprend réglementairement trois collèges égaux (élus locaux, fonctionnaires territoriaux, personnalités qualifiées). Il peut se scinder en groupes d'examinateurs composés d'un nombre égal de représentant(s) de chacun des collèges.

Un groupe d'examinateurs peut par exemple être composé d'une adjointe au maire en charge des affaires sociales, d'un conseiller socio-éducatif, d'un directeur de CCAS.

Le candidat doit bien mesurer la retenue que lui impose sa qualité de candidat face à un jury souverain : la familiarité, l'agressivité sont évidemment proscrites. Le jury, pour sa part, accueillera la plupart du temps les réponses du candidat avec une empathie qui ne préjuge en rien de la note qu'il attribuera.

C- Un découpage précis du temps

Le jury adopte une grille d'entretien conforme au libellé réglementaire de l'épreuve, qui peut être ainsi précisée :

	Durée
I- Exposé du candidat sur sa formation et son projet professionnel	***5 mn maximum***
II- Aptitude à exercer les missions et capacité à s'intégrer dans l'environnement professionnel	***15 mn***
III- Motivation, posture professionnelle et potentiel	***Tout au long de l'entretien***

II- UN EXPOSÉ DU CANDIDAT

A- Une maîtrise indispensable du temps

Le candidat dispose réglementairement de **5 minutes** sans être interrompu.
Il ne peut utiliser aucun document et doit donc préparer cet exposé.

Sera pénalisé l'exposé interrompu par le jury au terme des 5 minutes et demeuré de ce fait inachevé, tout comme un exposé excessivement court.
Lorsque l'exposé n'atteint pas les 5 minutes, le jury, s'étant assuré que le candidat a achevé celui-ci, passe à la phase « entretien » de l'épreuve.

B- Un exposé sur sa formation et son projet professionnel

Le candidat doit valoriser les compétences acquises au cours de sa formation ainsi que son projet professionnel.
Il est évalué sur sa capacité à en rendre compte clairement et à faire comprendre sa motivation pour accéder au cadre d'emplois d'assistant socio-éducatif.
Un candidat ayant acquis, en outre, une expérience professionnelle, pourra également en faire part. Cependant, le candidat devra prendre soin d'équilibrer son propos et de valoriser, comme l'intitulé réglementaire le prévoit, sa formation et son projet professionnel.

III- L'APTITUDE À EXERCER LES MISSIONS

A- Une épreuve à visée professionnelle

En précisant que le jury vérifie « l'aptitude [du candidat] à exercer les missions dévolues aux membres du cadre d'emplois » des assistants territoriaux socio-éducatifs et sa capacité à « s'intégrer dans l'environnement professionnel », l'intitulé réglementaire souligne une volonté d'évaluer des aptitudes professionnelles. Il est attendu du candidat qu'il apporte la preuve d'une perception pertinente des problématiques territoriales et de savoir-faire professionnels permettant d'y répondre, ainsi que des connaissances indispensables à la conduite des missions d'un assistant territorial socio-éducatif.

B- Le champ des questions

1) Des questions en lien avec les missions dévolues aux assistants territoriaux socio-éducatifs

Les compétences et aptitudes que le jury entend évaluer le sont à l'aune des missions exercées par un assistant territorial socio-éducatif des fonctions qui lui sont confiées.
Ces missions sont définies par le *décret n° 92-843 du 28 août 1992 modifié portant statut particulier du cadre d'emplois des assistants territoriaux socio-éducatifs* qui fixe, en son article 2, que :

> « Les assistants socio-éducatifs exercent des fonctions visant à aider les personnes, les familles ou les groupes connaissant des difficultés sociales, à restaurer leur autonomie et à faciliter leur insertion. Dans le respect des personnes, ils recherchent les causes qui compromettent leur équilibre psychologique, économique ou social. Ils conçoivent et participent à la mise en œuvre des projets socio-éducatifs de la collectivité territoriale ou de l'établissement public dont ils relèvent.
>
> Selon leur formation, ils exercent plus particulièrement leurs fonctions dans l'une des spécialités suivantes :
>
> 1° **Assistant de service social** : dans cette spécialité, les assistants socio-éducatifs ont pour mission de conseiller, d'orienter et de soutenir les personnes et les familles connaissant des difficultés sociales, de les aider dans leurs démarches et d'informer les services dont ils relèvent pour l'instruction d'une mesure d'action sociale. Ils apportent leur concours à toute action susceptible de prévenir les difficultés sociales ou médico-sociales rencontrées dans la population et d'y remédier ;
>
> 2° **Éducateur spécialisé** : dans cette spécialité, ils ont pour mission de participer à l'éducation des enfants ou adolescents en difficulté d'insertion et de soutenir les personnes handicapées, inadaptées ou en voie d'inadaptation. Ils concourent à leur insertion scolaire, sociale et professionnelle.

> 3° **Conseiller en économie sociale et familiale** : dans cette spécialité, ils ont pour mission d'informer, de former et de conseiller toute personne connaissant des difficultés sociales, en vue d'améliorer ses conditions d'existence et de favoriser son insertion sociale.
>
> Les assistants socio-éducatifs principaux peuvent exercer, suivant leur spécialité, de fonctions de direction d'établissements d'accueil et d'hébergements pour personnes âgées. Ils peuvent être chargés de coordonner l'activité des assistants socio-éducatifs. »

Les grandes questions d'actualité appliquées aux missions du cadre d'emplois des assistants territoriaux socio-éducatifs ainsi que les grands principes de l'action publique territoriale dans le domaine social doivent être connus des candidats.

2) La connaissance de l'environnement professionnel

Plus largement, il est attendu du candidat qu'il dispose des connaissances indispensables à tout cadre de la fonction publique territoriale :

- Décentralisation et déconcentration
- Droits et obligations des fonctionnaires
- La fonction publique territoriale
- Les collectivités territoriales et leurs établissements publics : leur organisation, leurs organes et leurs principales compétences
- Les principales caractéristiques des collectivités territoriales selon leur nature et leur taille
- Notions de base en matière de finances publiques locales
- La démocratie locale
- Les moyens juridiques d'action des collectivités territoriales, la commande publique (marchés publics, partenariat public-privé…)
- Les relations entre l'administration et les administrés
- L'accessibilité des services publics
- Notions sur les politiques publiques sectorielles des collectivités territoriales
- L'évaluation des politiques publiques
- Les politiques sociales en France et leurs évolutions
- La filière sociale (métiers, missions, positionnement des agents, etc.)
- ...

IV- UNE MOTIVATION, UNE POSTURE PROFESSIONNELLE ET UN POTENTIEL APPRECIÉS TOUT AU LONG DE L'ÉPREUVE

Tout au long de l'entretien, le jury cherche à évaluer si le candidat est réellement motivé et prêt à exercer les responsabilités confiées à un assistant territorial socio-éducatif, s'il a un intérêt pour le monde qui l'entoure, notamment pour l'évolution de l'administration territoriale et les questions sociales, par exemple à travers des qualités de comportement telles que le dynamisme, la curiosité intellectuelle et l'ouverture d'esprit.

On mesure ici que cette épreuve orale peut, d'une certaine manière, même si la finalité de l'épreuve n'est pas de recruter un assistant territorial socio-éducatif dans un poste déterminé mais de s'assurer que le candidat est apte à en assumer les missions, s'apparenter à un entretien d'embauche, les membres du jury se plaçant souvent dans une position d'employeur : s'il s'agissait d'un entretien de recrutement en vue de pourvoir un poste confié à un assistant territorial socio-éducatif, ce que dit ce candidat, sa manière de se comporter conduiraient-ils à l'engager ?

Au-delà de ses connaissances, fait-il la preuve des aptitudes et des qualités humaines et intellectuelles indispensables pour exercer les fonctions d'assistant territorial socio-éducatif et répondre au mieux aux attentes des décideurs et des usagers du service public ?

L'épreuve permet ainsi au candidat de faire la preuve de sa capacité à :

Gérer son temps :
- en inscrivant l'exposé sur son expérience et ses compétences dans le temps imparti ;
- en présentant un exposé équilibré.

Être cohérent :
- en annonçant un plan d'exposé sur l'expérience et les compétences réellement suivi ;
- en veillant à ne pas dire une chose puis son contraire ;
- en sachant défendre ses idées et ne pas donner systématiquement raison à un contradicteur ;
- en sachant convenir d'une absurdité.

Gérer son stress :
- en livrant son exposé et apportant des réponses sans précipitation excessive, sans hésitations préoccupantes ;
- en sachant garder, même s'il se trouve en difficulté sur une question, une confiance en soi suffisante pour la suite de l'entretien.

Communiquer :
- en ayant réellement le souci d'être compris, grâce à une expression claire ;
- en s'exprimant à haute et intelligible voix ;
- en adoptant une élocution ni trop rapide, ni trop lente ;
- en s'adressant à l'ensemble du jury sans privilégier abusivement un seul interlocuteur.

Apprécier justement sa hiérarchie :
- en adoptant un comportement adapté à sa "condition" de candidat face à un jury ;
- en sachant ne pas être péremptoire, excessivement sûr de soi ni contester les questions posées ;
- en sachant argumenter en cas de désaccord avec le jury.

Mettre en œuvre curiosité intellectuelle et esprit critique :
- en manifestant un réel intérêt pour l'actualité ;
- en sachant opposer des arguments fondés à ceux du jury ;
- en sachant profiter d'une question pour valoriser des connaissances pertinentes.

Achevé d'imprimer en mai 2017 par SEPEC en france
Dépôt légal : mai 2017
N° d'éditeur : 2017_0089
N° d'imprimeur : 09463170151

IMPRIM'VERT®

PEFC™ 10-31-1470 / Certifié PEFC / Ce produit est issu de forêts gérées durablement et de sources contrôlées. / pefc-france.org